Herausgegeben vom Verband deutscher Schriftsteller (VS) und dem Deutschen Polen-Institut, Darmstadt, mit freundlicher Unterstützung durch den Deutschen Literaturfonds und die KulturStiftung der Länder.
Redaktion: Klaus-Dieter Sommer

Mit einem Auszug aus der Rede von Roman Herzog anläßlich des 50. Jahrestages des Warschauer Aufstandes zum Geleit und einem Vorwort von Erich Loest

# Nach den Gewittern

Ein polnisch-deutsches Lesebuch

Steidl

Bitte bestellen Sie unser kostenloses Gesamtverzeichnis.

1. Auflage Oktober 1995

Umschlaggestaltung: Klaus Detjen
unter Verwendung einer Fotomontage von Klaus Staeck
Satz, Lithographie, Druck: Steidl, Göttingen
Printed in Germany
ISBN 3-88243-380-9

Inhalt

Zum Geleit

Roman Herzog

## Versöhnung und Verständigung, Vertrauen und gute Nachbarschaft

Aus der Ansprache des Bundespräsidenten anläßlich des Gedenkens an den 50. Jahrestag des Warschauer Aufstandes am 1. August 1994 in Warschau

Der 1. August ruft uns in Erinnerung, welch unermeßliches Leid von Deutschen über Polen gebracht wurde. Wie in einem Vergrößerungsglas treten Terror und Vernichtung, Ausrottung und Erniedrigung vor unsere Augen. In den entfesselten Racheaktionen nach Beginn des Warschauer Aufstandes, in der systematischen Vernichtung der Stadt und ihrer Bewohner überschlug sich die Zerstörungsmaschinerie der Nazis in einem letzten haßerfüllten Aufbäumen. Ihr stand der unabwendbare, der endgültige Bankrott und der ihn begleitende Einzug von Krieg, Leid, Tod und Vertreibung auch in Deutschland schon deutlich vor Augen. So war Zerstörung mit Selbstzerstörung unlösbar verbunden.

Der 1. August 1944 ist zugleich ein unauslöschliches Symbol für den Freiheitswillen des polnischen Volkes, für seinen Kampf um menschliche Würde und nationale Selbstbehauptung. Er ist zum Sinnbild für das kämpfende Polen geworden, das sich nie mit Demütigung, Rechtlosigkeit und drohender Vernichtung abgefunden hat.

Aber wir wissen auch: Das Martyrium des polnischen Volkes nahm nicht erst am 1. August 1944, sondern am 1. September 1939 seinen Anfang. Kein Land hatte im Zweiten Weltkrieg vergleichbar hohe Opfer zu beklagen wie Polen. Millionen seiner Bürger kamen ums Leben, in den Schützengräben, im Bombenhagel, in den Gaskammern und hier in den Straßen Warschaus. Wir beziehen sie alle in unser Gedenken ein und nehmen ihren Tod als Mahnung und Verpflichtung für die Zukunft zugleich. Diese Zukunft gilt es nunmehr gemeinsam und verantwortlich zu gestalten.

Im Laufe der letzten 40 Jahre hat die europäische Geschichte eine dramatische Wendung genommen. Die Völker haben begonnen, sich in einem vereinten Europa zusammenzuschließen. Niemand braucht auf seine nationale Identität zu verzichten, niemand auf seine Kultur und seine Geschichte. Verzichten müssen wir nur auf Feindschaft und Haß und auf einen kleinen Teil unseres nationalen Egoismus. Westlich des Eisernen Vorhangs hat diese neue Idee Wunder bewirkt.

Heute steht dieser Weg auch dem polnischen Volk offen, das doch stets zu Europa gehört hat und das die Europäer 40 Jahre lang schmerzlich vermißt haben. In diesem Rahmen werden sich Polen und Deutsche die Hand reichen können, so wie es zwischen Franzosen und Deutschen längst Wirklichkeit geworden ist.

Vorwort

Erich Loest

# Dieses große flache Land

Polens Literatur der letzten Jahrzehnte wies drei Hauptströme auf: Staatlich zugelassene, in den Untergrund gedrängte und aus dem Land getriebene Bücher, Stücke und Filme. Den Deutschen im Osten waren viele Einblicke verwehrt, im Westen wurden andere Prioritäten gesetzt. Zu den Absurditäten gelenkter Kulturpolitik gehörte, daß in Polen lebende und DDR-Autoren – auch staatskonforme – einander kaum kannten. Funktionäre entschieden, was übersetzt und gefördert wurde, ganz unten auf ihren Austauschlisten standen die nicht zu berücksichtigenden Übeltäter. Polnische Emigranten waren in der DDR tabuisiert. Dafür war ein Pole, der in den Verdacht kommunistischer Nähe geriet, in der Bundesrepublik schlecht angesehen.

Ende April 1994 stellte der 12. Kongreß des Verbandes deutscher Schriftsteller (VS) in einem Beschluß fest: »Im Streit um Polen hat der Niedergang des VS angefangen. Die einen sahen in Solidarność den erhofften Aufstand gegen den Stalinismus, die anderen die katholische Konterrevolution. Auch die Geschichte des VS gehört zum polnisch-deutschen Jahrtausend, das oft blutig verlief. Dazu zählen Deutschritterorden und Tannenberg, Veit Stoß in Krakau, der Nordische Krieg und August der Starke, Poniatowski in Leipzig, Bismarcks Ostpolitik, Annaberg, Westerplatte, Auschwitz, Vertreibung (in der DDR Umsiedlung genannt), Oder-Neiße-Friedensgrenze, Willy Brandt in Warschau, »Die Blechtrommel« und »Der Aufenthalt«.

Der Verband nahm sich vor, polnische Literatur in Deutschland nachdrücklich zu popularisieren. Der Anfang wurde in Bonn gemacht, mit Hanna Krall, vorgestellt durch SPD-Bundesgeschäftsführer Verheugen und den polnischen Botschafter Reiter. Fünfzig Lesungen im ersten Jahr waren das Ziel, es wurde leicht überboten. Bald begriffen deutsche Schriftsteller in West und Ost, daß sie schneller zueinander fanden, wenn sie eine gemeinsame Aufgabe anpackten. Erst als sich die gewaltigen Wirbel der Vereinigung und der Gewinnung der Souveränität – zwei Dinge, die oft durcheinandergequirlt werden – zu beruhigen begannen, tauchte im Bewußtsein der Westdeutschen der neue Nachbar auf, von dem man bisher so wenig wußte, da ihm die DDR vorgelagert gewesen war: Dieses große flache Land mit seinen vierzig Millionen Einwohnern. Die durch die Gewalt von Stalin und auch von Churchill (der 1939 für Polen in den Krieg gezogen war) zwischen die Völker gehackte Odergrenze muß nun so normal werden, wie es die Grenzen zwischen Deutschland und Dänemark oder Frankreich sind. Derlei dauert bisweilen Generationen. Vielleicht geht es diesmal schneller.

Diese Anthologie gehört zum Bemühen, polnische Literatur der Gegenwart dem deutschen Leser vorzustellen. Dabei wurde für unwichtig genommen, in welchem Lager ein polnischer Autor steht oder stand, wie sich auch der deutsche Verband nicht in die alten und neuen polnischen Querelen einmischen darf. Wir laden alle ein, die zu uns kommen wollen – über allem steht die Qualität der Texte. Und: Deutsche schreiben immer wieder über Polen und das Verhältnis der Deutschen zu diesem Land, manche stammen aus Gebieten, die jenseits von Oder oder Neiße liegen. Auch das soll in dieser Anthologie deutlich werden.

Selbstverständlich bilden wir uns nicht ein, mit dieser Auswahl repräsentativ zu sein; mühelos hätten drei Anthologien gleichen Umfangs und von gleicher Qualität zusammengestellt werden können. Wer nicht darin vertreten ist, hat keinen Grund sich zurückgesetzt zu fühlen. Es ist ein Anfang.

Die Initiative des VS, die von Beginn an vom Deutschen Polen-Institut in Darmstadt sachkundig unterstützt wurde, ist in Polen aufmerkam registriert worden. Einladungen polnischer Autoren zu Lesungen in der nun größeren Bundesrepublik werden zunehmend erwidert. Kleine Gruppen, deutsch-polnische Vereine etwa, haben uns geholfen. Erstaunlich, wie viele bisherige Bestrebungen gebündelt werden konnten. Zwei Steine, in Weichsel und Rhein geworfen, zogen erfreuliche Kreise. Dazu gehört, daß diese Sammlung bald in polnischer Sprache erscheinen wird, ein Verlag in Lublin hat zugesagt.

Einige deutsche Autoren haben Texte polnischer Autoren in ihr Leseprogramm aufgenommen. Manche VS-Landesverbände und Regionalgruppen merken erst jetzt, daß polnische Schriftsteller, nach 1981 emigriert, unter ihnen leben. »Polen, unser wichtigster, weil schwierigster Nachbar«, dieser Satz vom 12. VS-Kongreß im vergangenen Jahr wurde für uns zu einer verpflichtenden Aufgabe, die uns lange Zeit beschäftigen wird.

Paweł Huelle

# Der Umzug

Vater hatte Herrn Bieszke für Samstag, für den frühen Nachmittag bestellt. Aber Herr Bieszke hatte abgesagt. Unerwartet war ihm eine Taufe dazwischen gekommen, irgendwo in der Gegend von Kartuzy, zu der er mit der ganzen Familie fahren mußte. So wurde der Umzug auf Montag verschoben, und in dem Zimmer im ersten Stock, wo wir von Anfang an wohnten, spielte sich Fürchterliches ab. Mama packte Kartons und Koffer um und war sauer, daß sie das noch zwei Tage lang würde machen müssen. Vater war sauer, weil Mama sauer war. Auf diese Art waren sie beide aufeinander sauer – und bei dieser Gelegenheit auch gleich auf mich. Ich hielt mich deshalb lieber fern von ihnen und verbrachte die meiste Zeit im Garten. Ich weiß nicht mehr, ob ich deshalb unglücklich war. Ich glaube es nicht. Bis zum Abendessen konnte ich eigentlich alles tun, wozu ich Lust hatte. Verboten waren, wie immer, nur zwei Dinge: durch das Gartentor in den Park zu gehen und auf der Terrasse zu spielen, von wo aus man durch die verglaste Tür ins Große Zimmer sehen konnte. Den Park kannte ich gut. Seine Hauptattraktionen waren die verwilderten Beete, der überwucherte Teich, die seit Jahren nicht funktionierende Kaskade, wo kein Tropfen Wasser mehr floß, und der steinerne Sockel, auf dem einst, wohl vor langer, langer Zeit, das Denkmal eines Königs oder Fürsten gestanden hatte. Im Dickicht der Brennesseln lagen die unterschiedlichsten Gegenstände umher. Da war eine verrostete Badewanne mit einem großen Loch, eine Kurbel zum Anlassen eines Motors, ein kaputter Sessel mit herausgerissenem Polster und entblößten Federn. Es lag dort auch noch anderes Gerümpel herum, dessen Zweck unklar oder vergessen schien. Aber diesmal lockte mich der Park aus irgendeinem Grunde nicht – vielleicht weil ich ihn schon so gut kannte? Ganz anders war es mit der Terrasse und dem Großen Zimmer! Dort geschahen viel flüchtigere und geheimnisvollere Dinge, zu denen nicht einmal Vater und Herr Skiski, der Nachbar in unserem Stockwerk, ohne weiters Zutritt hatten.

Im Großen Zimmer wohnte Frau Greta, die frühere Besitzerin des Hauses. Herr Skiski mochte dieses Wort offenbar nicht, denn statt »Besitzerin« sagte er immer »Gutsherrin«, wobei er boshaft kicherte. Mein Vater nannte sie einfach Frau Hoffmann. Mama dagegen sprach von ihr immer nur als von der »alten Deutschen«, was alles andere als freundlich klang. Ich sah Frau Greta nur selten. Sie ging uns aus dem Weg, so gut sie konnte, und wir ihr auch.

»Du darfst da nicht hingehen«, warnte Mama, »sie versteht kein Polnisch.«

»Ja, ja«, fügte Vater hinzu, »man soll sie nicht stören.«

Obwohl ich Frau Greta nicht oft sah, hörte ich sie doch fast täglich. Jeden Nachmittag setzte sie sich ans Klavier, und dann erklang für zwei, drei Stunden Musik im Haus.

»Die Gutsherrin klimpert auf dem Klavier«, sagte Herr Skiski und fuchtelte mit den Händen.

»Schon wieder deutsche Musik«, seufzte Mama.

»Sie spielt eben«, meinte Vater achselzuckend. »Was ist daran schlimm?«

Ich mochte ihre Musisk gern. Vor allem mochte ich sie vor dem Einschlafen, wenn Vater das Licht ausmachte und es halb dunkel in unserem Zimmer war. Dann zerflossen die Klavierklänge in der Luft, und ich spürte ihre samtene Berührung an meinem Körper. Und wenn Frau Hoffmann aufhörte zu spielen, tat es mir jedesmal leid, als fehlte mir dann etwas.

Nein, ich wollte Frau Greta wirklich nicht kennenlernen. Worüber hätten wir auch reden sollen? Ich wollte nur erfahren, was dort drinnen war. Einmal das Große Zimmer betreten. Und sehen, wie sie spielte.

Langsam schlich ich um das Haus herum. Zuerst kam ich an dem alten, mit Misteln bewachsenen Ahorn vorbei, dann ging ich an den mit Brettern vernagelten Fenstern des Hintergebäudes entlang, bis ich schließlich auf die Terrasse gelangte, das Gesicht der breiten Glastür zugewandt. Manchmal öffnete Frau Greta die Glastür und blickte, stehend oder auf dem Holzschemel sitzend, in den Garten. Sie betrachtete dann die Pfeiler der Steinmauer, die Triebe des wilden Weins oder die Blüten der Glyzinie, und ihr kleiner grauer Kopf erinnerte im milden Sonnenlicht an einen aufgeschreckten Vogel. Aber das kam nur im Sommer vor. Jetzt war die Tür geschlossen, und auf den Steinfliesen der Terrasse, die wie ein Schachbrett aussah, raschelten gelbe Blätter unter meinen Schuhen.

Ich drückte die Stirn an die Scheibe. Das Große Zimmer lag im Halbdunkel, und ich konnte nicht viel erkennen. Eigentlich war nur der Tisch einigermaßen zu sehen. Er stand am nächsten bei der Tür und war mit unzähligen Gegenständen überhäuft. Sobald meine Augen sich an das Grau gewöhnt hatten, begannen sie über das Dickicht zu wandern und verschiedene Formen herauszulösen. Da waren Leuchter aus Silber und Messing, Stöße von dicken Büchern und Noten, lose Blätter, Figurinen und Döschen aus Porzellan, Glasgefäße, Stoffe für Kleider, Garnrollen, steinerne Blumentöpfe, ein Paar Handschuhe, ein Spielzeugrechen, Damenhüte, Tassen mit und ohne Untertassen, Briefbeschwerer aus Lack und Bronze, die kleine Büste eines Mannes, eine silberne Zuckerdose, mehrere Fotografien in Rahmen, schließlich ein Wecker mit großer Glocke, einem Hämmerchen und einem abgebrochenen Zeiger. Doch die Konturen aller dieser Gegenstände waren verwischt und so verschwommen, als betrachtete man sie durch eine unscharfe Linse. Das, was bei weitem überwog, waren Bücher und Noten. Aufeinandergetürmt erinnerten sie an eine zerstörte Stadt mit ihren Straßenschluchten, den engen Durchgängen zwischen einer Wand und der anderen.

Nachdem meine erste Neugier befriedigt war, wartete ich nun also, daß Frau Greta auftauchte, sich ans Klavier setzte und zu spielen begänne. Wenn sie nicht im Großen Zimmer war, war sie bestimmt in der Küche beschäftigt. Aber in die Küche konnte man von draußen nicht hineinsehen. Die Fenster waren sehr hoch oben und außerdem mit Packpapier beklebt. Ja, diesen Raum hatte nicht einmal einer der Erwachsenen erblickt. Kamen sie noch manchmal, wenn auch nur kurz und in Ausnahmefällen, ins Große Zimmer – die Schwelle der Küche hatten sie alle nie überschritten. Die übrigen Räume kamen schon gar nicht in Betracht. Zwei Zimmer, das Schlafzimmer und das Bad, waren, ähnlich wie die Räume im ersten Stock, mit Vorhängeschlössern versehen und von Beamten versiegelt worden. Man hatte sie, soweit mein Gedächtnis zurückreichte, nie geöffnet; die Decken drohten jeden Augenblick einzustürzen. Frau Greta mußte also in der Küche sitzen. Wäre die Terrassentür nicht von innen verschlossen gewesen, hätte ich sie ein wenig öffnen und durch einen kleinen Spalt ins Große Zimmer schlüpfen können. Ich hätte mir alles genau anschauen und wieder hinausgehen können, ohne von jemandem bemerkt zu werden. Aber wenn sie mich dabei erwischte? Bestimmt würde sie denken, ich wäre ein Dieb. Und als ich noch überlegte, ob Frau Hoffmann sich wohl bei meinem Vater über mich beschweren würde, und mich fragte, wie das Wort »Dieb« wohl auf deutsch hieß, ging im Großen Zimmer das Licht an, und zwischen dem riesigen Bett, dem Schrank und dem Klavier, die plötzlich aus der Dämmerung hervortraten, erblickte ich ihre kleine, etwas nach vorn gebeugte Gestalt. Sie ging nicht sofort, wie ich das erwartet hatte, zum Klavier. Sie stellte ihr Teeglas auf das runde Tischchen und nahm in dem tiefen Sessel daneben Platz. Kurz darauf verspürte ich einen unangenehmen Schauer. Im Innern des Großen Zimmers geschah etwas Seltsames. Etwas, das ich nicht begreifen konnte. Und dabei ging es nicht um die deutsche Sprache.

Frau Greta trank ihren Tee und unterhielt sich dabei ganz deutlich mit jemandem. Ein Monolog war es jedenfalls nicht. Sie stellte Fragen, machte Bemerkungen, schüttelte den Kopf, gestikulierte sogar mit den Händen und stritt sich offenkundig, denn ein paarmal hörte ich, wie sie ihre Stimme hob. Aber mit wem sprach sie? Im Großen Zimmer war außer ihr niemand. »Welcher normale Mensch spricht mit der Luft?« dachte ich. Vielleicht war sie verrückt? Ja, ausgeschlossen war das nicht, aber sicher war es auch nicht. Ich hatte einmal auf der Straße der Roten Armee eine Verrückte gesehen: Sie spuckte die Fußgänger an, drohte ihnen, sah abgerissen und schmutzig aus, und aus ihrem Mund rann Speichel. Frau Hoffmann dagegen trug eine helle Bluse, die am Hals von einer Bernsteinbrosche zusammengehalten wurde, und einen schwarzen Rock; ihrem grauen und nicht allzu langen Haar war deutlich die Hand des Friseurs anzusehen, obwohl sie außer dem Markt in Oliwa und der Zisterzienserkirche keine Orte in der Stadt aufsuchte. So kamen mir nach einer Weile, als ich das Ohr an die Scheibe legte und einzelne Wörter aufschnappte, erneut Zweifel: Vielleicht unterhielt sie sich doch mit jemandem, den sie sah und den nur ich nicht sehen konnte? Zumal das Gespräch jetzt offenbar lebhafter wurde. Frau Hoffmann fuchtelte mit den Händen und erklärte eifrig etwas, und sie tat es so, als wäre die zweite Person nicht imstande, sie zu verstehen. Oder tat sie doch nur so? Aber vor wem? Und wozu? Ich wußte nicht, was ich davon halten sollte. Aber das Bild der älteren Frau, die in langen Sätzen in einer mir unbekannten Sprache redete, das Bild Frau Gretas, die im Sessel saß und sich mit einer nur für sie selber sichtbaren Person unterhielt, war so außergewöhnlich, daß ich es nicht fertigbrachte, fortzugehen, daß ich nicht einmal den Blick von ihr losreißen konnte.

Plötzlich brach das Gespräch ab. Frau Greta ging, ohne das Licht auszumachen, mit dem Glas in die Küche, kam gleich darauf wieder zurück und setzte sich ans Klavier. Ich weiß nicht, wie sie mich bemerkte: Draußen brach die Dämmerung an, und das Licht des Kronleuchters war schließlich sehr stark. In einem bestimmten Moment erhob sie sich schnell von ihrem Hocker, ging zu der Glastür und öffnete sie noch schneller.

»Was machst du denn hier?« fragte sie.

»Ich ...?« Ich suchte nach Worten. »Ich bin nur hier vorbeigegangen.«

»Hast du Hunger?«

»Nein, danke.«

»Aber Tee magst du? Ja!« antwortete sie schnell an meiner Stelle. »Dann warte hier, gut?« Und sie ging in die Küche.

Ihre Schritte hallten in dem langen Flur, und ich stand in dem Großen Zimmer und entdeckte eine Menge ungewöhnlicher Dinge. Zum Beispiel die Bilder: Sie waren alle sehr dunkel und sehr alt, und es waren viele Pferde, Droschken und Pferdewagen darauf – um die Marienkirche herum, beim Neptunsbrunnen und unter dem Gefängnisturm. Oder das Klavier: Über das Nußbaumholz liefen Zierbuchstaben und fügten sich zu einer Inschrift, die ich nur mühsam entziffern konnte: *Gerhard Richter und Söhne. Danzig 1932.** Im Bücherschrank wiederum standen Reihen von dicken Bänden mit vergoldeten Rücken, über die das Licht glitt. Doch ich war mehr an den ausgestopften Vögeln interessiert – einer weiß und ein anderer von märchenhaften Farben – und an der Schlange in einem Glas mit Flüssigkeit. Ich entdeckte auch eine kleine Sammlung von Pfeifen und Porzellanpfeifenköpfen mit Bildchen. Als ich mir alle angeschaut hatte, fiel mein Blick auf ein Buch, das aufgeschlagen neben einer leeren Vase lag. Zwei farbige Illustrationen stellten eine Frauen- und eine Männergestalt dar. Aber sie waren Vater und Mama überhaupt nicht ähnlich. Statt der Haut, besser gesagt unter der Haut, die es hier nicht gab, wand sich ein Geflecht von Adern, Därmen, Gefäßen, Muskeln und Knochen. In gewissem Sinn waren sie also nicht nackt, und ich mußte mich nicht schämen. Ich betrachtete die beiden Gestalten eher mit einer Mischung aus Neugier und Abscheu. Wenn das Menschen waren, die ich da vor mir hatte, dann mußte ich innen so ähnlich aussehen.

Als Frau Greta kam, klappte ich das Buch zu. Sie stellte unterdessen ein Tablett mit Tee, Apfelkuchen und Konfitüre auf das Tischchen und sagte: »Wir feiern *Geburtstag*.* So ein Fest, verstehst du?«

Ich verneinte, und als ich dann den Kuchen aß, fragte sie: »Dir gefällt es gut, wenn ich spiele, stimmt's?«

»Ja«, antwortete ich, »ich mag es. Aber woher wissen Sie das?«

»Ich seh's an deinen Augen.«

Das wunderte mich. Ich hatte ihr doch nie direkt in die Augen gesehen, sie nicht einmal im Garten oder auf der Treppe getroffen. Sie hatte also bestimmt selbst Lust zu spielen und wollte, daß ich bei ihr blieb. Aber kaum hatte sie den ersten Akkord angeschlagen, der in dem Großen Zimmer mächtig und rein erklang, da wandte sie sich auf dem Drehhocker zu mir um und fragte: »Und welche Melodie magst du am meisten?«

* Im Original deutsch.

Ich wußte nicht, was ich antworten sollte. Ich wußte ja nicht einmal, wie sie hießen. Und summen hätte ich auch nichts können. Ich hätte nur sagen können: »Spielen Sie die Gute-Nacht-Melodie. Die, bei der ich so gut einschlafe. Oder die, als es geschneit hat, und meine Mama am Fenster stand und mich rief, damit ich zusah, wie die großen Schneeflocken langsam den Park, die Allee und den Garten bedeckten. Oder auch die, bei der Vater das Radio reparierte und die sich mit allen Radiosendern der Welt vermischte.« Ich hätte Frau Hoffmann also um die »Abendmelodie«, die »Melodie der Schneeflocken« oder die »Melodie der Radiosender der ganzen Welt« bitten können. Aber am allerliebsten hätte ich die »Melodie des Juniabends« gehört:

Vater und Mama waren fest davon überzeugt, daß ich schon schliefe. Sie saßen, nur mit den Laken zugedeckt, im Bett, tranken aus schlanken Gläschen Wein und lachten alle Augenblicke. Als die Flasche schließlich leer war, pfiff Vater leise auf dem Flaschenhals, und sie lachten wieder, denn dieser Ton sollte an die Sirene des Überseedampfers erinnern, mit dem sie einst auf Hochzeitsreise fahren wollten. Aber sie waren nicht gefahren und hatten nie eine Hochzeitsreise gemacht. Und eben in diesem Augenblick drangen durch die zur Terrasse hin geöffnete Tür Klavierklänge vom Großen Zimmer herüber. Frau Hoffmann spielte eine langsame, traurige Melodie, und Vater nahm Mama in die Arme, und sie tanzten zusammen durchs Zimmer, leise, auf Zehenspitzen, um mich nicht zu wecken, aber ich sah durch meine halbgeöffneten Lider ihre Silhouetten herumwirbeln, ich betrachtete die langsam fallenden weißen Flügel der Laken, bis schließlich das Licht ausging und ich nichts mehr sehen konnte, aber die Musik floß weiter, sie kam durch das offene Fenster in unser Zimmer, und mit ihr wehte der volle Duft der Pfingstrosen aus dem Garten herein.

»Ich weiß nicht, wie es heißt«, sagte ich endlich. »Sie haben es einmal im Sommer gespielt.«

»Na gut, dann spiele ich immer ein Stückchen, und du sagst mir, wenn du's erkennst.«

Ich nickte, und Frau Hoffmann begann zu spielen. Obwohl es nicht die »Melodie der Juninacht« war, hörte ich begeistert zu und bedauerte, als sie nach kurzer Zeit abbrach – Frau Greta nahm plötzlich die Hände von der Klaviatur.

»Ich sehe, das ist nicht das, was du wolltest. Weißt du denn, was ich eben gespielt habe?«

»Nein.«

»Tannhäuser, die Ouvertüre.«

»Tannhojser...«

»Ja.«

»Ein Komponist...?«

Frau Greta blickte mir in die Augen, erhob sich vom Klavier, nahm ein Buch aus der Bibliothek und schob flink noch einen Hocker vor das Instrument. Als wir nebeneinander saßen, schlug sie das Buch bei einem Bild mit einem Schloß auf. Ich sah Ritter, schöne Damen, Sänger, Pferde, Flaggen und Wehrtürme.

»Das ist das Schloß des Landgrafen von Thüringen«, sagte sie.

Und so begann ihre Geschichte.

Ich blätterte die Seiten des Buches um, und Frau Hoffmann erklärte die nächsten Bilder und spielte die entsprechenden Partien aus »Tannhäuser«.

Und als wir die Venusgrotte, das Duell der Lieder und die Klage der Elisabeth hinter uns hatten, als wir zu den Pilgern kamen und der hölzerne Stock grüne Triebe sprießen ließ, als Frau Gretas Finger über die Tasten huschten und sie sagte: »Jetzt paß auf, jetzt setzen die Trompeten ein! Und jetzt die Hörner und Oboen!« – da hörte ich wirklich Trompeten, Oboen und Hörner, obwohl doch die Töne nur aus dem Klavier der Firma *Gerhard Richter und Söhne* kamen.

»Ist das alles wahr«, fragte ich, als es schon still war. »Ist das wirklich passiert?«

Da holte Frau Greta ein Fotoalbum hervor. Und ich sah Bilder, die denen in den Buch ähnlich, aber doch etwas anders waren. Auf einer großen Bühne, unter Buchen, standen Männer in historischen Trachten und hielten Fackeln in den Händen.

»Die *Kunst*«*, sagte sie. »Das ist nur Kunst. Sie sangen das,

* Im Original deutsch.

was ich gespielt habe. ›*Beglückt darf nun dich, o Heimat, ich schauen!*‹ Das waren Aufführungen in der Waldoper, verstehst du? In *Zoppot*. Und hier steht mein Mann.«

Auf der Fotografie war ein großer Mann in einem hellen, gestreiften Anzug zu sehen. Er stand, vor dem Hintergrund eines Teichs mit einer Kaskade, neben einem anderen Mann in schwarzem Anzug. Die beiden lächelten und sahen aus wie Freunde.

»Aber das ist ja unser Park!« sagte ich. »Die Kaskade, die Treppe... Hinter den Bäumen kann man sogar das Dach sehen.«

»Ja«, sagte Frau Hoffmann, »das war der Park. Und mein Mann war Musiker und Komponist. Der zweite Herr, das ist Max. Er war damals aus Wien gekommen. Um den ›Tannhäuser‹ zu singen. Sie leben beide nicht mehr. Und das«, sie zeigte auf ein anderes Foto, »ist Erikson. Das war ein Norweger, aus Oslo. Er sang in der nächsten Saison den Hagen in der ›Götterdämmerung‹. Eine phantastische Stimme!«

»Und wo ist die Geterdemerung?« fragte ich. »Auch irgendwo in Sopot?«

Grau Greta brachte noch ein weites Album und zeigte mir andere Bilder, worauf sie sich wieder ans Klavier setzte und den Trauermarsch Siegfrieds anstimmte, bei dem es mir eiskalt über den Rücken lief. Und dann spielte sie noch *»Steuermann, halt die Wacht«*, *»Gesegnet soll sie schreiten«* und *»Wach auf, es nahet gen den Tag«*, bis mir alles im Kopf durcheinandergeriet. Parsifal ging durch den Park oberhalb des ausgetrockneten Teichs, der Mann von Frau Hoffmann jagte unter schrecklichem Geschrei der Walküren und der Nibelungen Hagen über die Bühne der Waldoper in Sopot, Erikson stand auf der Terrasse von Frau Gretas Haus und sang mit einer Fackel in der Hand *»Beglückt darf nun dich, o Heimat!«*, und die Matrosen aus dem »Fliegenden Holländer« kehrten auf der Straße von Sopot nach Oliwa zurück und sangen *»Heil! der Gnade Wunder Heil!«*.

All das war ungewöhnlich und mitreißend. Und schön – wie der Park auf der alten Fotografie. Mit glühenden Wangen hörte ich Frau Greta zu, und sie spielte immer neue Stücke, nun ohne zu erzählen und Bilder aus dem Buch zu zeigen, und wir waren beide in einer merkwürdigen Stimmung, in einer Art Trance wohl, denn wir hörten die Schritte meines Vaters nicht und bemerkten auch nicht, daß er hinter uns stand, ebenfalls wie verzaubert von dieser Musik, vielleicht auch von dieser Szene, deren Zeuge er im Großen Zimmer von Frau Hoffmann wurde: sie über das Klavier gebeugt und ich, gleichsam hypnotisiert, den Blick auf sie oder auf ihre Hände geheftet. Gebannt war er im übrigen vielleicht auch noch von etwas anderem, jedenfalls blieb er einige Minuten hinter uns stehen, ehe er die Hand auf meine Schulter legte und ganz ruhig sagte: »Wir müssen jetzt gehen.«

Frau Hoffmann schlug zur Krönung einen kräftigen Akkord an und drehte sich zu Vater um.

»Oh, Herr Schiffbaumeister! Wir spielen hier ein bißchen. Sie sind doch nicht böse, oder?«

»Nein, ich bin nicht böse«, sagte Vater. »Aber wir müssen gehen. Gute Nacht, Frau Hoffmann.«

»Gute Nacht, gute Nacht, meine Herren.«

Als wir in unser Zimmer oben zurückgekehrt waren, konnte Mama sich lange nicht beruhigen. Warum ich denn dort hingegangen sei?! Sie habe mich doch so oft gebeten! Und was hatte sie mit ihm gemacht, die alte Deutsche?

Vater versuchte, ein gutes Wort für mich einzulegen: »Sie hat ihm Wagner vorgespielt. Das ist alles.«

Aber in Mama war ein böser Geist gefahren: »Die Deutschen! Die Deutschen!« rief sie immer lauter. »Immer diese Deutschen! Sie bauen Autobahnen und Maschinen, sie haben die besten Flugzeuge der Welt und die besten Öfen, um Menschen zu verbrennen. Die Deutschen spielen Wagner und fühlen sich immer ausgezeichnet, immer sind sie gesund und haben Appetit!«

Ich habe Mama noch nie in einem solchen Zustand gesehen. Sie schrie Vater an, daß er sie völlig überflüssigerweise in diese Stadt gebracht habe, er habe das wohl nur gemacht, damit sie fünf Jahre lang mit einer Deutschen unter einem Dach leben müsse.

»Warum ist sie nicht weggefahren von hier?! Warum ist sie nicht geflohen wie andere auch?«

»Beruhige dich«, sagte Vater und versuchte auf Mama einzuwirken. »Er braucht das doch nicht zu hören.«

Aber der böse Geist verließ Mama nicht: »Warum soll er nicht? Einmal muß er es schließlich erfahren!« Und sie begann, mit lauter Stimme verschiedene Namen zu rufen, Namen, die sie gut kannte und die sie liebte, und bei jedem Namen hob sie einen Finger, zuerst an der linken, dann an der rechten Hand, und als alle schon nach oben zeigten, wiederholte sie weinend diese Geste noch viele Male, denn Tote gab es bedeutend mehr als Finger an den Händen, sogar als Finger und Zehen zusammengenommen.

Unterdessen bat Vater, der das nicht mehr aushalten konnte, sie möge aufhören, und schrie, daß letzten Endes nicht er diesen Krieg angefangen, nicht er die Grenze verschoben, nicht er die Stadt den einen weggenommen und den anderen gegeben habe. Und ich stand zwischen ihnen, entzweigerissen, und sah ihre Körper, sah die Gestalten eines Mannes und einer Frau wie auf der farbigen Illustration – wie zwei pulsierende, lebende Wunden.

Vater verstummte schließlich, nahm eine Tablette aus dem Schränkchen und gab sie Mama zusammen mit einem Glas Wasser. Mama kam endlich wieder zu sich und versöhnte sich mit ihm, aber als wir in unseren Beten lagen und einschliefen, kreiste das Wort »die Deutschen« noch lange im Zimmer wie ein in der Dunkelheit erwachter Vogel.

Am Montag kam Herr Bieszke direkt vors Haus gefahren. Wir luden unser Hab und Gut auf den Wagen, und die Pferde spitzten die Ohren, wie immer vor der Fahrt. Schließlich fuhren wir durch die Lindenallee nach unten, zwischen den Reihen der alten Bäume hindurch. Ich betrachtete den ausgetrockneten Teich, die Kaskade, aus der kein Tropfen Wasser mehr floß, und die Brennesseln, in denen Gegenstände von unklarer oder vergessener Bestimmung verborgen lagen. Das Haus von Frau Greta Hoffmann wurde immer kleiner, bis es endlich zwischen den Bäumen verschwand – ein brauner Punkt mit dem roten Tupfen des Dachs. Die Hufe klatschten auf dem Pflaster. Die Pferde von Herrn Bieszke schnaubten fröhlich, und er selbst sang ein kaschubisches Lied, das ihm bestimmt noch von der Taufe her durch den Kopf ging:

*»Wir wollen einen heben, aus dem kleinen Fläschchen!«* Wir kamen an der Brücke und am Straßenbahndepot vorbei. Hier begannen die Kastanien und die Hubertusburgallee. Das neue Haus, noch unverputzt, war nicht mehr weit. Als ich mein Zimmer betrat, spürte ich den Geruch von frischer Farbe, Kalk und Parkettdielen. Und da mußte ich wieder an jene Melodie denken. Frau Greta war nicht mehr dazu gekommen, sie für mich zu spielen. Bestimmt war es ein Liebeslied. Ob Richard Wagner es geschrieben hatte? Drüben, im anderen Zimmer, wurden die Möbel umgestellt. Und ich dachte, das würde ich wohl nie erfahren. Und ich würde auch nie erfahren, mit wem Frau Greta am Geburtstag gesprochen hatte, als ich sie durch die Glastür des Großen Zimmers beobachtete.

*Aus dem Polnischen von Renate Schmidgall*

Günter de Bruyn

# Herr Müller, diesseits und jenseits der Oder

Das Rätsel, das Herr Müller mir jahrelang war, löste sich erst nach seinem Tode. Der einzige Mitwisser hatte aus Vorsicht so lange geschwiegen. Daß es andernfalls tatsächlich Ärger mit den Behörden gegeben hätte, glaubt aber nachträglich keiner. Die einen bezweifeln, daß Herr Müller sich überhaupt strafbar gemacht hat; die anderen nehmen an, daß Unzurechnungsfähigkeit ihn geschützt hätte; ich traue auch Zollbeamten Empfindungen zu, stehe aber mit dieser Meinung allein. Niemand im Dorf ist von Herrn Müllers Geschichte gerührt, mancher aber empört, besonders der Sohn, dessen Frau und auch schon die Enkel.

Rührend war Herr Müller zu seinen Lebzeiten wohl nie, am wenigsten aber in seinen letzten Jahren, in denen ich ihn kennenlernte. Er war schon über siebzig, als ich ins Dorf kam, arbeitete aber noch. Die Bäuerliche Handelsgenossenschaft beschäftigte ihn als Filial-Verkäufer. Jeden Tag radelte er in ein anderes Dorf. Donnerstags war er bei uns. Acht Stunden quälte sich dann der kleine, breitschultrige Mann an einem schäbigen Tisch mit Rechnungsformularen und Preistabellen ab und hinderte die Kunden daran, wieder fortzugehen.

Die Verkaufsstelle war im Speicher des ehemaligen Guthofes untergebracht. Man mußte eine Lagerhalle durchqueren, um den kleinen Verschlag zu erreichen. Während man an einer Schrotmühle und Stapeln von Kleie-Säcken vorbeiging, hörte man schon Herrn Müllers hohe, hastige, wie atemlos wirkende Stimme. Immer sprach er wie einer, der fürchtet, bald nichts mehr sagen zu können, und deshalb die letzte Gelegenheit wahrnimmt. Öffnete man die Tür, brach er mitten im Satz ab, um dem Ankommenden nach einem Gruß mitzuteilen, was die drei, vier oder auch acht Wartenden bereits wußten: daß er seine Nächte erkrankter Lämmer wegen schlaflos verbrachte, daß sein Brunnen defekt war oder der Nachtfrost seine Tomatenpflanzung zerstört hatte.

Wovon er auch redete, stets klagte er. Er war, glaubte man ihm, ein vom Unglück Verfolgter. Keine Arbeit (und er arbeitete viel) brachte ihm auch nur den geringsten Ertrag; das Wetter mochte sein wie es wollte, es schadete ihm; jede Krankheit suchte ihn heim; und nur das im Land zirkulierende Geld, von dem doch ein Teil auch für ihn bestimmt war, mied ihn beständig.

Zuerst war ich erstaunt, wie ruhig die Leute die langen Wartezeiten hinnahmen; später begriff ich, daß diese scheinbare Geduld in Wahrheit Resignation war. Man wußte von der Zwecklosigkeit jeder Revolte und fügte sich der wortreichen Gewalt. Weder Bitten noch Flehen konnten ihn dazu bringen, den Verkaufsvorgang zu beschleunigen, und auch Grobheit, die ihm den Redefluß abschnitt, führte zu keinem Erfolg. Zwar sah er den Grobian dann erschrocken an, murmelte: Ja natürlich, sofort! und begann mit tastenden Händen nach seiner Brille zu suchen, doch ehe er diese gefunden hatte, vergaß er den Schreck und begann wieder zu klagen: war Sehschwäche doch Ausgangspunkt für manches Verhängnis, das ihn betraf. Vernünftiger als unruhig zu werden, war es also, sich den Gummistiefeln, den Werkzeugen, Farben und Düngemitteln in den Regalen zu widmen oder untereinander Gespräche zu führen, solange Herrn Müllers Jammertöne erschallten. Brachen die aber ab, weil Herr Müller zu Brille und Stift griff, um den Verkaufsakt zu tätigen, mußten auch die Gespräche verstummen, da jedes Wort, das er vernahm, ihm neue Wortfluten entlockte.

Es war also ganz still in dem engen Raum, wenn Herr Müller sich endlich über den Rechnungsblock beugte. Nachdem das Blaupapier eingelegt war, und er den Stift schon angesetzt hatte, richtete er sich noch einmal auf, um das Publikum zum wiederholten Mal nach dem Datum zu fragen. Als habe er es noch nie gesehen, betrachtete er nun das Objekt, das verkauft werden sollte. Etikette las er halblaut vor. An diesem Punkt war die Gefahr groß, daß seine Tätigkeit wieder ins Stocken geriet. Verbanden sich mit der Ware nämlich schlechte Erfahrungen für ihn, erläuterte er die ausführlich. Bestand der Kunde trotz Warnung auf Kauf, begann der schriftliche Teil des Geschäfts, den Herr Müller sehr ernst nahm. So genau wie möglich mußte die Ware benannt werden. Hatte man nach einstündiger Wartezeit beispielsweise ein Tütchen Mohrrübensamen erstanden, begnügte er sich nicht mit der Kurzform Samen, sondern er schrieb: Samen (Mohrrüben), Sorte: Frühe Riesen Doppelpackung, 0,40 DM. Darüber stand noch das Datum, darunter seine Unterschrift. Hatte auch der Käufer noch mit seiner Unterschrift den Empfang der Ware bescheinigt, wurden Rechnung und Durchschlag mit einem Stempel versehen. Da Herr Müller nicht nur langsam schrieb, sondern auch groß, waren bei umfangreicheren Käufen mehrere Zettel nötig. Seiner Dauerklagen hätte es also nicht bedurft, um den Einkauf bei ihm langwierig zu machen.

Mit Kontaktbedürfnis hatte Herrn Müllers Schwatzhaftigkeit nichts zu tun. Er war an anderen Leuten so uninteressiert, daß er nicht zuhörte, wenn sie was sagten. Seine Abende und Wochenenden verbrachte er (wenn man sein Kleinvieh nicht rechnet) allein. Auch den Drang, Zuhörer mit seinem Lebenslauf zu belästigen, hatte er nicht, doch floß Wesentliches davon in seine Klagen mit ein, so daß die Kundschaft über seine Biographie informiert war. In der Neumark, gleich hinter der Oder, hatte er früher einen Bauernhof besessen – so groß und reich natürlich, wie es hier keinen gibt. Nach dem Krieg hatte er als Neubauer wieder begonnen und war bald nach der Kollektivierung Rentner geworden, einer von den ruhigen, die am Tag ihren Garten pflegen, zwei Stunden in der Gastwirtschaft verplaudern und am Abend vor dem Fernseher sitzen. Nach dem Tod seiner Frau erst (aber nicht als Folge von diesem) war er zu dem unausstehlichen Alten geworden, der ständig nicht nur, mit Recht, über die viele Arbeit klagte, die er sich machte, sondern auch über das fehlende Geld – was lächerlich war, weil jedermann wußte, daß er mit seiner Rente, seinem Gehalt und dem Erlös aus Schaf-, Gänse- und Hühnerzucht, aus Spargel- und Tomatenanbau viel verdiente. Aber das alles reichte ihm nicht. Er bereitete eine Champignonzucht vor, zu der es dann nicht mehr kam. Das Haus, das er dem verheirateten Sohn verekelt hatte, vermietete er und zog in die Waschküche um. Wenn es stimmt, was die Leute erzählen (ich bin nie bei ihm zu Hause gewesen), lebte er dort mit Lämmern und Küken zusammen.

Den Zettel mit der Aufschrift: Wegen Krankheit geschlossen!, den ich nach Rückkehr von einer Reise an die Verkaufsstellentür geheftet fand, hatte er noch geschrieben. Inzwischen war er, mit einundachtzig, gestorben. Mitleidslos, aber treffend hieß es im Dorf: Er hat sich zu Tode gerackert. Der Sohn erwartete eine Riesenerbschaft und wurde enttäuscht. Jedem, der es hören wollte, erzählte er, daß der Kontostand seines Vaters siebenundachtzig Mark siebenundachtzig betragen hatte. Die Symmetrie schien ihn, wenn er die Zahlen aussprach, besonders zu ärgern.

Als das Rätsel gelöst war, wurde klar, daß die Geldscheffelei über die Renternzufriedenheit in dem Jahr gesiegt hatte, in dem das visumfreie Reisen nach Polen möglich geworden war. Der Gedanke, in die alte Heimat zu fahren, war nicht von ihm gekommen. Herr Kühn, ein ehemaliger Nachbar, hatte ihn überreden müssen mitzufahren. Die beiden Dörfer, in denen er die zerrissenen Hälften seines Lebens verbracht hatte, trennte nur eine knappe Autostunde. An einem Sommersonntag nach dem Mittagessen holte man Herrn Müller ab, zum Abendessen war er wieder da. Nach erstem Mißtrauen und Verständigungsschwierigkeiten waren sie freundlich aufgenommen und bewirtet worden. Das junge Paar, das Müllers alten Hof ein Jahr zuvor erst übernommen hatte, sprach etwas Deutsch. Herr Kühn, der sich ein wenig schuldig fühlt und Müller deshalb besonders scharf verurteilt, versucht die Sache zu erklären, indem er das Wort Schock benutzt. »Ein Schock war's schon«, sagt er, »daß sich so gut wie nichts verändert hatte. Außer der blauen Tünche auf der Straßenseite und einem neuen Zaun war alles noch wie sonst, nichts fehlte, nichts war neu gebaut. Die Bäume, die du gepflanzt hast, stehn noch da, nur schöner, größer; die Scheunenleiter hängt noch am selben Platz: die schwarze Klinke an der Kirchentür, die dir als Kind stets Schwierigkeiten machte, bewegt sich immer noch so schwer; zufällig sieht auch die Katze, die auf der Treppe in der Sonne liegt, wie deine aus.« Das alles muß ihn, meint Herr Kühn, so umgeworfen haben, daß er das eigne Kind darüber ganz vergessen hat.

Ausschlaggebend für Herrn Müllers Entschluß, sich die letzten Jahre seines Lebens für einen Hof abzurackern, der ihm nicht gehörte, ist vielleicht gewesen, daß die neuen Besitzer ihn um Rat gefragt hatten. Der Stall, der auf Sumpfboden stand, hatte schon vor vierzig Jahren Neigung zum Absinken gezeigt. Jetzt waren die Risse in der Wand gefährlich geworden. Viel Geld hatten die jungen Leute nicht. Abriß und Neubau wären billiger als Renovierung geworden.

Ob Herr Müller an diesem Tag schon seinen Baukostenzuschuß versprochen hat, weiß Herr Kühn nicht, wohl aber, wie die vielen Hundertmarkscheine über die Grenze gekommen sind – was aber nicht verraten wird. Immer, sagt Herr Kühn, habe er sich gesträubt, Müller hinüberzufahren, es dann aber doch stets getan, natürlich auf Müllers Kosten. Vorwürfe habe er Müller ständig gemacht, der aber habe darauf nie reagiert, sondern auch während der Fahrt nur über die schwere, wenig einträgliche Arbeit gejammert.

Länger als zwei Stunden seien sie nie jenseits der Oder gewesen, und Freude oder auch nur Zufriedenheit habe sich bei Müller nie gezeigt, wenn er die Baufortschritte gesehen habe. Man habe den Eindruck bekommen müssen, er erfülle nur eine lästige Pflicht.

Bronisław Maj

# Hinter dem Fenster Regen …

Hinter dem Fenster Regen, ein Glas Tee auf dem Tisch,
die Lampe – vielleicht bin ich naiv, aber ich sehe dich so
in fünf, in zwanzig, in hundertfünfundzwanzig
Jahren, wie du dieses Gedicht liest; und an mich denkst,
den Menschen
vor zwanzig oder hundertzwanzig Jahren – wie ich
gelebt habe? Ich und meine Epoche: hoffnungslos
müde Menschen,
ein paar Daten, Orte der Niederlage, Namen:
Beschwörungen,
die wir wiederholt haben
damals, mit der kindlichen Hoffnung der lebenden,
dümmer als du
um die Weisheit, die dir die Zeit gab: der du nach
all dem: nach uns, nach allen – lebst. So wenig
kann ich dir überliefern, soviel wie alle. Aber ich lebe
doch, und ich will nicht restlos sterben: für dich
ein jedermann bleiben, Gegenstand des statistischen
Mitleids oder der Verachtung. Das, was nur,
nur ich war, ist außerhalb der Geschichte. Also spreche
ich von mir
in der einen uns gegebenen Sprache: vom Geruch des
nassen
städtischen Staubs hinter dem Fenster (es regnete),
vom Tisch,
der die Ellbogen drückt, vom Ticken der Uhr,
vom Geschmack des heißen Tees,
vom Licht der Lampe, das mich blendete,
als ich dieses Gedicht schrieb – in der einfachen Sprache
der fünf unsterblichen
Sinne.

1981–1984

# Das Blatt eines der letzten...

Das Blatt, eines der letzten, riß sich vom Ahornzweig los:
wirbelt in der durchsichtigen Luft des Oktobers, fällt
auf einen Haufen anderer, erstarrt, erlischt. Niemand
hat seinen hinreißenden Kampf mit dem Wind bewundert,
niemand seinen Flug beobachtet, niemand
unterscheidet es jetzt,
da es zwischen den Blättern liegt, niemand hat das
gesehen, was ich gesehen habe. Ich bin
allein.

1981–1984

*Aus dem Polnischen von Karl Dedecius*

Hanna Krall

# Phantomschmerz

1.
Axel von dem Bussche stammt in direkter Linie von der Gräfin Cosel ab. Wer der männliche Beteiligte war, ist unklar. Eine Version spricht von August dem Starken, dem sächsischen Kurfürsten und König von Polen. Eine andere nennt einen polnischen Juden: einen Rabbiner, der sich mit anderen Rabbinern überworfen, Polen verlassen und sich in Deutschland angesiedelt hatte.

Beide Versionen, die des Königs wie die des Rabbiners, halten sich in der Familie Axels von dem B. seit zweihundertfünfzig Jahren.

2.
Sie hatte dicke schwarze Zöpfe, große, ausdrucksvolle Augen und einen kleinen Mund. Ihre Haut war weiß wie Alabaster. So ist Anna Cosel von Memoirenschreibern, Malern und von Józef Ignacy Kraszewski dargestellt worden.

August versprach ihr einst, sie zur Königin zu machen. Er hielt das Versprechen nicht, verstieß sie nach wenigen Jahren und ließ sie festsetzen. Der Verbannungsort war die Burg Stolpen. Sie lebte in einem Burgtum, in dem sie – später freiwillig – bis an ihr Ende blieb.

Zur Lieblingslektüre der gefangenen Gräfin gehörten hebräische Bücher. So schreibt es jedenfalls Kraszewski. Sie umgab sich mit Juden. Ein Pastor, der Sprachen des Ostens mächtig, übersetzte ihr die Werk der Rabbiner. Sie entlohnte ihn dafür großzügig. Anfangs ließ sie ihm durch einen verschwiegenen Boten Geld bringen, später trafen sie sich und führten lange Gespräche über den Talmud und die jüdische Religion. Die Pastorsfrau setzte diesen Gesprächen ein Ende, sie war eifersüchtig auf die Gräfin, die, trotz ihrer sechzig Jahre, immer noch schön war.

3.

Wer war der jüdische Liebhaber von Anna Cosel?

(Es muß ihn gegeben haben; wie sonst wäre diese sonderbare Faszination für die Juden und ihre Religion zu erklären? Ein faszinierender Mann selbstverständlich...)

Ein Rabbiner also, der sich in Polen mit anderen Rabbinern überworfen hatte und nach Deutschland gereist war...

Vielleicht Jonathan Eibeschitz?

Er wurde in Krakau geboren, und er war ein Weiser. Man rief ihn nach Hamburg, um den Todesengel zu bändigen, weil die Frauen im Kindbett starben. Er gab ihnen Gebetszettel mit rätselhaften Zeichen und wurde angeklagt, an den falschen Messias zu glauben. Er rief die Rabbiner in Polen um Beistand an, und die Synode der Vier Länder verwarf die Klage. Trotz dieses Verdikts verhängten viele polnische Rabbiner, unter ihnen Moses Osterer, der Großrabbiner von Dubno, den Bann über Jonathan E. und seine Lehren.

Oder Salomon Dubno?

Er wurde in Dubno geboren, daher sein Name, und er starb in Amsterdam. Er war vierzehn, als man ihn verheiratete. Er studierte in Lemberg und Berlin, wo er der Erzieher des Sohnes von Moses Mendelssohn wurde, des Philosophen und Theologen (den manche für die bedeutendste Gestalt der deutschen Aufklärung neben Lessing halten). Salomon D. brachte den Philosophen dazu, den Pentateuch neu ins Deutsche zu übertragen. Er selbst verfaßte Kommentare zur Genesis. Als er auch mit den Kommentaren zum Exodus zur Hälfte fertig war, kam Naphtali Hertz, der Großrabbiner von Dubno, auf der Durchreise nach Berlin. Er mißbilligte den Freundeskreis, in dem sich Salomon D. bewegte, und wies ihn an, die Umgbung zu wechseln. Ohne seine Arbeit zu beenden verließ Salomo D. Berlin und begab sich nach Amsterdam.

Oder Jakob Krantz?

Er wurde in Litauen geboren und war ein Magid, ein Wanderprediger. Er überwarf sich zwar nicht mit den Rabbinern, aber reiste auch nach Deutschland – um dort zu studieren und mit den Gelehrten zu disputieren. Er verließ Deutschland, um nach Dubno zu gehen. Hier bekam er sechs Gulden die Woche, später legte man ihm noch zwei Gulden zu und reparierte ihm den Ofen.

(Der Magid von Dubno wurde gefragt, warum ein Reicher sein Almosen lieber einem Armen, der blind und lahm sei, gebe als einem Armen, der weise sei. »Der Reiche ist nicht davor gefeit«, antwortete der Magid, »selber blind oder lahm zu werden, aber er weiß, daß er nie ein Weiser werden wird.«)

Auf den Porträts haben sie alle drei weiße Bärte, traurige Augen und einen abwesenden Blick. Vielleicht kommt das daher, daß diese Augen nur unwillig von den aufgeschlagenen Büchern aufgeschaut haben. Aber die Gräfin hätte ihnen ja begegnen können, als die Bärte schwarz und die Augen fröhlicher waren...

Sie ist weder dem Magid aus Dubno, noch Salomon Dubno begegnet. Der erstere ist kurz vor, der andere nach ihrem Tod geboren. Aber Jonathan Eibeschitz war sechsundzwanzig Jahre alt, als man sie auf der Burg eingesperrt hatte...

Jonathan also? Wer sonst als er, der Beschuldigte und mit dem Bann Belegte, hätte den Mut zu solch einer Liebschaft gehabt? Mit einer Ungläubigen! Mit einer verstoßenen Mätresse des Königs!

Es gibt noch eine andere Möglichkeit. Sie spricht gegen die Überlieferung in der Familie Axels von dem B.: Der Vorfahr war kein Rabbiner.

Er war ein Kaufmann. Nennen wir ihn Herschel Isaak. Er wohnte in Dubno und handelte mit Pelzen. Er reiste zur Leipziger Messe, begleitet von einem Diener namens Michal Schmuel. Mehr wissen wir von ihm nicht, aber Frau Dr. Ruta Sakowska, die mir die Texte aus dem Jiddischen übersetzt und geholfen hat, einen jüdischen Liebhaber für die Gräfin Cosel zu finden, ist der Ansicht, er sei mit fünfzehn verheiratet worden, seine Frau habe ihm eine ganze Schar von Kindern geboren, Fett angesetzt und eine Perücke getragen. War es da verwunderlich, daß er wegen der schönen, vornehmen Dame den Kopf verlor? Natürlich sah auch er gut aus, er hatte blaue Augen (die unter dem gelockten schwarzen Haar verführerisch gewirkt haben müssen), sein Lächeln war breit, sein Gebiß blendend weiß und sein Pelz aus Zobelfell. Es ist nicht auszuschließen, daß er auch der Gräfin Zobelfelle zum Geschenk gemacht hat... (Hoffentlich bringt Frau Dr. Sakowska diesen Herschel Isaak nicht irgendwie mit Mitja Karamasow durcheinander.)

Der Kaufmann aus Dubno reiste also ins sächsische Leipzig, und wie wir von Kraszewski wissen, waren jüdische Kaufleute häufige Gäste auf der sächsischen Burg Stolpen. Sie brachten Waren, Zeitungen und Bücher, und einmal versuchten sie sogar, der Gräfin zur Flucht zu verhelfen. Sie ließ eine Strickleiter herunter, wurde aber, ehe sie entkommen konnte, von der Wache gefaßt.

Dieser Fluchtversuch mit Hilfe von Juden fand im Jahre 1728 statt. So beschreibt es Józef Ignacy Kraszewski in seinem Roman »Gräfin Cosel«.

In demselben Jahr 1728 reiste der Kaufmann Herschel Isaak aus Dubno zur Leipziger Messe. So steht es in der Geschichte der Stadt, in dem Erinnerungsband »Sefer Zikaron«, der in Tel Aviv erschienen ist. Hätte es also nicht sein können, daß eben dieser Herschel Isaak und sein Diener Michal Schmuel, der sich nie von seinem Herrn trennte, die halsbrecherische Flucht auf der Strickleiter organisiert haben?

Kaufmann oder Rabbiner – sei dem, wie ihm wolle, wichtig ist, daß der Vorfahr Axels von dem B. aus Dubno stammen sollte. Wenn nämlich der große Drehbuchautor all diese feinen Fäden ordnet und verknüpft, dann kennt er auch das künftige Ende. Das von Dubno und das von Axel von dem B. Er konnte also nicht umhin, einen gemeinsamen Prolog für deren spätere gemeinsame Geschichte zu ersinnen.

4.

Dubno liegt in Wolhynien, 191 Meter über dem Meeresspiegel, an der Ikwa, einem Nebenfluß des Styr. Von Anfang an war es eine jüdisch-polnische Stadt. Polen und Juden hatten gleichermaßen für die Instandhaltung der Brücken und Straßen zu sorgen. Die Juden konnten das städtische Bad am Donnerstag und Freitag, die Christen am Dienstag und Sonnabend benutzen. An wichtigen christlichen Feiertagen mußten die jüdischen Geschäfte geschlossen bleiben, aber an weniger wichtigen durften sie für die Armen und die Durchreisenden geöffnet werden. Im Jahre 1716 waren in Dubno zwei Frauen, eine Braut und eine Witwe, vor Gericht gestellt und beschuldigt worden, zum jüdischen Glauben übergetreten zu sein. Die Braut wurde direkt von ihrer Hochzeit vors Gericht gebracht, zusammen mit ihrem jüdischen Bräutigam, dem Rabbiner und dem Beamten, der den Ehevertrag aufgesetzt hatte. Nach sechzig Schlägen beharrten die Frauen immer noch auf der jüdischen Religion, nach vierzig weiteren kehrte die Braut zum Christentum zurück. Beide Frauen wurden zum Scheiterhaufen, die Juden zu Prügelstrafen und einer Buße in Form von Kerzenwachs verurteilt – für die Klöster, Kirchen und das Schloß. Im Jahre 1794 wurde in Dubno eine Synagoge gebaut. Der Stadtherr, Fürst Michal Lubomirski, sandte für den Bau Ziegel, Kalk, Sand und leibeigene Bauern. Bei der feierlichen Grundsteinlegung trank er mit den Juden Schnaps, aß Honigkuchen und brachte ihnen seine Wünsche dar: »Möget ihr erfolgreich zu Gott beten, der Himmel und Erde geschaffen hat und in dessen Hand die Geschicke jedes lebendigen Geschöpfes ruhen ...«

Dubno gehörte fünf Generationen lang den Lubomirskis. Michal, der den Bau der Synagoge unterstützt hatte, war General und Freimaurer und spielte Violine. Er hatte in Dubno eine Freimaurerloge gegründet: Das Vollkommene Geheimnis des Ostens. Während der Jahrmärkte gab er rauschende Bälle, auf denen täglich bis zu dreihundert Personen zusammenkamen. Sein Sohn Józef war ein Kartenspieler und Geizkragen (»Infolge seines Geizes wurden in Dubno keine Ausbesserungen getätigt«, schrieb der Chronist). Marceli, sein Enkel, spielte ebenfalls Karten, verlor aber dabei. Er floh mit einer französischen Schauspielerin ins Ausland. Er freundete sich mit dem Dichter Cyprian Kamil Norwid, mit ungarischen Aufständischen und französischen Sozialisten an. Seine verlassene Gemahlin warnte den russischen Zaren vor einem Attentat, von dem sie durch Hellsehen Kenntnis hatte. Sein unehelicher Sohn wurde Schauspieler im Pariser Odéon. Der letzte Lubomirski, der Besitzer von Dubno war, hieß wieder Józef und war dem Kartenspiel ebenso verfallen wie sein Vater und sein Großvater. Er geriet in Schulden und heiratete eine Frau, die zehn Jahre älter als er, aber Millionärin und die Witwe eines Parfümfabrikanten war. Er hatte sie durch ein Heiratsvermittlungsbüro kennengelernt. Dank dieser Ehe wurde er einen Traum los, der ihn seit dreißig Jahren allnächtlich gequält hatte: daß er sein Hotelzimmer nicht verlassen konnte, weil er kein Geld hatte, die Rechnung zu bezahlen. Er starb ohne Nachkommen im Jahre 1911. Noch vor seinem Tode hatte er Dubno an eine russische Fürstin verkauft.

In den zwanzig Jahren zwischen den Weltkriegen war Dubno eine Kreisstadt innerhlab der Woiwodschaft Wolhynien. Es hatte 12 000 Einwohner, die Mehrzahl waren Juden.

5.

Axel von dem B. wurde am Ostersonntag 1919 geboren. Sein Elternhaus stand am Nordhang des Harzes. Es hatte zwei Stockwerke und zwei Seitenflügel, war von einem Garten umgeben, und hundert Meter vor dem Tor floß die Bode vorbei. Die Leute im Ort nannten es das Schloß, die Bewohner nannten es ihr Haus. Sie verließen es im November 1945 innerhalb von zwei Stunden, nur mit Handgepäck. Zum ersten Mal fuhr er kurz vor der deutschen Vereinigung mit Tochter und Enkelkindern wieder hin. Im Schloß befand sich eine Schule für Marxismus-Leninismus. Der Direktor wollte die Polizei rufen, weil sie durch das Tor, das übrigens nicht mehr existierte, in den Garten gefahren waren. Beim zweiten Besuch, schon nach der Vereinigung, wurde nicht die Polizei gerufen, und man ließ die Besucher ins Haus. »Unterrichten Sie noch Marxismus-Leninismus?« fragten sie den Direktor. »Wir sind auf Englischunterricht umgestiegen«, antwortete der Direktor, »aber wissen Sie, Herr Baron, wenn Sie alles zurückerhalten, würde ich es gerne von Ihnen pachten und ein Hotel aufmachen. Was halten Sie davon?«

Der Vater hatte das Hofgut geführt und die Kulturen des Fernen Ostens studiert. Er hatte Japan und China bereist und sich auch für die Geschichte der Zivilisation interessiert. Sie hatten einen alten Gärtner, junge Zimmermädchen, einen treuen Diener, eine schüchterne Gouvernante ... Wie das auf einem Schloß eben so ist.

Zu den liebsten Erinnerungen Axels von dem B. gehört die morgendliche Begegnung der Gouvernante mit dem alten Diener. Jeden Morgen, pünktlich um acht, begegneten sie einander auf der Treppe – die Gouvernante ging hinauf zu den Kindern, der Diener ging hinunter zum Vater. Der Diener war es nicht gewohnt, junge Fräuleins als erster zu grüßen, und so gingen sie wortlos aneinander vorbei, worauf er stehenblieb, den Kopf wandte und sagte: »Fräulein Kuntze! Haben Sie mir Guten Morgen gesagt oder haben Sie nur gedacht, daß es sich gehören würde?« Diese Szene wiederholte sich jeden Morgen, Punkt acht Uhr, acht oder zehn Jahre lang.

Später besuchten Axel und sein Bruder das Realgymnasium. Dann gingen sie zum Militär nach Potsdam. Dann brach der Zweite Weltkrieg aus.

6.

»Der Erdwinkel von Dubno, vier Synagogen, Freitagabend, Juden und Jüdinnen zwischen diesen steinernen Trümmern – das behält man im Gedächtnis. Später am Abend, Hering und Wehmut ...« So notierte es Isaak Babel, als er 1920 mit Budjonnys Reiterarmee in Dubno war. »Weideflächen, Felder, die untergehende Sonne. Synagogen, niedrige alte Häuser in Grün und Dunkelblau ...«

Es gab viele Bäume, vor allem an der Ikwa. Dorthin ging man abends spazieren. Im Sommer machte man Kahnpartien, im Winter barg man das Eis, das dann wieder bis zum Herbst reichte. Das ganze Jahr über wurde Wasser geschöpft, Pferdegespanne brachten die Wasserwagen in die ganze Stadt. Bei Eintritt der Dunkelheit wurden die Gaslaternen entzündet. An Markttagen roch die Luft nach Staub und Pferdeäpfeln.

Die schönste Schrift im jüdischen Dubno hatte der Schreiber Josl. Auch der junge Pinhasowitsch war nicht schlecht, aber Josl war beliebter, und wer ein Gesuch zu schreiben hatte, ging meist zu ihm.

Dr. Abram Grincwajg, direkt aus Wien zugezogen, hatte seine Praxis (»Strombehandlung und Bestrahlung«) auf der Cisowski-Straße und war unter der Telefonnummer 30 zu erreichen.

Der Photograph R. Cukier betrieb das Atelier »Décadence«.

Lejb Silsker hatte ein Pferd und einen Wagen. Er brachte die Post zum Bahnhof und holte sie ab.

Reb Mejer schärfte Messer, er war spezialisiert auf Messer für die rituelle Schlachtung.

Ruben Cypring war Kantor in der großen Synagoge. Er hatte eine schöne Stimme und spielte in der Hochzeitskapelle die Klarinette. Eli Striner spielte dort die Geige und die Trompete Mendel Kaczka, der in der Militärkapelle von Luck, in der Armee des Zaren, Solist gewesen war. Und dieser Mendel Kaczka war so fromm, daß er in den vier Jahren seines Militärdienstes nie auch nur einen Schlag aus dem Kochkessel zu sich genommen hatte, denn dieses Essen war noch koscher. Die Kapelle aus Dubno spielte auf allen Hochzeiten der Umgebung, bei Juden, Polen und Ukrainern.

Ein Amateurtheater führte Goldfadens Stück über Bar Kochba auf, den Anführer des jüdischen Aufstands gegen Rom. Den Bar Kochba spielte Wolff, der Verlobte der Schneiderin Brandle. Er sah sehr gut aus und hatte einen angenehmen Bariton. Der Vater Dinas, seiner Geliebten, war Lajzer, der Mann, dem die Klempnerwerkstatt nahe am Brunnen gehörte.

Dubno war bekannt für seine vorzügliche Mazze. Sie war dünn und außergewöhnlich knusprig. Für den Verkauf begann man sie schon im Dezember zu backen, gleich nach Chanukka. Erst im Frühjahr, nach dem Purimfest, buk man für den eigenen Bedarf.

Die großen Kaufleute handelten mit Hopfen und Holz, der Hopfen ging nach Österreich, die Kiefern, Eichen und Fichten nach Deutschland.

Es gab viele Arme. Jeden Freitag wurde für sie gesammelt, daß sie am Sabbat nicht ohne Fisch und Weißbrot dasaßen.

»Ein stiller Abend in der Synagoge – diesem Eindruck kann ich mich nie entziehen«, schrieb Isaak Babel. »Die vier Synagogen in einer Reihe. (...) Ein völlig schmuckloses Gebäude, alles weiß und glatt bis an die Grenze der Askese, alles körperlos, auf ungeheure Weise blutleer; man muß die Seele eines Juden haben, um es zu begreifen. (...) Wie ist es möglich, daß ausgerechnet in unserem Jahrhundert darüber die Vernichtung kommt?«

7.
Axel von dem B. überschritt die polnische Grenze im Gefolge der Panzer Guderians, am ersten Tag des Krieges. Am nächsten Tag fiel Heinrich, sein Freund. Es war in der Tucheler Heide, die Sonne war untergegangen, es begann zu dunkeln, und in diesem Dämmerlicht sah er die zurückweichenden Soldaten aus Heinrichs Zug. »Der Leutnant ist gefallen!« riefen sie und liefen weiter. Die Polen schossen von oben, sie hatten sich in den Wipfeln der Bäume festgebunden. Es war ungemütlich. Sie verbrachten die Nacht im Wald.

Axel von dem B. saß an einen Baum gelehnt und hielt auf seinem Schoß den Kopf des jungen Quandt, der im selben Gefecht verwundet worden war. Der »junge Quandt« hieß er im Unterschied zu seinem Vater, dem alten Quandt, dem Besitzer großer Textilbetriebe. Die Mutter des jungen Quandt war gestorben, als er noch ein Kind war, der Vater hatte eine junge Frau geheiratet, die mit Vornamen Magda hieß. Über die Schulferien stellten sie einen Hauslehrer ein. Er hieß Joseph Goebbels. Als die Ferien zu Ende waren, verschwand der Hauslehrer zusammen mit Magda. Aus diesen oder vielleicht aus anderen Gründen konnte der junge Quandt die Nazis nicht leiden.

Er werde sterben, sagte er, den Kopf auf dem Schoß von Axel von dem B., und alle diese Naziverbrecher... »So schlimm steht es nicht mit dir«, suchte Axel von dem B. ihn zu trösten, aber Quandt wußte, daß es schlimm stand, und fuhr fort: Alle diese Naziverbrecher sollten draufgehen wie er. Und möglichst schnell. Je später sie draufgehen würden, um so furchtbarer wäre ihr Ende.

Gegen Morgen starb Quandt, und Axel von dem B. besorgte sich einen zweiten Revolver. Er war zwanzig Jahre alt, hatte die erste Schlacht hinter sich und zwei Freunde verloren. Als sie weiterrückten, trug er in jeder Hand einen Revolver und im Herzen neuen Mut. Er fiel dem Regimentskommandeur auf.

»In unserer Familie«, sagte er, »stellt man Tapferkeit nicht zur Schau. Man hat sie.« Und er nahm Axel von dem B. den Revolver aus der linken Hand.

»In unserer Familie« bedeutete, daß Axel von dem B. und der Regimentskommandeur von und zu Gilsa aus seiner Familie stammten, dem großen deutschen Adelsgeschlecht.

Unter diesem Kommandeur machte Axel von dem B. den ganzen Polen- und einen Teil des Rußlandfeldzugs mit. Den Winter 1940 verbrachte er in Wloclawek. Eines Tages wurde ihnen mitgeteilt, daß die Zivilbehörden einen Stadtteil bestimmt hatten, in den die Juden der ganzen Stadt umgesiedelt wurden. Die Juden hatten einzig das Recht, Handgepäck mitzunehmen.

»Das ist ein Skandal!« erboste sich der Kommandeur. »Welcher Idiot denkt so etwas aus! Morgen früh fahre ich nach Krakau zu Frank und erzählte ihm alles.« (Er kannte Frank aus der Zeit der Berliner Olympischen Spiele, wo er Kommandant des Olympischen Dorfes gewesen war.)

Am nächsten Morgen wurde der Wagen bereitgestellt, aber vor der Abfahrt sagte der Adjutant: »Wenn das aber kein Idiot war? Wenn das ... deutsche Politik ist?« – »Meinen Sie?« entgegnete unschlüssig von und zu Gilsa und ließ das Auto wieder in die Garage bringen.

In Wloclawek blieben sie bis zum Frühjahr, dann rückten sie nach Osten, und am 22. Juni 1941, früh um drei Uhr fünfzehn, überschritt Axel von dem B. die russische Grenze.

Er wußte, daß in Rußland die Bolschewisten herrschten. Er wußte, daß es dort Lager gab und daß Stalin ein Mörder war. Kurz – er wußte, daß er gegen den Kommunismus kämpfte und somit alles in Ordnung war.

(Mit Polen war auch alles in Ordnung gewesen, vor allem nach Gleiwitz. Die Polen hatten die Nerven verloren – sie hatten angefangen, es mußte geantwortet werden; alles war in Ordnung.)

Die Russen begrüßten sie mit Brot und Blumen. Auch sie glaubten, die Deutschen würden die Befreiung bringen. Schnell sollten sie sich enttäuscht sehen: Der fremde Hurensohn erwies sich als noch schlimmer als der einheimische Hurensohn.

So sagte es Axel von dem B. bei einem Vortrag in Washington, kurz nach dem Kriege, im Rotary Club. Einer der Anwesenden stand auf und verließ demonstrativ den Saal. Axel von dem B. glaubte, es sei aus Mißbilligung seiner Ansichten geschehen, aber wie sich zeigte, war es ein Protest gegen das Wort Hurensohn. Man befand sich in der feinsten Washingtoner Gesellschaft, und derlei Ausdrücke waren hier nicht üblich.

Er kam durch Smolensk und gelangte bis an die Desna, er wurde sechsmal verwundet – am Arm, am Bein, an der Lunge – und ging vom Lazarett jedesmal wieder an die Front. Im Herbst 1942 war er in der Ukraine. Westlich vom Dnjepr, an einem Fluß, dessen Namen er vergessen hatte und der in einen anderen Fluß mündete, dessen Namen er auch nicht mehr erinnert.

Die Stadt hieß Dubno.

8.

Die Leute im jüdischen Dubno hatten Spitznamen. Sie wurden öfter benutzt und ließen sich leichter merken als die richtigen Namen: Eier-Ida, Zickelbenjamin, Benjamin der Tischler, Gänse-Henia, der Rotkopf-Zalman, der Schwarzkopf-Zalman, Hancia die Verrückte, der Neureiche Chaim, der Rote Motl, Mechl Bohnenstange, Kuchen-Jankl, Feldscher-Nisl, Scholem Gott behüte, Motl der Wasserfahrer, die Schwarze Basia, Aba der Lehrer, der Gescheite Itzek, Itzele Schnapsglas, Esther die Kellnerin, Zymbal-Ascher, Gamaschen-Iser...

Iser stellte aller Wahrscheinlichkeit nach Stiefelschäfte her, und Itzele guckte ins Glas, aber Scholem? Welchem Ereignis hatte er sein »Gott behüte« zu verdanken?

Und Hancia die Verrückte? Hatte sie verdrehte Einfälle? War sie eine Besessene? War wie wie die wahnsinnige weinende Jüdin von Sochaczew, die sagte: »Warum ich weine, fragt ihr? Wenn ihr wüßtet, was ich weiß, würdet ihr eure Läden schließen und mit mir weinen...«

Die Menschen mit den Spitznamen gibt es nicht mehr.

Die Menschen, die den Erinnerungsband »Sefer Zikaron« verfaßt haben, gibt es nicht mehr.

Man kann keinen mehr fragen.

9.

Axel von dem B. war in Dubno Stabsoffizier. Regimentskommandeur war Ernst Utsch.

Axel von dem B. hatte ein Pferd und unternahm Spazierritte in die Umgebung. (Die Gegend war sehr schön: der Fluß Ikwa, Wälder mit Buchen und Fichten ... ) Manchmal ritt er auch zum Gelände des alten Flugplatzes.

Dort sah er auf dem Flugfeld eines Tages eine riesige rechteckige Grube. Er dachte, damit solle wohl die Landung feindlicher Maschinen verhindert werden, wunderte sich aber zugleich: Man hätte die Landebahnen ja mit allen möglichen Hindernissen sperren können... Er wendete das Pferd.

Am Tag darauf bekam der Regimentskommandeur Besuch vom Gebietskommissar, dem Chef der Zivilbehörden. Als dieser gegangen war, sagte Utsch, der Gebietskommissar brauche Soldaten für irgendeine Aktion, das Gelände des Flugplatzes solle abgeriegelt werden. Utsch hatte ihn abgewiesen: Er dürfe sich an Dingen der zivilen Verwaltung nicht beteiligen. Mit Axel von dem B. grübelte er eine ganze Weile darüber nach, was das für eine Aktion sein könnte. Sie hörten dieses Wort zum ersten Mal in einem dunklen, rätselhaften Zusammenhang.

Ein paar Tage später hörte Axel von dem B. von sonderbaren Vorgängen auf dem Flugplatz.

Er stieg aufs Pferd.

Die rechteckige Grube kannte er schon.

Vor der Grube standen nackte Menschen. Männer, Frauen, Greise und Kinder.

Sie standen hintereinander, in einer ganz normalen Schlange, in der man nach Milch oder Brot ansteht. Die Schlange war an die sechshundert Meter lang.

Am Rand der Grube saß ein SS-Mann. Er ließ die Beine herabhängen und hielt eine Maschinenpistole in den Händen. Er gab ein Zeichen, und die Schlange rückte vor. Die Menschen stiegen die in die Erde gegrabenen Stufen hinunter und legten sich in der Grube hin, einer neben den anderen, das Gesicht nach unten. Der SS-Mann gab Feuer, winkte gleich darauf, und die Schlange rückte vor. Die Menschen stiegen in die Grube und legten sich auf die Körper, die schon dort lagen. Ein Feuerstoß, der nächste Wink. Die Schlange rückte vor...

Es war ein warmer Tag, einer der warmen Herbsttage, wie sie im Oktober vorkommen.

Die Sonne schien.

Nackte Frauen trugen nackte Kleinkinder. Männer führten Kinder bei der Hand oder stützten wankende Greise. Familien hielten sich umschlungen.

Niemand schrie oder weinte, niemand betete oder flehte um Gnade, keiner versuchte zu fliehen. Zwischen den Schüssen herrschte vollkommene Stille.

Es waren acht SS-Männer. Einer schoß, die anderen schienen abzuwarten, daß er müde wurde.

Axel von dem B. ritt zurück.

Die Aktion auf dem Flugplatz dauerte zwei Tage, dreitausend Menschen wurden erschossen.

Am Abend des dritten Tages hörte Axel von dem B. Schritte auf der Treppe und dann ein Klopfen an der Tür. Ein Bekannter trat ein, ein Beamter aus dem Regimentsstab.

»Ich komme aus der Gastwirtschaft«, sagte er. »Der Gebietskommissar gibt ein Abendessen für die SS-Leute von der Aktion ... Neben ihm saß der große Dicke ... Ich habe gehört, was er sagte ... So würden sie von einer Stadt zur anderen fahren... Die lokalen Behörden bereiten alles vor – die Lastwagen, die Absperrung, die Grube –, und sie fahren herum und töten ... Er sagte, daß er allein bis jetzt dreißigtausend Juden umgebracht hat ... Dafür ist er befördert worden ... Hörst du mir überhaupt zu?«

»Ja«, sagte Axel von dem B. »Geh schlafen.«

Der Beamte ging. Axel von dem B. hörte die alte hölzerne Stiege unter seinen Tritten knarren.

Eine Stunde später knarrte sie wieder, und der Beamte klopfte an die Tür.

»Entschuldige, daß ich dich störe, aber ich habe ein paar Berechnungen angestellt. Wenn sie zu acht sind und jeder dreißigtausend Menschen umbringt, dann schaffen sie in drei oder vier Monaten eine Million! Hörst du mir überhaupt zu?«

»Geh schlafen«, sagte Axel von dem B.

Im November gab der Gebietskommissar wieder ein Abendessen, diesmal zu Allerheiligen. Er lud Ernst Utsch ein, der jedoch eine Ausrede fand und Axel von dem B. hinschickte.

Er saß neben einer Frau, deren Mann in der Ukraine eine Landwirtschaft betrieb. Er fragte sie, ob sie von der Aktion wisse. Ja, sagte sie, und sie wisse auch, daß dabei bald nicht mehr geschossen werde. Es werde Lastwagen geben, in denen alles mit Abgasen erledigt werde. Es gehe darum, die Methoden menschlicher zu machen, setzte die Frau hinzu. Axel von dem B. fragte nicht, für wen die Methoden menschlicher sein sollten – für die SS-Männer oder für die Juden. Er vermutete, für die SS-Männer, die sich mit dem Töten plagten.

Er erzählte alles dem Regimentskommandeur.

»So hat Adolf Hitler uns also auch die Ehre genommen«, sagte Ernst Utsch.

Axel von dem B. fragte nicht, was dem Regimentskommandeur die Ehre genommen hatte. Ihm wurde klar, daß sie nach allem, was sie erfahren hatten, weiterleben würden, ganz normal, wie bisher. Sie würden schlafen und essen, verdauen und atmen. Voreinander würden sie tun, als wüßten sie von nichts. Von nichts würden sie wissen – und wußten doch alles.

Drei Monate später beschloß Axel von dem B., Adolf Hitler zu töten.

10.

Das Ghetto von Dubno war im April 1942 eingerichtet worden, in der Zeit des Passahfests. Es umfaßte die Scholem-Aljechem-Straße mit ihren Seitengassen am Ufer der Ikwa. Als das Ghetto liquidiert wurde, warfen sich die Menschen in den Fluß, der dort tief und reißend war. Chaja Fajnblit aus der Fischgasse hatte nach vierzehn Jahren Ehe ihr erstes Kind geboren – mitten hinein in diesen Krieg. Sie ertränkte es, sie selbst nahm Gift. Gift nahmen auch die Ärzte Frau Dr. Ortman und Dr. Kagan. Lejser Wajzbaum nahm einen Strick. Manche suchten Zuflucht im Ufergebüsch der Ikwa, aber die Deutschen brannten von Zeit zu Zeit das Schilf ab.

Zu Jom Kippur, dem Versöhnungsfest, versammelten sich die Juden, die noch am Leben waren, im Haus des alten Sykuler. Sein Haus stand an der Ikwa. Kantor Pinchas Schoched leitete die Gebete, hinterher kamen die Leute zu ihm und sagten: »Reb Pinchas, mögen wir dich in Gesundheit wiedersehen von heute an in einem Jahr!«

Die letzten Juden von Dubno wurden im Oktober umgebracht, zu Simchat Tora, dem Tag des Torafreudenfestes.

11.

Drei Monate später beschloß er zu töten ...

Die Entscheidung, den Führer des Deutschen Reiches zu ermorden, bedarf einiger Zeit. Besonders, wenn man erst dreiundzwanzig ist und zudem ein Offizier, der den Eid auf den Führer geschworen hat.

Er empfand keinen Haß. Sein Gedankengang war schlicht und kühl. Hitler ist die Verkörperung eines Mythos. Der Mythos muß zerstört werden, damit das Verbrechen besiegt werden kann.

Er teilte seine Entscheidung einem Freund mit. Es war Fritz von der Schulenburg. Als Student hatte er sich für den Marxismus interessiert, später hatte er sich den Nationalsozialisten verbunden und dann der Opposition um Claus Graf von Stauffenberg, dem Organisator des Anschlags vom Juli 1944, angeschlossen. (Nach diesem Attentat, vor Gericht, titulierte ihn der Staatsanwalt mit »Verbrecher« oder »Lump Schulenburg«. Als er ihn einmal mit »Graf Schulenburg« ansprach, unterbrach ihn dieser: »Lump Schulenburg, wenn ich bitten darf!«) Im August 44 wurde er gehängt, anderthalb Jahre nach dem Gespräch mit Axel von dem B., in dem dieser dem Freund erklärt hatte, daß er bereit sei zu töten ...

12.

Im Juni 1943 standen sie vor Leningrad, wenige Kilometer von Zarskoje Selo und der vordersten Linie. Es war zur Zeit der weißen Nächte, in denen man bis zum Morgen lesen konnte, ohne Licht machen zu müssen. (»Ich schreibe und lese ohne Lampe«, hatte Alexander Puschkin als Zögling des Gymnasiums von Zarskoje Selo berichtet.) Es war Abend, der Himmel hatte die Farbe von Magermilch.

Sie saßen im Regimentsstab, einem Holzhaus, das dem Kommandeur zugleich als Unterkunft diente, und tranken Kaffee. Der Kaffee war mit heißem sowjetischen Weinbrand aufgebrüht, den sie zusätzlich zur Zigarettenzuteilung bekamen. Er hieß »café diabolique«. Der Kommandeur war zur Inspektion in die vorderste Linie gefahren. Sie saßen da und redeten miteinander. Nichts Ernsthaftes – kein Krieg, keine Politik. Eher Geplauder, beim »café diabolique«, abends, unter einem Himmel, der die Farbe von Magermilch hatte.

Da stand plötzlich der kleine Bronsart vom Stuhl auf. Er zog den Revolver, zielte auf das Hitlerbild an der Wand und drückte ab. Er traf genau. Schwer zu sagen, was ihn dazu bewogen hatte – es war, wie gesagt, von nichts Ernstem die Rede gewesen. Der kleine Bronsart konnte den Führer offensichtlich nicht leiden, das war alles.

Natürlich herrschte erst einmal Grabesstille. Alle sahen auf den Führer mit dem Loch in der Stirn und dachten dasselbe: Ob das Loch in der Holzwand hinter dem Bild sehr tief und ob man in diesem Raum ganz unter sich war.

Axel von dem B. war es, der das Schweigen unterbrach und Richard, den Adjutanten des Regiments, fragte, ob es irgendwo noch ein Ersatzbild gäbe. Richard, der jüngere Bruder von Heinrich – dem, der am zweiten Tag des Krieges in der Tucheler Heide gefallen war –, gab zur Antwort, daß es leider nur ein Bild pro Regiment gäbe.

Das Schweigen wurde immer bedrückender. Dann ergriff Richard das Wort.

»Gedanken machen können wir uns später«, sagte er. »Ehe wir verstehen, was passiert ist, soll jeder das gleiche tun.«

Er zog den Revolver und richtete ihn auf Hitler.

Nach ihm schoß Axel von dem B.

Dann Klausing oder von Armin ...

Was mit dem durchschossenen Bild geworden und an seine Stelle gekommen ist – daran erinnert sich Axel von dem B. nicht mehr. Das war nicht seine Sorge, das hatte Richard, der Adjutant, mit dem Regimentskommandeur abzumachen. Glücklicherweise besaß er ein ungewöhnliches diplomatisches Geschick und die Eignung, unangenehme Dinge aus dem Weg zu räumen.

Bronsart von Schellendorf fiel einen Monat später an der Newa.

Friedrich Klausing wurde verwundet und nach Berlin geschickt. Dort wurde er dann Adjutant Stauffenbergs und im Juli 1944 gehängt.

Ewald von Kleist überlebte, aber Richard sagt, daß er damals gar nicht dabeigewesen sei.

Demzufolge habe drei überlebt: Axel von dem B., Max von Arnim, der im Ruhestand ist, und Richard von Weizsäcker, der Präsident der Bundesrepublik Deutschland.

13.

Im Herbst 1943 setzte Fritz von der Schulenburg Axel von dem B. in Kenntnis, daß die Verschwörer einen Offizier suchten, der Hitler während einer Vorführung von Uniformen töten sollte. Es ging um Winteruniformen für die Ostfront. Die bisherigen waren, wie sich während der Kämpfe gezeigt hatte, nicht für russische Bedingungen geeignet. Es wurden neue Modelle angefertigt, und Axel von dem B. sollte sie Hitler vorführen. Auch Himmler und Göring sollten zugegen sein. Seit der Niederlage von Stalingrad zeigten sie sich selten zu dritt, die Gelegenheit war also günstig.

Axel von dem B. war hervorragend geeignet, diese Uniformen vorzuführen.

Er kannte die Ostfront und konnte Hitler die notwendigen Erläuterungen geben. Er war Träger von Orden und Kampfauszeichnungen. Er war hochgewachsen, gutaussehend und ein nordischer Typ.

Axel von dem B. sagte Fritz von der Schulenburg, daß er einverstanden sei.

Das Einverständnis von Axel von dem B. vermerken alle Bücher über die Hitler-Opposition im Dritten Reich. Im Jahre 1943 wäre, wie es heißt, »kein anderer deutscher Offizier, auch nicht aus Kreisen der Opposition, imstande gewesen, die Hand gegen den Führer zu erheben«. Die einen beriefen sich auf den Willen des Volkes, das immer noch von Hitler behext war. Andere sprachen von christlichen Grundsätzen. Wieder andere, die für ihre Tapferkeit bekannt waren, »wären nicht imstande gewesen so etwas zu tun«. (Sie wären nicht imstande gewesen, – um es mit den Worten von Richard von Weizsäcker zu sagen –, den geraden, schmalen Pfad der christlichen Orthodoxie zu verlassen und Wege durch ein Labyrinth zu suchen ...)

Nach dem Krieg hielt Axel von dem B., Jurastudent an der Universität Göttingen, für seine Kommilitonen einen Vortrag. Es war während der Nürnberger Prozesse, und die Kommilitonen glaubten nicht, was in den Zeitungen stand – sie hielten es für einen Irrtum oder für Propaganda. Axel von dem B. erzählte ihnen von Dubno.

»Und du hast das gesehen?«

»Ja.«

»Und das haben Deutsche getan?«

»Das haben Deutsche getan.«

Der Vortrag erschien in der Universitätszeitung. Er trug den Titel »Eid und Schuld«. Axel von dem B. legte darin die Gründe dar, warum er sich zu dem Attentat entschlossen hatte. Er sprach über den Eid, der Führern geschworen wird. Dieser Treueid sei ein von zwei freien Menschen vor dem Angesicht Gottes geschlossenes Abkommen, an das man nicht mehr gebunden sei, wenn es vom Führer selbst verletzt werde. Die Führer des Dritten Reiches aber hätten den Eid geschändet und verraten ...

Axel von dem B. hatte Fritz von der Schulenburg also erklärt, daß er einverstanden sei.

Richard, der Adjutant des Regiments, stellte ihm einen Marschbefehl für die Fahrt nach Berlin aus.

(Fünfzig Jahre später sagte Richard von Weizsäcker, die Entscheidung Axels von dem B. sei auch für ihn getroffen worden. Nach der Aktion auf dem Flugplatz konnte keiner von ihnen, den deutschen Offizieren in dem Städtchen Dubno, mehr sagen, er habe von nichts gewußt. Sie wußten es nun. Und sie gaben die Befehle der Führung nach wie vor an ihre Untergebenen weiter. Sie waren somit selbst an dem Verbrechen beteiligt und zogen ihre Soldaten mit hinein.

Jeden Tag hätten sie sich von neuem die Frage gestellt, wie es weitergehen solle, sagte Richard von Weizsäcker fünfzig Jahre später. Axel habe ihnen die Antwort gegeben. Er sei weder entsetzt noch überrascht gewesen. Schließlich waren sie an der Front, und jeder Tag konnte der letzte sein. Warum sollte man über diesen letzten Tag nicht selbst entscheiden?

Wenn Axel starb, um den Führer des Reiches umzubringen, war das viel sinnvoller, als an der Ostfront zu fallen...)

Richard stellte also den Marschbefehl aus, und Axel von dem B. fuhr nach Berlin.

Er traf sich mit Stauffenberg.

Claus von Stauffenberg war in Afrika verwundet worden, er hatte die rechte Hand und an der linken zwei Finger verloren. Eine schwarze Binde verhüllte eine leere Augenhöhle. Er wirkte entschlossen, unpathetisch und heiter.

Er fragte Axel von dem B., warum er Adolf Hitler umbringen wolle.

»Wissen Sie, was er mit den Juden macht?« fragte Axel von dem B. zurück und verbesserte sich: »Was ‹k› wir ‹m› mit den Juden machen?«

Stauffenberg wußte es. Er fragte, ob Axel von dem B. als Protestant keine moralischen Bedenken habe. Den Katholiken war es gestattet, einen Tyrannen zu töten, habe aber nicht auch Luther in einer seiner Schriften... Offensichtlich legte er für Axel von dem B., und vielleicht auch für sich, theologische Argumente zurecht. Er sollte sich alles noch einmal überdenken, sagte er abschließend, und ihm nach dem Mittagessen seine Entscheidung mitteilen.

Nach dem Mittagessen teilte Axel von dem B. Claus von Stauffenberg mit, daß sein Entschluß unverrückbar feststehe. Sie gingen daran, die Einzelheiten zu besprechen. Die Veranstaltung sollte in der Wolfsschanze, Hitlers Hauptquartier in Ostpreußen, stattfinden. Die Uniformen sollten von Soldaten vorgeführt werden, die von nichts wußten. Der Sprengstoff sollte in der Uniform von Axel von dem B. versteckt werden. Die Ladung würde die Führer des Reiches, Axel und alle anderen Anwesenden töten.

Am Ende des Gesprächs nahm Stauffenberg aus einer Mappe einen kleinen Umschlag. Das ist ein Befehl, sagte er. Axel von dem B. solle ihn im Hauptquartier Herrn Oberst L. übergeben. Nach Hitlers Tod werde er den Streitkräften, allen Deutschen und der ganzen Welt bekanntgegeben. »Sie können ihn unterwegs durchlesen...«

Axel von dem B. ging daran, die Aufgabe auszuführen.

Das Material bekam er von Oberst L. Drei Kilo Minen, ein Kilo Dynamit und eine englische Zeitbombe. Alles paßte in ein kleines flaches Köfferchen. Die Zeitbombe war großartig, denn sie machte kein Geräusch. Sie explodierte zehn Minuten nach Auslösung des Zünders, und diese Minuten liefen in absoluter Stille ab. Trotzdem wollte Axel von dem B. die englische Zeitbombe nicht. Erstens kannte er sie nicht, und zweitens waren zehn Minuten eine zu lange Wartezeit auf den Tod. Er gab sie zurück (Stauffenberg verwendete sie später, im Juli 1944, selber) und bat um eine normale Handgranate, wie er sie von der Front kannte. Sie explodierte nach viereinhalb Sekunden. Sie machte zwar Geräusch, aber das konnte man etwa durch Husten leicht übertönen. Oberst L. hatte keine Granate zur Hand, und so fuhr Axel von dem B. nach Potsdam zu einem Kameraden vom Militär. Dieser Kamerad war ein deutscher Patriot und ein deutsch-jüdischer Mischling. Er hatte zuviel jüdisches Blut, um das Vaterland zu schützen (das war eines der ersten nazistischen Gesetze: Mischlinge durften nicht zum Schutz des Vaterlands an der Front kämpfen), von diesem Blut jedoch zu wenig für Auschwitz oder Theresienstadt. Verzweifelt, nicht zum Schutz des deutschen Vaterlands an der Front kämpfen zu dürfen, hatte er sich den Dienst in der Etappe erbettelt. Er tat ihn in Potsdam. Er hatte Granaten, und er stellte keine Fragen. Axel von dem B. machte sich auf die Fahrt in Hitlers Hauptquartier.

Im Zug griff er in den Stiefelschaft und zog den Befehl hervor, der nach dem Attentat den Deutschen und der ganzen Welt bekanntgegeben werden sollte.

»Der Führer ist tot«, lautete der erste Satz.

»Er wurde von einer Clique ehrgeizbesessener SS-Offiziere ermordet...

In dieser Situation hat die Wehrmacht die Macht übernommen...«

Der Zug mit dem Militärschlafwagen fuhr ostwärts, Axel von dem B. lag, in die Lektüre vertieft, auf seinem Bett.

Stauffenberg hatte also nicht die Absicht, den Deutschen die Wahrheit zu sagen. Das Volk war nach wie vor Adolf Hitler verfallen, und so mußte die Verantwortung für seine Ermordung auf eine »Clique« und auf »ehrgeizbesessene« SS-Leute abgewälzt werden.

So schwach sind wir also, dachte Axel von dem B. Selbst nach Stalingrad dürfen wir nicht die Wahrheit sagen… Selbst wir müssen anfangen zu lügen…

Er kam an und gab den Umschlag mit dem Befehl ab.

Er begab sich zur Gästebaracke, um auf die Meldung zu warten, daß die Vorführung begann. Der Waggon mit den Uniformen war auf dem Weg nach Ostpreußen.

Er weiß nicht, wieviel Tage er in der Gästebaracke gewartet hat, aber er weiß, wieviel Nächte es waren. Drei Nächte. Er verbrachte sie ohne Schlaf. Er saß im Sessel und zog Bilanz.

Die Bilanz eines vierundzwanzigjährigen Lebens ist nicht lang, und so schlief er in der dritten Nacht dennoch ein. Am Morgen weckte ihn Oberst L. Flugzeuge der Alliierten hatten den Zug bombardiert. Der Waggon mit den Uniformen war ausgebrannt, die Vorführung abgesagt. Axel von dem B. sollte unverzüglich nach Rußland an die Front zurückkehren.

Als er seine Sachen zusammenpackte, überlegte er, was er mit den Minen und mit der Granate machen sollte. In dem Gästezimmer konnte er das Köfferchen nicht stehenlassen, und er hatte auch keine Zeit, es im Wald zu vergraben. Er nahm es mit nach Rußland. Dort packte er alles in einen feldgrauen Wehrmachtssack, den er in seinen Offiziersspind schob.

Drei Monate später wurde er verwundet. Erst sah es nicht gefährlich aus, aber dann kam Wundbrand hinzu und der Fuß wurde amputiert. Dann das Bein – erst bis zur Wade, dann bis zum Knie, und am Ende ganz.

Er wurde in Berlin operiert, in einem Lazarett der SS.

Als er aus der Narkose erwachte, sah er als erstes einen weißen Lazarettschrank. Oben drauf lag der feldgraue Wehrmachtssack. Es war Usus an der Front, den Verwundeten ihre Sachen ins Lazarett nachzuschicken, so war es auch bei Axel von dem B. geschehen, und niemand hatte in den Sack geschaut.

Am 17. Juli kam Friedrich Klausing, Stauffenbergs Adjutant. Er sagte, in den nächsten Tagen werde ES passieren.

In der Nacht vom 20. auf den 21. Juli 1944 hörte Axel von dem B. im Radio die Stimme Hitlers: »Wenn ich heute zu Ihnen spreche, so geschieht es aus zwei Gründen: erstens, damit Sie meine Stimme hören und wissen, daß ich selbst unverletzt und gesund bin, zweitens damit Sie aber auch das Nähere erfahren über ein Verbrechen, das in der deutschen Geschichte seinesgleichen sucht...«

Axel von dem B. hielt es für angebracht, sein Adreßbuch zu vernichten. Um es in der Toilette fortspülen zu können, fehlte ihm das Bein, und so aß er es auf, die ganze Nacht lang, Blatt für Blatt.

Am Morgen kam die Gestapo. Die Vernehmung dauerte nicht lange. Er hatte ein Alibi: Er lag ohne Bein im Lazarett der SS. Über den Köpfen der Gestapo-Leute lag auf dem Schrank der feldgraue Wehrmachtssack. Den nahm später Karl Groeben mit, ein Kriegskamerad, der wegen seines gelähmten Arms nicht wieder an die Front mußte. Er erzählte von den Verschwörern – wer gehängt oder ins KZ gebracht worden war und wer sich selber umgebracht hatte. Oberst L. war die Flucht gelungen. Er soll sich durch die Front zu den Russen durchgeschlagen und dort Zuflucht gefunden haben. Karl Groeben beendete seinen Bericht, griff mit seiner gesunden Hand den feldgrauen Sack, vergewisserte sich noch einmal, ob er auch wirklich nicht mehr gebraucht würde, und versprach, ihn ins nächste Wasser zu werfen.

14.

»Am Rande von Dubno standen Häuser mit Gärten, und so war es rings um die Stadt voller Grün. Im Frühjahr verbreitete sich der Duft von Flieder und Jasmin, von Akazie und Matthiola. Der Fluß aber, der Dubno durchfloß, war mit dichtem Schilf bewachsen, reich an Fischen und Wasservögeln.

...An einem sehr kalten Morgen, ich weiß nicht, ob es im Herbst oder im Frühjahr war, hörte ich ungewöhnlichen Lärm. Leute kamen vorbeigerannt, und ich hörte sie sagen, auf der Ikwa schwimme eine Jüdin mit ihrer Tochter herum. Als die beiden sahen, daß die Leute zusammenliefen, versteckten sie sich im Schilf. Die Leute sahen dieser schrecklichen Tragödie zu, und alle waren still... Irgend jemand machte den Deutschen Meldung, die auch sofort kamen und ebenfalls zusahen. Die beiden konnten nicht im Schilf sitzenbleiben, sie brauchten Bewegung, denn das Wasser war eisig, und so schwammen sie wieder heraus, aber dann sahen sie die Deutschen und versteckten sich wieder. Die Deutschen nahmen ein Boot und ruderten hin, um sie mitzunehmen... Beide trugen etwas Weißes, vielleicht waren sie im Hemd...« (Aus einem Brief von Antonia H., einer ehemaligen Einwohnerin von Dubno.)

15.

Anfangs benutzte Axel von dem B. eine Prothese, verspürte in dem künstlichen Bein aber einen unerträglichen Schmerz. Dieses Phänomen ist der Medizin bekannt. Es heißt Phantomschmerz. Ein Arzt erklärte Axel von dem B., daß die Quelle des Phantomschmerzes in den vorderen Lappen des Großhirns liege, und man dort einen Eingriff vornehmen könne, der Lobotomie genannt werde, aber der Patient lehnte ab.

Er geht an Krücken. Er mißt einen Meter dreiundneunzig, unterm Jackett ragt lang ein Bein zu Boden. Daneben, zwischen dem Boden und dem Jackett, gähnt Leere. Ein Bein, das es nicht mehr gibt, beansprucht viel Raum. Viel mehr als das vorhandene in dem dunklen Hosenbein und dem eleganten, blankgeputzten Mokassin.

Es sind ganz einfache Krücken, aus Aluminium, mit einem Fuß aus schwarzem Gummi. Die gleichen Krücken benutzen auch die polnischen Invaliden, mit diesen Krücken finden in Warschau die alten Frauen Halt, wenn sie auf die Straßenbahn warten.

Er bewegt sich nur langsam vorwärts, sucht den Boden lange und sorgfältig nach einer Stelle ab, die nicht glitschig oder abschüssig ist. Dort setzt er seine Krücke auf, dann zieht er das Bein nach. Dann bleibt er wieder stehen und betrachtet aufmerksam den Boden...

Er hat Jura studiert, war Diplomat, Verleger und Direktor von Eliteschulen.

Er hat sich mit Adorno, Golo Mann und Hannah Arendt zum Lunch getroffen.

Er war in den Ferien bei seinem Kusin Klaus und dessen Frau Beatrix, der holländischen Königin.

Er heiratete eine Engländerin und ließ sich in der Schweiz nieder. Nach Deutschland kam er selten. In den fünfziger Jahren bekam er eine Vorladung von der Staatsanwaltschaft. Die SS-Leute vom Flugplatz in Dubno waren gefunden worden, und der Staatsanwalt wollte wissen, ob Axel von dem B. sie wiedererkenne.

Nein, sagte er, er erkenne sie nicht wieder.

»Wie kann das sein?« fragte verwundert der Staatsanwalt. »Sie waren doch Zeuge des Judenmords in Dubno!«

»Ja.«

»Haben Sie die Gesichter der Männer gesehen, die diese Tat begangen haben?«

»Ja.«

»Und warum erkennen Sie sie nicht wieder?«

»Weil sie alle die gleichen Gesichter haben – Jagdhundgesichter«, erklärte Axel von dem B. »Haben Sie schon mal eine Meute gesehen, die gerade ein Wild stellt? Könnten Sie den einen Hetzhund vom anderen unterscheiden?«

Letztes Jahr ist die Frau Axels von dem B. verstorben. Nach fünfunddreißig Jahren im Ausland kehrte er nach Deutschland zurück.

Er suchte alte Bekannte auf, den Obersten L. zum Beispiel, der ihm in der Wolfsschanze drei Kilo Minen und ein Kilo Dynamit gegeben hatte. Nach Stauffenbergs Anschlag war er zu den Russen geflohen. Dort hatte er ein Dutzend Jahre in einer Einzelzelle auf der Lubjanka und in sibirischen Lagern zugebracht. Nach seiner Heimkehr lebte er in Niedersachsen auf einem kleinen Bauernhof. Er empfing Axel von dem B. sehr wohlwollend, geriet aber in Zorn, als der Besucher ihn mit »Herr Oberst« ansprach. »Sie stehen vor einem Kronprinzen!« rief er. »Ist Ihnen nicht bekannt, wie man einen Monarchen anzureden hat?!« Wie sich erwies, war Oberst L. den Lagern der Sowjets als preußischer Thronfolger entronnen. Darüber hinaus benahm er sich normal.

Axel von dem B. ist zu seinen Kindern gezogen, in ein altes Schloß. Die Räume sind düster und kalt. An den Wänden hängen Spiegel und Bilder in schweren vergoldeten Rahmen. Die Gobelins stellen Jagdszenen dar. Die ganze Nacht knirschen die Dielen. Der Geist eines Ahnen macht sie knirschen, der mit der Regimentskasse durchgebrannt, dafür geköpft worden war, und jetzt durch die Flure streift und sein blutiges Haupt unterm Arm trägt. Die Treppen sind steil, darum hat Axel von dem B. ein Zimmer im Erdgeschoß bezogen. Es ist klein, bietet aber Platz für ein Bett, einen Tisch mit einer Tasse und einer Kaffeemaschine, einige Bücher und die beiden Krücken.

Zuweilen kommt ein deutscher oder ausländischer Historiker, der das nächste Buch über den Widerstand im Dritten Reich schreibt.

Manchmal ruft Richard an, der Bruder Heinrich von Weizsäckers und einstige Adjutant des Regiments. Sie reden über das Leben. Oder über Thomas Mann. Oder über Ereignisse, die außer ihnen niemand mehr für lustig oder wichtig hält.

Das Reden fällt Axel von dem B. immer schwerer. Er leidet an Depressionen. Aus unersichtlichem Grund verliert er an Gewicht. Ihn peinigt ein Schmerz, der nur durch Betäubungsmittel zu mildern ist. Was immer auch der Befund sein wird, er zöge vor, nicht leiden zu müssen. Andererseits sei der Gedanke tröstlich, daß das ganze Theater bald vorbei sei.

16.
Der Schreiber Josl
Der junge Pinchasowitsch
Abrahm Grincwajg, Arzt
R. Cukier, Photograph
Lejb Silsker, Briefträger
Reb Majer, Scherenschleifer
Ruben Cypring, Klarinettist
Eli Striner, Geiger
Mendel Kaczka, Trompeter
Brandla, Schneiderin
Wolff, ihr Verlobter
Lajzer, Schauspieler und Klempner
Eier-Ida
Zickelbenjamin
Benjamin der Tischler
Gänse-Henia
Zalman Rotkopf
Zalman Schwarzschopf
Hancia die Verrückte

Chaim der Neureiche
Der rote Motl
Mechl Bohnenstange
Kuchen-Jankel
Feldscher-Nisl
Scholem Gott behüte
Motl der Wasserfahrer
Die schwarze Basia
Aba der Lehrer
Itzele Schnapsglas
Der gescheite Itzek
Esther die Kellnerin
Zymbal-Ascher
Gamaschen-Iser
Chaja Fajnblit
Chaja Fajnblits Kind
Frau Dr. Ortmanowa, Ärztin
Lejzer Wajzbaum
Sykuler, Hausbesitzer an der Ikwa
Pinchas Schoched, Kantor
Eine Frau in weißem Hemd
Die Tochter der Frau im weißen Hemd

Gedenke meiner nicht in dieser Stunde,
Da Gott mit großer Gabe dich beglückt...
Solang jedoch die heimatliche Ikwa schwillt
Als Strom von Tränen derer, die dereinst
hier hatten Herz und Seele
(...)
Solange habe ich das Recht, an den Gräbern
zu stehen und zu singen – gestreng, doch ohne Zorn...

Juliusz Slowacki, »Beniowski«, VIII. Gesang

*Aus dem Polnischen von Hubert Schumann*

Krzysztof Koehler

# Der Wind kam zurück…

Der Wind kam zurück, so wie
besiegte Armeen es tun:
die Feuersbrunst, die ausgetrockneten Brunnen,
der Leichengestank. Die Zeit war zu kurz,
alle Gefallenen zu begraben, jetzt,
da der Wind zurückkam, durchstechen
die Zweige wie Geschosse den Himmel, der Rest
des Rasens, die Blätter, alles wartet bis es dran ist;
die wiederholte Rückkehr ist meist noch schlimmer.
Der Wind
kam zurück wie ein vergessener Schlager im Rundfunk,
wie die Mode, wie ich zu dir, wie eine Sonder-
Revision, wie ein Hund, also bitte, sage mir nicht,
alles werde wieder wie früher.
Verbissen stürmt der Himmel unsere
Körper: Schnee, Regen, und auf den
Straßen wieder Schlamm, so kam
der Wind
zurück, zu begraben unsere Chancen, sieh doch, alles
kehrt wieder, nur wir nicht, das klingt so banal, doch
es bedeutet eben: der Wind kam zurück, das Heulen der Bäume,
die leblosen
Wolken tief, und die Last, die aufwärts wächst, nur aufwärts:
denn in der nächsten Landschaft erkennen wir uns nicht
mehr wieder.
Der Wind zerfetzt die Papiere:
Straße, Kirche, Steintreppe, auf der ich
abwärts zum Fluß geh': die Welle wogt, das Wasser
schlägt wütend gegen das Ufer. Alles
wird unterspült vom inneren Strom
und verändert sich, dennoch kehrt
der Wind zurück, wie Söldnerarmeen,
zu zerstören und zu erkunden:
immer näher
der Tod.

1993

*Aus dem Polnischen von Karl Dedecius*

Maria Nurowska

# Postscriptum für Anna und Miriam

Ich hätte mir denken können, daß sie so etwas machen würde. Unbewußt hatte ich vielleicht sogar darauf gewartet. Dieser vage Gedanke hatte mir Mut gegeben, erklärte unsere gemeinsame Anstrengung. Während der paar Monate, in denen ich mich mit dieser Frau traf, hatte ich den Eindruck gehabt, daß sich vor meinen Augen ein Wunder ereignete. Aus den Trümmern einer zerbrochenen Persönlichkeit entstand von neuem ein Mensch. Weder sie noch ich wußte, was das für ein Mensch sein würde, doch mit jedem Tag, der verging, zog mich das Spiel um ihr Leben stärker in Bann. Wie gesagt, ich erwartete eine Katastrophe, doch hielt ich sie nicht für unabwendbar, ich machte mir sogar gewisse Hoffnungen.

Mir ist der Vorwurf gemacht worden, ich hätte diese Frau für meine journalistischen Zwecke nach außen hin abgeschirmt. Das geht an der Wahrheit vorbei. Sie selbst wollte nicht ausgehen, sich auch mit niemand anderem treffen.

Vielleicht ein paar Worte über mich. Ich heiße Hans Benek, bin sechsunddreißig Jahre alt und Junggeselle. Ich arbeite bei einer Zeitung, für die ich in den Jahren 1976–1981 als Korrespondent aus Polen berichtet habe. Daher mein Interesse am Schicksal Anna Łazarskas. Auf sie aufmerksam gemacht hat mich die Besitzerin einer Pension hinter dem Kölner Dom.

Auf dem Weg zu dem Treffen mit der Polin hatte ich gedacht, daß es bei diesem einen Gespräch bleiben würde. Ich hatte mich getäuscht. Bei Ihren ersten Worten wußte ich, daß ich hier auf erstklassiges Material gestoßen war, das ich mir nicht entgehen lassen durfte. Ich kann die Sprache so weit, daß wir keine Schwierigkeiten mit der Verständigung hatten, schlimmer war es mit der Abschrift vom Band. Stellenweise sprach die Łazarska undeutlich, verschluckte sie die Silben, und manchmal war ein unterdrücktes Weinen zu hören. Ich hatte mich hilfesuchend an eine befreundete Polin gewandt, dann aber bald auf die Zusammenarbeit mit ihr verzichtet.

Sie war völlig mitgenommen von dem, was die Bänder enthielten. Sie wußte von Anna Łazarskas Selbstmord, die Presse hatte darüber ausführlich berichtet und sie dabei als ein Opfer des Kriegsrechts hingestellt. Hier die Notiz, die meine Zeitung gebracht hatte:

»Heute in den frühen Morgenstunden sprang die polnische Staatsangehörige Anna Łazarska (40 Jahre) aus dem neunten Stock des Kaufhauses Hansen. Bei der Toten wurde ein Flugschein für den 13. Dezember 1981 nach Warschau gefunden. Die Zeit des Wartens bis zur Wiederaufnahme der Flüge nach Polen erwies sich im Fall von Anna Łazarska im wahrsten Sinne des Wortes als tödlich.«

Ich überlegte, welche Form ich dem gesammelten Material geben sollte, das vor allem aus den Tonbandaufnahmen meiner Gespräche mit der Łazarska bestand, dem Tagebuch ihres Vormunds, Witold Łazarska, ihren Aufzeichnungen sowie meinen Notizen und Kommentaren. All das bedurfte der Bearbeitung, war lediglich Rohmaterial. Und doch, nach einigem Nachdenken gebe ich dieses Rohmaterial dem Leser in die Hand, in der Hoffnung, daß er sich selbst ein Bild von Anna Łazarskas gescheitertem Leben macht. Der Text mag stellenweise holprig wirken und wenig verständlich, wofür ich schon jetzt um Verzeihung bitte.

Ich traf die Heldin zweier Lebensläufe in einem unpersönlichen Raum an. Es gab dort keinerlei Anzeichen von Leben außer einem Aschenbecher voller Zigarettenstummeln. Anna Łazarska machte auf mich den Eindruck einer eher unscheinbaren Frau. Sie war ungefähr 165 cm groß, hatte dunkle, kurzgeschnittene Haare, die über der Stirn eine Spur von Grau aufwiesen, eine graue Strähne, könnte man sagen. Sie kniff die Augen zusammen, wie dies für Kurzsichtige typisch ist.

Tonbandaufzeichnung vom 20. Dezember 1981.
Die Łazarska wußte nicht, daß das Tonband lief

Ich: Ich heiße Hans Benek, vor kurzem bin ich aus Polen zurückgekommen. Ich dachte, Sie würden sich vielleicht gerne mit jemandem in Ihrer Sprache unterhalten.

Anna Łazarska: Mir liegt nichts an einem Gespräch.
Ich: Sie gehen nicht aus, schauen kein Fernsehen, hören kein Radio...
Anna Ł.: Ich kann kein Deutsch.
Ich: Sie müssen sich isoliert vorkommen.
Anna Ł: Ich brauche eure Sprache nicht.
Ich: Warten Sie auf den Flug nach Warschau?
Anna Ł.: Kann sein.
Ich: Sie sind nicht sicher? Denken Sie daran hierzubleiben?
Anna Ł.: Das ziehe ich nicht in Betracht.
Ich: Irgendein anderes Land im Westen?
Anna Ł.: Kaum.
Ich: Dann also Rückkehr?
Anna Ł.: Was meinen Sie mit Rückkehr?
Ich: Den Flug nach Warschau.
Anna Ł.: Ja, der Flug nach Warschau.
Ich: Hat der Kriegszustand Ihre Pläne durcheinandergebracht?
Anna Ł.: Sie irren sich. Ich bin nicht zum Flughafen gefahren; dabei wußte ich nicht einmal, daß die Flüge eingestellt waren.
Ich: Was heißt das?
Anna Ł.: Ich war mir nicht sicher, ich beschloß, noch ein paar Tage zu warten.
Ich: Aber Ihr Ticket verfiel?
Anna Ł.: Ja, mein Ticket verfiel.
Ich: Wie wollten sie zurück?
Anna Ł.: Darüber machte ich mir keine Gedanken. Ich hätte mir ein neues kaufen können.
Ich: Für D-Mark?
Anna Ł.: Ja, für D-Mark.
Ich: Das läßt sich für Złotys machen. Ein Telex nach Polen genügt.
Anna Ł.: Ich habe dort niemanden.
Ich: Der Verlust eines Tickets ist für jemanden von dort eine große finanzielle Belastung.
Anna Ł.: Ich denke nicht an Geld.
Ich: Und woran denken Sie?
Anna Ł.: Ob ich Gnade erlangen kann.

Ich: Bitte?
Anna Ł.: Die Gnade der Vergebung.

Aus den Aufzeichnungen von Anna Łazarska

Würde ich die Gnade der Vergebung erlangen können? Sollte ich danach streben? Doch selbst wenn er mir vergeben würde... Ich hatte gedacht, daß die Entfernung mich zumindest teilweise von diesem elenden, siechen Körper befreien würde... Was ein Mensch sein kann, erfahren wir erst in Ausnahmesituationen, treten solche nicht ein, leben wir in Unwissenheit. Auch was ein Tag sein kann, den wir von morgens bis abends durchleben müssen, durchleiden müssen. Das Fehlen der Kontrolle über den eigenen Körper kann zu einem tiefen menschlichen Drama werden.

In seinen Bemühungen war mein Vater heroisch. Er rasierte sich täglich, obwohl diese einfache Tätigkeit zu einem Eisberg heranwuchs, den es zu umschiffen galt. Wir bezwangen ihn gemeinsam, aber waren uns dadurch nicht näher. Vielleicht anders: Wir konnten uns diese Nähe nicht zeigen. Sein Schädel glich einem indianischen Schrumpfkopf und erschreckte mich jedesmal, wenn ich ins Zimmer kam. Der Sessel, den er einmal mit seinem Körper ausgefüllt hatte, wurde immer leerer. Er ging aus dieser Welt ohne ein Wort der Klage, eingehüllt in sein Schweigen. Nur dieses kleine Gesicht eines alten Kindes und seine entsetzten Augen. Mein Erstaunen darüber, daß ein großer und stattlicher Mann von einiger Leibesfülle sich in kurzer Zeit in ein vergilbtes, verdorrtes Menschlein verwandeln konnte.

Aber dieser menschliche Schatten war jemand überaus Reales in meinem ganzen Leben gewesen. Dieser Mensch von fremdem Blut war meine Familie. Fremdes Blut, kann es eine Trennung zwischen Menschen geben, die grausamer ist? Ich werde dazu einiges zu sagen haben. Deshalb, unter anderem, war ich damit einverstanden, daß der Journalist hierher kam. Er hat einem müden Gesichtsausdruck, wodurch der Eindruck entsteht, als ob er viel verstünde! Außerdem ist er ein Deutscher...

## Aus den Aufzeichnungen von Anna Łazarska

Ich hatte geglaubt, recht gut zu wissen, wer ich sei, bis zu dem Moment, als ich in der Schreibtischschublade seine Notizen fand. Er war damals schon sterbenskrank. Der erste Eintrag, auf den ich stieß:

»Schon seit über einer Woche stecken wir im Keller, hinter dem verschütteten Fenster kommt zaghaft ein wenig Licht durch. Wir ernähren uns von verschimmelten Möhren und roten Rüben. Außer mir sind hier noch der Mieter aus der Wohnung über uns, dem die Explosion das Augenlicht geraubt hat, und eine junge Frau. Bei dem Bombenangriff hat sie ihr Kind verloren, was die Situation der kleinen Jüdin ändert. Die Frau stillt sie, und das scheint ein Segen für beide zu sein.

Mit einer gewissen Erleichterung denke ich, daß ich mich nach mehr als einem Jahr von einer doch recht unangenehmen Pflicht befreit fühlen kann. Könnte. Denn ich beobachtete, wie die Kleine in meine Richtung kroch. Sie erinnerte mich an ein vorsintflutliches Tierchen. Der quadratische, große Kopf ohne Haare, die geschlossenen Augen, das leicht nach vorne hochgereckte Kinn, als ließe sie sich vom Geruch leiten.«

## Tonbandaufzeichnung

Anna Łazarska: Welches Kind, dachte ich damals, warum hat er mir nie davon erzählt? Ich blätterte ein paar Seiten zurück und stieß auf die Beschreibung, wie er es gefunden hatte. Mich beschlich die Ahnung, daß dieses jämmerliche Leben, das er in den Falten einer alten Jacke entdeckt hatte, mein Leben sein könnte. Entsetzt verwarf ich diesen Gedanken. Mein Vater hatte sich als Schriftsteller versucht. Ich glaube, ich nickte bestätigend zum Zeichen, daß es sich hier tatsächlich um seine unbefriedigten literarischen Ambitionen handelte. Er hatte irgendwelche Jagderzählungen an den »Jäger« geschickt, ein paar wurden sogar gedruckt. Was konnte mich mit dem jüdischen Kind verbinden? Ich hieß Anna Łazarska; meine Mutter Irena, geborene Gniewkowska, war bei einer

Straßenrazzia gefaßt worden und in Auschwitz umgekommen. Als Kind hatte ich stundenlang auf ihr Porträt gestarrt. Sie hatte ein helles, hübsches Gesicht. Ich hatte mich gefreut, daß meine Mutter so aussah...

Aus den Auszeichnungen von Anna Łazarska

Vom Fenster aus sieht man die Straßenecke, auf der anderen Seite ein Geschäft und ein Stückchen von einer Tankstelle. Das ist jetzt mein Gesichtsfeld. Ich kann die Autos beobachten, die hier vorfahren. Gewöhnlich sind sie groß, Männer im mittleren oder vorgerückten Alter steigen aus ihnen aus. Ich wundere mich, daß sie trotz der Kälte nur dünne Mäntel tragen. Vielleicht ist es in ihren Limousinen warm. Die älteren haben graue Haare, ein schlaffes Kinn und einen einfältigen Gesichtsausdruck. Jeder von ihnen erweckt den Eindruck eines guten Deutschen. Wo aber stecken die schlechten?

Ich erinnere mich, daß, sobald ich im Ausland mit Leuten zusammen war und sich darunter ein Deutscher befand, er es jedesmal für seine Pflicht hielt, mir mitzuteilen, daß er während des Krieges in der Intendantur gearbeitet habe. Ein Deutscher im entsprechenden Alter, vergaß ich zu sagen, die jüngeren konnten schon eine beliebige Vergangenheit haben. Und alles, weil ich Polin war. Wenn ich gesagt hätte, daß ich Jüdin bin...

Der Blick aus dem Fenster verrät nichts über die Nähe des Doms, dieses berühmten Doms gegenüber dem Bahnhof. Ich war überwältigt gewesen von seinem Anblick. Ich hatte dagestanden und mir den Hals ausgerenkt. Das ist lange her, ich war damals gerade sechzehn, ich hatte ihn mit meinem Vater besichtigt, das heißt eigentlich mit meinem Vormund. Später bin ich schon nicht mehr so dagestanden, da verfolgten mich die Erinnerungen, und wichtig war nicht diese Verkörperung des emporstrebenden menschlichen Gedankens, sondern jener Mensch... Vielleicht bin ich deshalb hergekommen. Vielleicht wollte ich mich wiederfinden, jenes Mädchen von damals. Und ihn wiederfinden...

Der Journalist. Daß er mich besucht, kann den Lauf der Ereignisse in keiner Weise beeinflussen. Er glaubt, das geht, aber er macht sich etwas vor. Er weiß nicht, daß ich unsere Gespräche heimlich aufnehme. In der Schublade habe ich ein kleines Tonbandgerät. Ich schalte es ein, wenn ich seine Schritte vor der Tür höre. Ich erkenne sie. Seit einiger Zeit ist mein Gehör geschärft.

Der Mann ist das Relais meiner Gedanken, sie reflektieren sich in ihm wie in einem Spiegel. Dadurch, daß ich zu ihm spreche, werden sie für mich verständlicher. Wenn er gegangen ist, höre ich das Band ab, ich kann es zurückspulen und wieder von neuem abspielen...

Die Grausamkeit der Zeit traf mich ganz anders, als dies sonst meist der Fall ist. Mich überraschte nicht ihr Verstreichen, das Altern meiner Augen, meines Gesichts, sondern... *(der Text bricht ab)*

Die Narkose, das Erwachen aus ihr. Zuerst ein Knacken, das Zucken eines fernen Lichts wie in einem Tunnel. Und dann der plötzliche Triumpf: Ich war in einem dunklen Zimmer! Ich fürchtete mich nicht!

## Aus dem Tagebuch von Witold Łazarski

Ich verstehe ihre wahnsinnige Angst vor der Dunkelheit des Zimmers nicht, ob sie sich am Ende an den Keller erinnert? Ich bemühe mich, ihr diese Angst zu nehmen, solche Kindheitsängste wachsen sich im Unterbewußten leicht zu Phobien aus. Doch um nichts in der Welt geht sie in mein Arbeitszimmer, wenn dort die Lampe nicht brennt. Ich gehe rein, komme zurück, aber sie läßt sich nicht überreden.

## Aus dem Tagebuch von Witold Łazarski

In der Frühe begann es zu regnen, und ich dachte, ich müsse auf meinen Spaziergang verzichten, aber gegen Mittag hellte sich der Himmel auf, und die Sonne kam sogar ein bißchen durch. Beim Weggehen nahm ich trotzdem den Schirm. Auf der Treppe traf ich Z. Wir lüfteten unsere Hüte; seit jenem denkwürdigen Gespräch grüßen wir uns immer so, ohne ein Wort zu wechseln. Die Richtigkeit meiner Entscheidung scheint außer Frage zu stehen, jetzt sogar mehr als früher.

Ein Zivilist sollte sich nicht als Soldat aufspielen, das nimmt gewöhnlich ein schlechtes Ende für ihn und seine Kollegen.

»Ich kann nicht den Soldaten spielen«, erwiderte ich auf seinen Vorschlag.

»Aber beim Krieg spielen Sie mit«, sagte er. In seinem Blick las ich so etwas wie Verachtung, aber auch die Bestätigung, daß er sich in mir doch nicht getäuscht hatte.

»Ich stehe als Rechtsanwalt zur Verfügung«, sagte ich.

»Als Rechtsanwalt sind Sie uns am wenigsten vonnöten«, entgegnete er diesmal mit unverhohlener Ironie.

Ich reichte ihm seinen Mantel, beim Gehen lüftete er den Hut. Und so blieb uns diese eine, in den Beziehungen der Menschen so unbedeutende Geste.

Unten überraschte mich die Wärme dieses Nachmittags, immerhin war es noch April. Verrückter Frühling, vor ein paar Tagen noch hatte eine unbeschreibliche Kälte geherrscht, die Menschen hatten sich in ihren hochgeschlagenen Kragen verborgen, und heute konnte man in leichter Kleidung spazierengehen. Der Regen war feiner als erwartet. Ich überlegte einen Moment, ob ich nicht bei Irenas Schwester vorbeischauen sollte, doch nach kurzem Zögern entschied ich mich anders. Das Treffen mit Z. auf der Treppe war schon irritierend genug gewesen. Ich ging in die entgegengesetzte Richtung. Gewöhnlich machte ich kehrt, wenn die Mauer allzu nahe schien, diesmal ging ich weiter. Es ist schwer, das jetzt zu erklären, vielleicht hatte ich keine Lust, schnell nach Hause zurückzukommen, nachdem ich so lange über den Büchern gesessen hatte. Dann sah ich das, was an der Mauer lag. Einen Moment lang dachte ich, es sei eine Jacke, die jemand da hingeworfen hatte. Und so war es auch. Doch eigenartig, sie bewegte sich leicht. Ich entschloß mich, das Revers etwas beiseite zu schlagen, und da sah ich das Kind.

## Aus den Aufzeichnungen von Anna Łazarska

Nach seiner Entlassung aus dem Gefängnis fand mich mein Vormund im Kinderheim. Wir fuhren nach K. Er eröffnete dort wieder eine Anwaltspraxis. An der Tür zu unserer Wohnung hing ein Schild: »Witold Łazarski, Rechtsanwalt«. Und das bedeutete, daß uns jetzt nichts mehr bedrohte. Das Schild war eine Garantie für uns beide. So dachte ich damals. Ich war dreizehn, mager, mit einem etwas blasen Gesicht, nur meine Augen waren schrecklich schwarz. Der Hausmeister unseres Mietshauses, der gute Herr Brzózka, neckte mich immer: »Na, na, hat sich das kleine Fräulein wieder die Augen angemalt, was sagen sie denn in der Schule dazu?« Meine Augen malte ich nicht an, dafür ein bißchen meine Brauen. Mein Vater hatte ein ausdrucksvolles, für mich sehr schönes Gesicht. Ich wünschte so, ihm ähnlich zu sein! Aber er war ja blond, hatte helle Augen und ganz andere Gesichtszüge als ich. Einmal fragte ich ihn, warum ich weder ihm noch meiner Mutter ähnlich sei, da lachte er. »Das kommt sogar in den besten Familien vor«, sagte er. Scherz, das war die gängige Münze zwischen uns.

Was tat ich, als mir endlich klarwurde, daß ich diese kleine Jüdin war? Ich glaube, ich ging zum Spiegel und schaute in mein Gesicht. Ja, ich schaute es an, schaute tief hinein wie in etwas, das ich zum erstenmal sah. Mein Gesicht... Ich hatte mich daran gewöhnt, hatte es als ausgemachte Sache genommen, und jetzt sollte sich plötzlich herausstellen, daß es nicht mir gehörte. Selbst als ich ein Kind gewesen war, da hatte jene vor dem Spiegel Grimassen geschnitten, wenn niemand zuschaute, und ihr Gesicht verzogen, da hatte sie Schleifen in meine Zöpfe geflochten. Aber wo war ich in dieser Zeit gewesen?

»Ich stelle mir eigenartige Fragen«, ging es mir durch den Kopf. »Ich muß nur zu ihm gehen und ihn fragen. Soll er mir antworten, nachdem er es zugelassen hat, daß eine Jüdin heimlich mein Leben gelebt hat, soll er sagen, wie es weitergeht. Aber ihm konnte man solche Fragen nicht stellen. In allem war er jetzt auf mich angewiesen. In dem von ihm erbauten Haus, in dieser Festung, waren nur wir beide.«

## Aus dem Tagebuch von Witold Łazarski

Vor mir lag in einem dreckigen, modrig stinkenden Lumpen ein Säugling. Sein Kopf ganz ohne Haare glich einem Ballon. Selbst die Augen waren ohne Wimpern. Der ganze Körper war mit eitrigen Geschwüren bedeckt. Ich hatte nicht das Gefühl, es mit einem menschlichen Wesen zu tun zu haben. (Am Rand eine Anmerkung von Anna Łazarska:) »Wie oft habe ich das schon gelesen? Und immer wieder dasselbe Erstaunen, daß er so über mich schreiben konnte. Ich war auch kein Säugling mehr, längst hatte ich das erste Lebensjahr überschritten, aber das sollte sich erst später zeigen, als ich schon mehr wie ein Mensch aussah.«

Ich klopfte bei Z. Er öffnete mir in Morgenpantoffeln mit einem überlegenen Lächeln auf den Lippen. »Bitte, treten Sie ein«, sagte er höflich.

»Eigentlich wollte ich Sie zu mir bitten.«

»Ist etwas passiert?« fragte er vorsichtig.

»Ja. Ich glaube ja.«

Das Kind lag in der alten Jacke. Ein eigenartiger Geruch hatte schon das ganze Zimmer erfüllt. Z. betrachtete es mit dem Zeichen höchster Verwunderung.

»Was ist das?« fragte er schließlich.

»Ein Säugling. Ich habe ihn heute gefunden.«

»Was heißt das? Sie haben ihn gefunden?«

»Er lag an der Mauer. Auf unserer Seite.«

Z. machte förmlich einen Satz.

»Und was erwarten Sie von mir?«

»Eher von euch. Ich erwarte von euch Hilfe. Ich habe keinerlei Erfahrung mit Kleinkindern.«

»Glauben Sie denn, die Heimatarmee wurde einberufen, um jüdischen Kindern den Hintern zu putzen?«

»Ich denke gar nichts, ich verlange Hilfe.«

»Sie verlangen Hilfe«, Z. zog die Brauen hoch, »aber uns haben Sie sie verweigert.«

»Ich habe sie nicht verweigert. Ich konnte nicht anders.«

Wir verstummten.

»Ich schaue, was sich machen läßt«, sagte Z. schließlich. »Zuerst einmal muß das Kind gefüttert werden. Haben Sie Milchpulver?«

Ich schüttelte den Kopf.

»Ich müßte noch etwas haben. Vor allem sprechen Sie nicht darüber. Die Sache kann uns Kopf und Kragen kosten. Falls es weinen sollte...«

»Bisher hat es keinen Ton von sich gegeben.«

»Um so besser.«

Entschlossen verließ Z. die Wohnung, um nach kurzer Zeit mit einer Büchse englischen Milchpulvers zurückzukommen. (Am Rand eine Anmerkung von Anna Łazarska:) »›Z. kam mit einer Büchse englischen Milchpulvers zurück. Die kleine Jüdin wurde davon schwer krank, weil es zu fett war. Der Durchfall zehrte sie noch mehr aus. Es bestand die Befürchtung, sie würde endlich aufhören zu leben.‹ Er hat diesen hirnrissigen Satz geschrieben. Bewußt oder unbewußt definierte er damit sein späteren Verhältnis zu mir. Er fürchtete, ich würde ihn endlich von meiner Person erlösen. Vielleicht gelingt es mir, festzustellen, welche Behauptung für ihn die wichtigere war. Deshalb stand ich auf dem Waldweg und spähte durch die Bäume. Er ärgerte sich immer, daß ich ihm die Jagd verdarb. Die ganze Zeit mußte er daran denken, daß ich dort stand und wartete. »Schenk es dir wenigstens, wenn es regnet«, sagte er. Aber ich konnte es nicht. Ich mußte hinrennen und mein großes Geschenk in Empfang nehmen: mich an seinen Hals hängen zu dürfen. Schweißgeruch vermischt mit Nikotin – so roch für mich die Geborgenheit. Um uns herum tollte Fil, ein Pointer, den wir als Welpen bekommen und aufgezogen hatten und bei dessen Todeskampf wir beide Wache hielten. Er war damals schon alt und seine Barthaare grau. Er litt an einer Niereninsuffizienz. Er quälte sich sehr, und wir waren hilflos. Tag und Nacht hockten wir an seinem Lager, und von Zeit zu Zeit warf er uns einen dankbaren Blick zu. Das war das einzige Mal, daß mir mein Vater erlaubte, die Schule zu versäumen. Selbst mit leichtem Fieber ging ich hin,ich bekam dann Knoblauch mit Honig und Milch und wurde direkt vor das Schultor gefahren. Meine Mitschülerinnen machten einen Bogen um mich, denn ich stank nicht schlecht. Aber damals durfte ich bei Fil ausharren. Und ich war meinem Vater dankbar dafür. Vielleicht ahnten wir beide, daß hier ein Mitglied unserer kleinen Familie starb und daß kein neues hinzukommen würde. Wir nahmen uns keinen Hund mehr. Und mein Mann faßte bei uns irgendwie nie Fuß.

Hätte ich es ahnen können, als ich mich an seinen Hals hängte, daß gerade er das Geheimnis meines Schicksals in sich trug? Warum hat er das gemacht? Warum hat er mir erlaubt, jemand anderes zu sein? Verstand er nicht, daß er damit meine Seele verletzte? Und wenn er schon einen solchen Entschluß gefaßt hatte, warum schrieb er dann? Oder genauer – für wen?

Ich weiß schon nicht mehr, worüber ich mehr Groll empfinde, darüber, daß er geschwiegen hat, oder darüber, daß er geschrieben hat. Lag ihm daran, daß ich es erfahren würde, wie kalt er mich betrachtete? Seiner Meinung nach hat er mich vielleicht gar nicht betrogen.

›Sag Tochter zu mir‹, beharrte ich.

Lachend schüttelte er den Kopf.

›Das kann ich nicht, denn du bist Anna.‹

Er lachte, aber meine Augen waren voll Tränen. Nie sagte er von mir ›meine Tochter‹. Immer war es nur der Vorname. Damals streckte er seine Hand nicht zu mir aus, er tröstete mich nicht. Er wollte mich zu einem widerstandsfähigen Menschen erziehen. Eine solche Methode ließ keinen Platz für Zärtlichkeiten. Nur auf dem Weg, wenn er mit der Flinte aus dem Wald kam, durfte ich mich an ihn schmiegen. Durfte ich ihn umarmen. Gerade so viel hatte ich mir erkämpft, und ich ließ es mir nicht wegnehmen.

›Du könntest es dir wenigstens schenken, wenn es regnet‹, sagte er zornig.

Ich konnte es icht. Ich stand am Rand des Waldwegs, naß bis auf die Knochen, und meine Knie flatterten vor Kälte, aber es gab keine Macht auf Erden, die mich von dort weggebracht hätte. Ich wartete auf meinen Vater. Hätte er es mir gesagt, dann hätte ich auf meinen Vater gewartet. Doch er wählte die Lüge. Dieser rechtschaffene Mensch hatte sich zu einem Leben aus Lug und Trug entschlossen, und lange Zeit konnte sich nicht ergründen, warum. Er hatte nicht versucht, es zu erklären, sondern ließ mich mit jedem Tag tiefer in die Unwahrheit meines Schicksals versinken, und er selbst nahm daran teil. Dabei hätte es gereicht zu sagen:

›Ich kann nicht, weil du eine kleine Jüdin bist.‹

Damals, als ich sechs war und dann dreizehn und als ich es mit dem Verstand eines Kindes hätte begreifen können. Heute ist es zu spät. Für mich. Für ihn. Deshalb habe ich ihn allein gelassen, als er mich am meisten brauchte. Ich verließ ihn, obwohl ich wußte, daß er im Sterben lag und daß ich seine ganze Familie war. Ich konnte nicht anders. Aber ich komme zurück. Ich weiß jetzt, daß ich zurückkomme. Meine Bindungen haben sich als stärker erwiesen als die Bitterkeit, die mich überkam, als ich seine ›Notizen‹ fand. So hatte er seine Kladde betitelt: ›Notizen‹. Auf hundert Seiten spielte sich das stumme Drama unseres Zusammentreffens und gemeinsamen Lebens ab. Stumm, denn er hatte sich nicht entschließen können, es ins gesprochene Wort zu übersetzen.

Vielleicht fürchtete ich, ich würde ihn verlassen? Das wäre die beste Erklärung. Hatte ihn schlichte menschliche Angst geleitet? Die Angst vor dem Alleinsein? Weil ich ihn kannte, wußte ich, daß es so nicht war. Er hätte das für kleinlich gehalten. Es mußte einen anderen Grund geben. Einmal hatte man uns doch schon getrennt. Er hätte mich nicht abzuholen brauchen. Es hätte gereicht, sich zu verweigern, zu schreiben oder sogar einfach an der Tür des Kinderheims zu sagen:

›Ich bin gekommen, um dich abzuholen, aber ich bin nicht dein wirklicher Vater.‹

Damals hätte ich das akzeptiert, denn das Wichtigste war für mich, daß er gekommen war.

Er wurde zu Beginn des Jahres 1949 verhaftet.«

## Aus dem Tagebuch von Witold Łazarski

Z. versprach mir, daß ich mich spätestens in einer Woche dieser Sorge entledigen könnte. Jemand würde die Sendung abholen. Man kann sagen, daß sie mir während dieser zwei Monate zur Last geworden ist. Vor allem dieser nicht enden wollende Durchfall, der sie auszehrt. Z. bringt irgendwelche Medikamente, einen Arzt hinzuzuziehen kommt vorläufig nicht in Frage. Es besteht die Befürchtung, daß die kleine Jüdin endlich aufhört zu leben. Dieses hartnäckige Leben glimmt weiter. Dank der Salbe, die Z. aufgetrieben hat, ist ein Teil der Geschwüre schon zugeheilt. Die ganze Zeit hat sie noch keinen Ton von sich gegeben, ihre nackten Augen in dem erschreckend großen Kopf sind auf einen Punkt fixiert.

Es ist schwer zu sagen, was sich in diesem Kind abspielt. Seine Passivität ist vollkommen. Leider hat es sich, vielleicht infolge schlechter Pflege, auf dem Rücken wundgelegen. Das vervollständigte das Bild des Martyriums.

Z. ist wahrlich ein sonderbares Exemplar von einem Menschen. In all den Monaten, die wir das Kind versorgen, bin ich bei ihm nicht auf eine einzige wärmere Gefühlsregung gestoßen oder wenigstens auf Mitleid. Er geht die Sache wissenschaftlich an. Er schaut sich den elenden, kleinen Körper an und bemerkt: »Links ist es schon besser, kein Eiter mehr. Ja, ja, eine deutliche Besserung.« Vor kurzem hat er sich etwas gegen den Druckbrand ausgedacht: Das Kind muß getragen werden. Wir tragen es also stundenlang. Im Wechsel, selbst nachts.

(Anmerkung von Anna Łazarska:) »Beim Lesen dachte ich, daß ich den Menschen finden muß, der sich diesem Häufchen Elend, das ich war, wie einem wissenschaftlichen Problem genähert hatte. Mitleid hätte mich viel mehr erniedrigt. Das verstand dieser Mensch nicht, mit dem ich mein ganzes Leben unter einem Dach gewohnt habe. Ich habe ihm nie gesagt, daß ich während der Jahre unserer Trennung nie als erste gesprochen, sondern nur auf Fragen geantwortet habe. Im Kinderheim galt ich als schwierig, dabei wartete ich nur.«

### Aus dem Tagebuch von Witold Łazarski

Die politische Naivität von Z. ist beispiellos; das ist um so trauriger, als hinter ihm doch die wichtigste Volkskraft steht. Ich möchte diese Leute warnen, daß sie ihre Aufmerksamkeit viel eher nach Osten richten sollten. Das wurde offenbar, als die rote Lava in Bewegung kam. Der 22. Juni ist für uns Polen ein sehr bedeutendes Datum. Diesmal werden die Deutschen geschlagen, zum Jahresende 1943 ist das offensichtlicher denn je.

Zum erstenmal seit Kriegsausbruch griff ich zu Goethes Gedichten im Original. Es ist erstaunlich, wie sich Sprache ändern kann; wie sehr unterscheidet sie sich von der, die man vor dem Fenster hört, auf der Straße.

Es kam eine amtliche Postkarte von Irena, von dort. Sie grüßt, wünscht Glück und Frieden. Glück und Frieden – was für ein paradoxer Wunsch in diesen Zeiten!

Die kleine Jüdin bereitete uns eine Überraschung – sie ist älter, als wir dachten. Sie hat schon ein paar Zähne und macht Fortschritte, wenn sie stundenlang durch die Wohnung krabbelt. Eines hat sich nicht geändert: Sie gibt keinen Laut von sich. Sie bewegt jetzt ihre Augen, die, so wage ich zu behaupten, kommunikativ geworden sind. Z. und ich stellten Versuche an, wobei wir plötzlich einen Gegenstand fallen ließen. Sie zieht ihren Kopf ein, was darauf hindeutet, daß sie nicht taubstumm ist. Seit kurzem scheint sie sogar die Schritte von Z. auf der Treppe zu erkennen. Vielleicht versteht sie, daß so ihre Milch kommt.

Als wir mit dem Durchfall und den Geschwüren nicht mehr fertig wurden, entschied Z., daß wir die Patientin einem Arzt zeigen müßten. Wir wagten nicht, ihn hierher zu führen, das Kind mußte nach Mokotów gebracht werden. Wir nahmen dazu einen Wäschekorb, den Korb transportierten wir auf einer Rikscha. Es war ein kalter Tag, und mir kamen ernste Zweifel am Sinn unseres Plans. Bei einem derart geschwächten Organismus konnte eine solche Spazierfahrt zu einer Lungenentzündung führen. Aber irgendwie passierte dann doch nichts. Der Doktor stellte fest, daß das Kind zurückgeblieben und nie gestillt worden sei.

»Haben die Frauen im Ghetto ihre Kinder nicht gestillt?« wunderte sich Z. »Ich habe gehört, daß das besonders aufopferungsvolle Mütter sind. Es heißt doch sogar: Wie eine jüdische Mutter...«

»Den Müttern im Ghetto ist die Milch versiegt«, erwiderte der Doktor, und die Art, wie er das sagte, erklärte, warum Z. gerade auf ihn verfallen war.

Er verschrieb Vitamine – Kleinigkeit! Er riet auch dazu, die Milch stärker zu verdünnen. Offensichtlich haben wir ein falsches Mischungsverhältnis gebraucht, und sie war immer zu fett gewesen. Warum sie nicht spricht, dazu konnte er uns nichts sagen.

Tonbandaufnahme

Anna Łazarska: Zuerst war der Spiegel, ich schaute mir das Gesicht an, das meines und doch nicht meines war. Danach zog ich die Mappe mit den Kritiken heraus. Mein Vormund hatte sie säuberlich geordnet und jede auf eine extra Seite geklebt. Über mich hieß es da »Łazarska, eine hervorragende Künstlerin«, »Das Genie der Hände Łazarskas«... Ich las das alles mit einem gewissen Befremden.
Ich: Weil Sie gerade erfahren hatten, daß Sie jemand anderes sind? Letztlich war das doch nur eine Frage des Namens.
Anna Ł.: Das war keine Frage des Namens, das war eine Frage des Blutes.
Ich: So viele Jahre haben Sie es nicht gespürt. Warum sollte die Schublade das plötzlich ändern. Da lagen doch nur vollgeschriebene Blätter.
Anna Ł.: Nein, da lag mein wahres Leben.
Ich: So dachten Sie unter dem Eindruck des Schocks, danach änderte sich das.
Anna Ł.: Danach änderte sich das, doch gegen meinen Willen. Ich wollte die sein, die ich eigentlich sein müßte.
Ich: Das heißt wer?
Anna Ł.: Die Tochter meines wirklichen Vaters.
Ich: Samuel Zarg?
Anna Ł.: Ja, die Tochter von Samuel Zarg.
Ich: Woher haben Sie die Gewißheit, daß das Stückchen Papier aus einer jüdischen Zeitung Ihre Geburtsurkunde ist? Das war nur die Rezension eines Konzerts im Ghetto; das Fragment einer Rezension und der Name des Geigers und seiner neunjährigen Tochter, die mit ihm auftrat.
Anna Ł.: Ja, da ging es um meine mittlere Schwester, Chaja.
Ich: Ein Zeitungsfetzen in einer Jackentasche, ist das nicht ein zweifelhaftes Dokument? Wäre es da nicht besser gewesen, einen Zettel mit dem Nachnamen, dem Vornamen und dem Geburtsdatum reinzustecken?
Anna Ł.: Mein Vater hielt das vielleicht für gefährlich.
Ich: Die Nähe der Mauer konnte keine Zweifel darüber aufkommen lassen, was Sie sind.
Anna Ł.: Ein Kind ohne Namen ist jedenfalls anonymer.

Ich: Wer den Mut hat, sich nach so einem Kind zu bücken, nimmt es ohne Rücksicht darauf, ob es anonym ist oder nicht.
Anna Ł.: Ich kann schlecht den Gedankengang meiner Eltern rekonstruieren. Schließlich konnten sie nur auf ein Wunder hoffen. Aber geschehen denn Wunder?
Ich: Offensichtlich ja, denn ich unterhalte mich jetzt mit Ihnen.
Anna Ł.: Aber sie sollten nie davon erfahren.
Ich: Offensichtlich liebten Sie sie mehr als sich selbst.
Anna Ł.: Gibt man ein Kind aus Liebe weg?
Ich: Man rettet ihm das Leben.

*Aus dem Polnischen von Albrecht Lempp*

Marzena Broda

# Dunkles Zimmer

*Dem Andenken an Anna Achmatowa*

Der Tag geht als violetter Dämmer zu Ende.
Im alten Sessel, neben der Tür, nahm ein Schatten Platz.

Ich möchte ihn weder verletzen noch lieben
(man hat mir das Leben vertauscht).

Wer bin ich, daß ich hier Spuren hinterlasse?
Ich höre den Wald, die rauschende Sprache des Abends,

und hüll' mein Gesicht in die Trauer.
In Träumen rufe ich diese Gestalt herbei.

Angst, Schmerz, Vergessen betreten meine Gedanken.
Im dunklen Zimmer nehme ich Abschied vom Tag.

Also berühr' ich das pochende Herz, aber dort …
sehnt sich die Schlaflosigkeit nach jemand, der nah ist.

1991

*Aus dem Polnischen von Karl Dedecius*

Stephan Hermlin

# Die Zeit der Gemeinsamkeit

Das war zwei Tage nur, nachdem ich nach Warschau gekommen war, in diese unglaubliche Stadt, wie ein geheimer Kundschafter des vorzeitigen Sommers. Die Hitze hatte mich schnell eingeholt, als wolle sie alles selber prüfen. Jetzt erhoben sich über der windstillen Ebene Wolken von Mörtelstaub. Ich lief durch das Gebrüll der Lufthämmer und versuchte die Losungen auf den Transparenten zu entziffern, die auf heroischen Wind zu warten schienen. Der Lärm in den Straßen, auf den Baustellen wurde frenetisch; man hätte glauben können, daß die Stadt vor Zorn über die eigene Erschöpfung sich mit verdoppelter Wucht in die Arbeit hineinwarf. Aus ihren Dörfern vor die Pforten des Lazienki-Gartens verschlagene Bäuerinnen lauschten erstaunt auf die Vogelrufe der Eisverkäufer. Als sei ich auf meinen jahrelangen Wanderungen an einen Ort gelangt, in dem sich die Kontinente reflektierten und die Ereignisse meines Lebens in gewissen, für mich bedeutsamen Einzelheiten wiederholten, glaubte ich Gesichtern, Haltungen, Gesten zu begegnen, die mir vorzeiten in einer norddeutschen Kleinstadt, in einem italienischen Hafen, an einer spanischen Landstraße aufgefallen waren. So hatte ich auch den unaufhörlich wirbelnden Staub, der zum Ausruhen nur wieder Staub fand, die halbnackten Arbeiter, die eine Trasse durch die Stadt legten und heiser nach Wasser riefen, die im schweren Schatten hockenden Händler mit schmerzenden Augen einmal in Alexandria gesehen oder in Haifa oder Beirut. Ich ging durch die unbekannte Stadt wie durch ein Panorama meiner vierunddreißig Jahre. So ähnlich, dachte ich, ist es Soldaten zumute, die auf dem Vormarsch links und rechts an improvisierten Wegzeichen die banalen Namen vertrauter heimatlicher Gebäude und Ortschaften wahrnehmen. Aber vielleicht war nur der Brief schuld an alldem, der Brief, den ich schon vierundzwanzig Stunden in der Tasche trug, geöffnet, so wie er mir gegeben worden war, dieser Brief, in dem ich drei- oder viermal gelesen hatte, als hätte meine Adresse auf dem nichtexistierenden Umschlag gestanden und als hätte ich ihn seit langem erwartet wie die Mitteilung eines Freundes, der einem vor Antritt einer Reise mit Bestimmtheit hatte versprechen müssen, möglichst gleich und ausführlich zu schreiben, und als würde ich, durch widrige Umstände an einer gründlichen Kenntnisnahme gehindert, hastig nach den Hebelpunkten des Schreibens suchen. Während ich durch die Stadt ging, dachte ich manchmal an diesen Brief, gegen den mich dann beinahe jedesmal ein Gefühl erfaßte, als enthalte er eine schlechte Nachricht, die ich vergessen müßte, nachdem ich sie doch schon gleichsam auswendig gelernt hatte.

Zwischendurch richtete ich meine ganze Aufmerksamkeit auf die Vorgänge in den Straßen. Hier bist du Zeuge, sagte ich mir, eines großen und seltenen Vorgangs: du erlebst das Sterben des Todes. Erschöpft von Hitze und Zuversicht, erblickte ich im Geist wie einen Lavastrom, der hier und da Zungen dunkelflammender, schnell erstarrender Masse vorschickt, eine Mauer von flüssigem Zement, die das Flachland mit seinen Ruinen, seinen toten Zonen, mit den Gräbern, den geknickten Kandelabern und kopflosen Monumenten wie mit einer Decke überzog: dem Fundament der neuen Stadt.

Inmitten dieser Veränderung drängte mich auf einmal meine eigene Unveränderlichkeit zum Aufbruch. Ich winkte einem Wagen und nannte mein Ziel. Mein Herz schlug schneller, als ich mir vorzustellen suchte, daß ich einer geheimen Verabredung nachkäme in dieser Stadt, in der ich niemanden kannte, in der ich nie zuvor gewesen war. Am Tag meiner Ankunft war ich bereits durch Warschau gefahren, um mir einen Überblick über die Zerstörungen und im Gang befindlichen Arbeiten zu verschaffen. Ich hatte das Gebiet des ehemaligen Gettos durchquert, hatte undeutlich die Schutthalden links und rechts vom vorbeifliegenden Wagen wahrgenommen, das Denkmal für die Gefallenen auf einem viereckigen Platz. Während ich nun von neuem hinausfuhr, suchte ich mir die Anlage des Viertels zu vergegenwärtigen und bestimmte Markierungspunkte inmitten der beinahe erreichten Einöde vorauszubestimmen. Aber als hintertreibe das wallende, zähflüssige Licht jede Orientierung, mußte ich mir jedesmal gestehen, daß ich mich geirrt hatte – ich fand mich nicht mehr zurecht. Ich kann nicht mehr sagen, warum diese luminöse Tücke, diese vom Atmosphärischen ausgehende Hinterhältigkeit mich mit einer Art bohrenden, dumpfen Zorns gegen mich selbst erfüllte. In diesem Moment war ich, wenn ich mich recht entsinne, ebensowohl dazu bereit, in den Wagen gelehnt, mich willen- und richtungslos ins Ungewisse fahren zu lassen als auch zum Abbrechen der Expedition. Wenn ich den Wagen halten ließ und den Chauffeur entlohnte, so geschah das wahrscheinlich, weil ich mir beweisen wollte, daß ich imstande sei, einen Entschluß zu fassen. Und erst, als das sich entfernende Wagengeräusch ganz und gar verstummt war, erkannte ich, daß ich kaum hundert Meter von dem Platz mit dem Denkmal entfernt war, der den Zugang zum früheren Getto darstellt.

Ich ging die Straße zum Platz hinunter, eine Straße, die gerade so unbelebt war, wie man sich nur irgend vorzustellen vermag. Die Granitquader, die das Trottoir bildeten, waren gebrochen, aus ihrer Lage gebracht, von Explosionen zerschrundet. Die Straße, die wie ein Hohlweg zwischen zwei bis drei Meter hohen Böschungen hinlief, mußte der einzige Zufahrtsweg ins Getto sein. Unruhe und Überdruß, die ich nacheinander empfunden, waren einem fiebrigen, exaltierten Gefühl von Zufriedenheit gewichen; ich empfand auf einmal etwas wie Schadenfreude gegenüber den Umständen, die meinen Absichten hatten entgegenstehen wollen. Nun, dachte ich wie in einer stummen Entgegnung, während sich zugleich eine leise Abwehr gegen das eigene Verhalten in mir regte, nun, ich bin doch gekommen. Wirklich stand ich jetzt schräg vor dem Denkmal, dem eigentlich dunklen, aber wie auf einem falsch belichteten photographischen Bild farblos im farblosen Licht aufsteigenden Granit. Zum erstenmal sah ich das Monument aus der Nähe. Die Sonne stand genau im Zenit. Im Mittagslicht hätte die Gruppe der Aufständischen, die aus der Mitte des Denkmals hervortritt wie aus einer Bresche, geradenwegs aus der Hölle herausgekommen sein können, deren Flammen man hinter den Figuren noch hervorschlagen sah. Der ganze strenge Block, der sich nach oben verjüngt und so an die Pyramiden gemahnt, die die Urväter der Gefallenen für fremde Pharaonen auftürmen mußten, dieser Block war vielleicht nichts anderes als das Tor der Hölle, das die Kämpfer erreicht hatten, nachdem sie durch tausend Feuer gewandert waren, und von dem aus sie mit leeren Augenhöhlen und erstarrten Gesichtern in die verwüstete Landschaft blickten. Vielleicht war es gerade umgekehrt: gleich würde sich, nach einem letzten Blick ins Leere, der Stein hinter ihnen schließen; es gäbe dann nichts mehr außer dem glatten, dunklen Stein, hinter dem die Hölle wütete. Ich wurde nicht müde, die Gruppe zu betrachten, unaufhaltsam zurückgerissen in den Tartarus der Jahre, die erleuchtet gewesen waren von diesem Feuer.

Die Luft glühte immer noch, wenn auch der Himmel, der weiß gewesen war vor Hitze, sich allmählich dunkler färbte. Meine Uhr zeigte schon die fünfte Nachmittagsstunde an.

Ich setzte mich auf einen zerschlagenen Eckpfeiler, der am Westrand des Platzes im harten Schatten eines Mauerrestes lag. Von hier aus beobachtete ich weiter Platz und Denkmal mit unverminderter Aufmerksamkeit. Durst quälte mich; nach heftigen Schweißausbrüchen war meine Haut so trokken geworden, daß ich sie bei einer Berührung als körnigtote Substanz spürte, nicht anders, als handle es sich um erwärmten Staub oder Stein.

Die seltenen Fußgänger, die allein oder in kleinen Gruppen vorbeikamen, blieben vor dem Denkmal stehen, ohne auf mich zu achten. Die Bewegungen ihrer Hände und Lippen drangen bis zu mir – ich erblickte sie wie auf einer entfernten Bühne ein Geschehen, das man nicht begreift. Eine Zeitlang beschäftigte mich der Schatten des Monuments, wie er länger wurde und auf mich zuwanderte. Als er mich erreicht hatte, stand ich auf. Am Denkmal vorbei ging ich auf die Böschung zu, mit der das Trümmerfeld des ehemaligen Gettos schroff an der Seite des Platzes beginnt. Man ersteigt den drei Meter hohen Hang ohne Mühe. Ich tat ein paar Schritte nach vorn, hastig, ungewiß, wohin ich mich zu wenden hatte, als überschritte ich eine Grenze.

Von hier aus übersah ich das ganze Gebiet, wo in gestaltlosen Schutt zusammengesunken ist, was im Zustand der unmittelbaren Vernichtung noch Ruine war, Mauerrest, stehengebliebener Pfeiler. Das Gelände, ein Gewoge gleichmäßig nivellierter Trümmer, stürzt richtungslos dem Horizont zu – ein Gewoge, sage ich, denn in der Tat bilden die Schuttberge eine starr gewellte Fläche, deren Kämme und Täler sich nicht weiter voneinander entfernten als die Scheitel- und Tiefpunkte einer leicht bewegten See. An einigen Stellen öffneten sich Krater, in denen gemauerte Teile von Kellern sichtbar wurden – hier hatte man später nach Getöteten, Verbrannten gesucht oder nach vergrabenen Dokumenten.

Ich war nach den ersten Schritten stehengeblieben. Nun ging ich weiter, stolpernd und beschleunigten Schrittes, aber ständig die Richtung wechselnd, als gehorchte ich geheimen Weisungen im chaotischen Gefälle des Gesteins. Ich fühlte mich heimatlos und geborgen zugleich, vielleicht wie ein auf den Wogen treibender Gegenstand, besäße er Bewußtsein, fühlen würde. Hier könnte die geographische Mitte meines Lebens sein, sagte ich mir, und ich bückte mich nach eingebildeten Gegenständen, die doch nichts weiter waren wie zerschlagener Stein, als würden sich plötzlich vergangene Besitztümer, irgendwelche Andenken finden lassen, die die Flut der Jahre da zusammengespült hatte. Und wieder brach ich hastig auf, als gelte es, noch vor dem Einbruch der Nacht an ein Ziel zu gelangen, das das Leben oder ich selbst mir gesteckt hatte.

Denn es war Abend geworden. Eine späte Junisonne, die ihre Strahlen abgetan hatte und sich in rötliche Nebel hüllte, stand handbreit über dem Horizont und gab den bröckelnden Ziegel und ausgeglühten Metallresten Kontur und plastische Tiefe. Ich sagte mir in diesem Moment, daß es nun eigentlich genug sei an planlosem Schweifen und Träumen. Deutlich sah ich mein Hotel vor mir mit dem Speisesaal und der Tanzkapelle, und ich überlegte, wo ich ein Taxi würde nehmen können; schon hatte ich es mit dem nächsten Gedanken gefunden, stieg aus, setzte mich an einen Tisch zu meinen Zufallsbekanntschaften. Den ich jedoch in meiner Vorstellung sah, war bereits ein Fremder, der mir noch ähnelte, aber schon begonnen hatte, sich unwiderruflich von mir zu trennen, und den ich vielleicht nur mit dieser geheimen und schlecht verborgenen Ungeduld begleitete, um ihn schneller verlassen zu können.

Im Augenblick, da ich ihn aus den Augen verlor, hatte das Getto ganz von mir Besitz ergriffen, und die kaum wahrgenommenen Geräusche der entfernten Stadt hingen über mir wie ein Netz, in das ich blindlings hineingelaufen war. Die Laute des abendlichen Warschau verkündeten nur, daß die Toten unter den Trümmern des Gettos, diese fünfzig- oder sechzigtausend, bald nicht nur die Last des Schutts würden tragen müssen: über die unaufräumbare Wirrnis aus Stein und Eisen würde sich, nicht wie es mir vorhin die Phantasie eingegeben, sondern in aller Realität, die meterdicke Decke aus Beton ziehen, auf der, um drei oder vier Meter erhöht, ein riesiges Viertel der erneuerten Stadt sich erheben würde. Nur noch das Monument auf dem Platz würde laut in alle Ewigkeit mit all seinen Lettern reden: Dem jüdischen Volk seine Kämpfer und Märtyrer.

Im letzten Schein des Tages sah ich noch einmal deutlich die tote, formlose Verwüstung um mich, das Unkraut, das zu meinen Füßen wie dunkelfettiger Rauch aus den Ritzen des zerschmetterten Gesteins puffte. Jeden Gedanken an Umkehr hatte ich abgetan. Ich ließ mich weiter in die Einöde treiben, deren Begrenzungen die Nacht verhüllte.

Andrzej Szczypiorski

# Nacht, Tag und Nacht

Er lag schweigend im Bett und betrachtete den Wasserfleck an der Zimmerdecke. Ein leichter Windhauch bewegte die Gardinen vor dem angelehnten Fenster. Das ferne, undeutliche Stimmengewirr der Stadt und das nahe Rascheln der Blätter in den Kronen der Bäume vor dem Haus drang in den Raum. Wie gezähmte, schlafende Zirkustiere standen die Möbel im Dunkel des Zimmers, Sessel und Sofa waren mit Schutzbezügen versehen, und über den an die Wand gerückten Tisch hatte man weißes Leinen mit grünen Streifen geworfen.

Die geräumige und bequeme Wohnung bestand aus fünf Zimmern, Küche, Bad und einigen eigenartigen Nischen, in denen Czarnocki immer neue Gegenstände fand, alte deutsche Bücher, angeschlagene Vasen und Schüsseln, Salatieren, Teller, aber auch vergilbte Dokumente, Jahrzehnte alt, sorgsam in Mappen gelegt und mit Bändchen verschnürt, tote Dokumente von längst verstorbenen Menschen.

Czarnocki hatte die Wohnung eines namenlosen deutschen Gerichtsbeamten wenige Tage nach dem Einzug der Russen in die Stadt übernommen. Noch rauchten die Trümmer, noch lagen hier und da nicht begrabene Leichen, deutsche, russische und polnische.

In jenen Tagen besaß Czarnocki nicht einmal eine zweite Hose, er und seine Frau waren mit einem offenen Lastauto in die Stadt gekommen, sie trugen Militärmäntel sowie in einer Leinentasche Seife, Handtuch, zwei kleine Krüge, einen großen Laib holländischen Käse und einige Büchsen Fleischkonserven.

Sie suchten sich eine Wohnung in dem vierstöckigen Jugendstilhaus in der Hindenburg-Straße, die demnächst Mickiewicz-Allee heißen würde. Dort fanden sie die Möbel mit den Schutzbezügen vor, leere Schränke, in der Küche ein paar Töpfe, Teller und Bestecke, in der Speisekammer aber unzählige Gläser Marmelade und Flaschen mit Obstsaft. Die

Frau dieses deutschen Beamten mußte eine vorzügliche Hausfrau gewesen sein, was Czarnocki von der seinen nicht sagen konnte.

Frau Czarnocka, eine faszinierende Frau, hatte große, tiefe, braune Augen, ein schmales Gesicht, breite, feuchte und glänzende Lippen, dichte und helle Haare. Sie war groß und hielt sich gerade, ihre üppigen Brüste zeichneten sich deutlich unter dem Kleid ab, die Beine waren lang und schlank, die Hände schmal und nervig, die Fingernägel auffallend schön geformt.

Czarnocki war hager, nicht groß, er hatte ein knochiges Gesicht mit dunklem Teint, sehr dunklen Augen und fast blauschwarzem Haar, graue Schläfen, die Bartstoppeln sehr deutlich, er sah immer unrasiert aus. Auch hielt er sich nicht besonders gerade, die Jahre hatten seinen Rücken gekrümmt, er war etwas kleiner geworden, kleiner sogar als seine Frau, das schmerzte ihn ein wenig, vor dem Krieg hatte er Schuhe mit erhöhten Absätzen getragen, während des Krieges brauchte er keine, weil er den Krieg in einem Versteck in der Szczygla-Straße in Warschau verbrachte, vier Jahre lang saß er in diesem Versteck, dort gab es wenig Platz, um sich zu bewegen, im Herbst und Winter ging er abends an der Warschauer Böschung spazieren, seine Frau eilte voraus und gab ihm bei Gefahr ein Zeichen.

In seinem Versteck hatte Czarnocki ein schmales Bett, ein Tischchen, einen Stuhl, Lampe und Nachttopf. Den Eingang verstellte Frau Czarnocka mit einem zweitürigen Schrank, sie kam sogar auf den Gedanken, in den Schrank eine Öffnung sägen zu lassen, um sich die Mühe mit dem ständigen Hin- und Herschieben des Möbelstücks zu ersparen, fürchtete sich aber, einem Tischler das Geheimnis zu offenbaren, und suchte lange nach einem vertrauenswürdigen Handwerker, Monate vergingen, schließlich gewöhnte sie sich an das Verschieben des Schranks, alles blieb beim alten bis zum Aufstand, als der Schrank mit dem gesamten Haus in Flammen aufging und die Angelegenheit sich ohne Mitwirkung eines Tischlers erledigte.

Czarnocki hieß in seiner Kindheit und frühen Jugend Szwarcblat, genauer gesagt Chaim Szwarcblat, Sohn von

Ozjasz Szwarcblat, Textil-Großhändler in der Karmelicka-Straße. Chaim Szwarcblat war ein Junge von großem Talent und Fleiß, und Ozjasz Szwarcblat träumte davon, seinen Sohn zu einem Juristen und herausragenden Menschen heranzubilden.

So geschah es auch, doch sein Vater erlebte den Augenblick des Triumphs nicht, weil er schon im mittleren Alter starb, in seinem eigenen Bett, denn so starben in früheren Zeiten die gottesfürchtigen Warschauer Juden. Einige Zeit später starb auch Frau Szwarcblat, und der junge Jurastudent blieb allein auf der Welt.

Schon damals war er Kommunist. Er gehörte zu jenen Kommunisten besonderer Art, die nicht nur aus der Welt der Erniedrigung und Armut, sondern auch aus der Stille der Bibliotheken zur Partei und zur Weltrevolution gestoßen waren.

Er galt als ungemein gebildeter Mann mit großem Weitblick. Das Jura- und Philosophiestudium hatte er abgeschlossen, studierte nun Sprachen und war außerdem Journalist. Zu diesem Zeitpunkt änderte er seinen Namen, er unterschrieb seine Texte mit Czesław Czarnocki. Das tat er nicht aus dem Bedürfnis, sich einer größeren polnischen Öffentlichkeit in günstigerem Lichte darzustellen, so etwas war nicht nötig in der ungewöhnlichen Welt der Ortwin, Tuwim, Winawer, Słonimski, Okręt, Regnis, im Stimmengewirr der Warschauer Cafés, sondern aus einem höchst simplen Grund, nämlich wegen der kommunistischen, aus den bolschewistischen Bräuchen geschöpften Gewohnheiten und Illusionen. Schon damals entdeckte Czarnocki in seiner eigenen Haltung diese seltsame Mischung von Pathos und Lächerlichkeit, Tapferkeit und Komödiantentum. Er wußte, daß er einer Sekte angehörte, war aber der tiefen Überzeugung, diese Sekte sei berufen, die Welt zu ändern. Nicht als erste und einzige. Hatten die frühen Christen nicht eine kleine, von großer Hoffnung und intensivem Sendungsbewußtsein getragene Sekte gebildet?

Vielleicht wäre Czarnocki schon an der Schwelle der dreißiger Jahre ein politisch Blinder gewesen, wäre neben ihm nicht Lidka aufgetaucht.

Sie wurde seine Frau, die schöne, faszinierende, leidenschaftliche, rätselhafte Lidka Czarnocka.

Er war fünfzehn Jahre älter als sie und zeichnete sich bereits durch jene eigentümliche Impotenz aus, die wie eine ansteckende Krankheit gewöhnlich die idealistischen Kommunisten befiel. Sie hatten keine Frauen und Geliebten, sie hatten nur die Genossinnen des revolutionären Kampfes, mit denen sie schliefen, während sie unter der Bettdecke den *18. Brumaire* rezitierten oder Kautsky und Bernstein verfluchten. Die Genossinnen waren gewöhnlich härter als die Genossen, wie das im Leben zu sein pflegt, denn Frauen sind härter als Männer. Vielleicht brauchten diese Männer eine ideologische Unterstützung, eine Bestärkung, ein Beispiel, vielleicht fühlten sie sich ohne ideologisch gefestigte und zu allem entschlossene Frauen einsam und ratlos, genug, sie bildeten gewöhnlich eigentümliche Paare, sie näherten sich und entfernten sich, sie umkreisten sich wie separate Planeten, einander seltsam fremd und doch durch die gemeinsame Pflicht verbunden, wenn sie aber beisammen waren, in der Umarmung, im Begehren, in der Sehnsucht, empfanden sie ihre Verbindung nicht als heilig, weil ihnen sogar die Liebe als Art von bourgeoiser Verkrüppelung erschien.

Doch Czarnocki verliebte sich ganz altmodisch in seine Frau, er war, was sie betraf, verrückt, eifersüchtig und leidenschaftlich, er sehnte sich nach ihrem Anblick, ihrer Stimme, ihrem Duft, er nannte sie in Gedanken »meine Madonna« oder »mein Leben«, was ihn im Grunde als harten Mann der Idee disqualifizierte und ein wenig verdächtig machte.

Lidka Czarnocka war vernünftig, gut, belesen auf traditionelle Weise, das heißt, sie las gern Tolstoj oder Maupassant, litt unter Ungerechtigkeit, liebte klassische Musik, aber auch schöne Kleider, vor allem jedoch Hüte, besuchte elegante Cafés, hatte keinen Sinn für die Hauswirtschaft, nahm gern die Huldigungen der Männer entgegen, kümmerte sich um ihre Schönheit und war ihrem jüdischen Mann restlos ergeben; dessen Kommunismus behandelte sie wie eine normale, nach den europäischen Vorbildern des ausgehenden 19. Jahrhunderts erzogene Person, das heißt als Beweis für sein gutes Herz und seinen schwachen Verstand.

In dieser Frage konnten sie sich nicht einigen, doch Czarnocki war in ihrer Ehe intellektuell überlegen, während Lidka seine kommunistischen Wunderlichkeiten tolerierte, weil sie stets darauf vertraute, daß sie im Falle existentieller Komplikationen und ernstlicher Schwierigkeiten dort, wo es nötig wäre, schon einen Ausweg finden und ihren Mann irgendwie in Schutz nehmen würde. Lidkas Vater, der Piłsudski nahe stand, mochte seinen Schwiegersohn nicht, sie mieden einander, denn der Kommunismus wirkte auf den alten Głuszecki gerade wie ein Brechmittel, dafür liebte er seine Tochter und sprach von ihr als seinem »barocken Kleinod«, obwohl sie schlank und sportlich war, durchaus keine Rubensfigur. Lidka rechnete nicht ohne Grund damit, daß ihr Vater an die richtige Tür klopfen würde, falls sein Schwiegersohn in wirkliche Bedrängnis geraten sollte.

Alles änderte sich, als die Deutschen kamen. Lidkas Vater wurde schon im Januar 1940 erschossen, es gab kein Polen mehr, kein eigenes Haus, keine Redaktionen kryptokommunistischer und antikommunistischer Zeitschriften, nur Lidka blieb übrig mit ihrem jüdischen Mann, der hin- und hergeschobene zweitürige Schrank, das Versteck hinter der Wand, die ewige Angst, das Elend und das Tausendjährige Reich rundum.

Auch Czarnockis Kommunismus blieb. Lidka schob den Schrank weg, betrat das ungelüftete Versteck, um den Nachttopf zu leeren, und fand ihren Mann in Engels' Armen vor. Doch wenn sie sich liebten, schwieg Engels diskret, sogar Lenin bekundete eine Spur von guter Erziehung.

Ganz anders war diese Liebe während des Krieges. Das Wissen um die Bedrohung bewirkte, daß sie einander immer heftiger begehrten, obwohl Lidka ihn fast täglich besuchte. Das Versteck bot keinen Platz für zwei Menschen, sie übernachtete darum in der Wohnung und kam frühmorgens; wenn er hörte, daß sie den Schrank wegschob, regte sich in ihm schreckliches Verlangen. Stets begleitete ihn der Gedanke, er nähme diese Frau zum letzten Mal im Leben, weil nach ihrem Fortgang etwas Unumkehrbares geschehen würde, ihr oder sein Tod, ihrer beider Tod in Trennung und Leiden.

Blieb er allein, kam nach geraumer Zeit Ruhe über ihn, er vergaß Lidka, las, schrieb, machte Notizen, dachte nach über die Welt, die einst kommen würde, eine Welt ohne Sterben und Angst, doch er dachte überhaupt nicht an Sterben oder Angst, er dachte ausschließlich an die Gesellschaft, an die Probleme der Macht, an die Methoden zur Gewinnung der Macht und zu ihrer Ausübung, er war dabei unheilverkündend bolschewistisch, kalt und erbarmungslos, ganz in seine rationalistischen Hirngespinste verstrickt, sich selbst gegenüber unmenschlich; doch manchmal gewann er das Bewußtsein wieder, das Wissen um seine Lage, ein Klopfen hinten in der Wohnung, ein Lärm im Treppenhaus, ein unterdrückter Schrei, dann kehrte er zurück in die Wirklichkeit, die Angst packte ihn bei der Kehle, erneut verlangte er nach Lidka, sie existierte doch neben ihm, hinter der Wand und dem zweitürigen Schrank, mit ihrem ganzen, geheimnisvollen Leben, von dem er keine Ahnung hatte, weil sie wenig sprachen, gewöhnlich im Flüsterton, aneinander geschmiegt, so sehr durch die Liebe geheiligt, daß sie an die Existenz einer Welt außerhalb von sich selbst nicht denken mochten, dann also erinnerte er sich an Lidka, die Angst führte sie in sein Versteck, doch immer ging sie zusammen mit der Angst hinaus, und er kehrte wieder zurück in seine eingemauerte Unmenschlichkeit.

Darin steckte etwas Schizophrenes, gerade weil er in dem Versteck blieb. Es war ein merkwürdiges Möbelstück, dieser zweitürige Eichenschrank, vollgestopft mit Bettwäsche und alten Lumpen, die Lidka in der Überzeugung aufbewahrte, sie wirkten schalldämpfend. Dieser Schrank ließ keine existentiellen Ängste durch, das Bewußtsein der Bedrohung hallte in seinem Innern nur ganz schwach wider, denn was den Krieg, die Gefahr einer Durchsuchung, das Ghetto oder die Gaskammer anbetraf, war er wie ein Klavierkasten ohne Saiten, doch wenn Lidka ihre Hand auf seine Türen legte, wurde der Schrank zum Klavichord einer flammenden Liebe oder zu einem dröhnenden Schlaginstrument des Bolschewismus, sooft Lidka die Türen von der Wohnungsseite her schloß.

Ende Juli 1944, als das Getöse und die Wirrsal der Ereignisse ganz Warschau erfaßt hatten, schob Lidka Czarnocka zum letzten Mal den Schrank beiseite und trat vor ihren Mann, bekleidet mit einem alten Staubmantel aus der Vorkriegszeit, Schuhen mit flachen Absätzen, einem Rucksack auf den Schultern, hochgewachsen, schön und entschlossen.

Sie machte keine langen Worte. Sie sagte, sie müßten sofort die Stadt verlassen und zum anderen Weichselufer hinübergelangen, dort kämen jetzt die Russen. Für Czarnocki hielt sie Anzug, Mantel und Rucksack bereit, darin die allernotwendigsten Kleinigkeiten.

So war sie. Sie vermochte Entscheidungen zu treffen, nicht fünf, sondern fünfzehn Minuten vor zwölf. Sie vermochte alles von vorn zu beginnen, ohne auf Verluste zu achten, gelenkt vom Instinkt der liebenden Frau, die nur eines wünscht, nämlich daß ihr Mann überlebt und zurückkehrt in die Welt, ohne Rücksicht darauf, wie diese Welt auch sei.

Damals marschierten sie nach Otwock, sie wachsam und vorsichtig, er trunken von Sonne, Menschenlärm, Natur und wilder Hoffnung.

In Otwock hatte sie bereits eine Unterkunft vorbereitet, sie verbrachten zwei oder drei Nächte in einem hölzernen Sommerhaus.

Es war stickig dort, vor dem Fenster rauschten die Bäume, die Dachsparren ächzten, in der Nähe donnerte Artillerie, morgens hörte man die Vögel und das Rattern der Maschinengewehre, Czarnocki saß hinten im dunklen Zimmer, denn die Fensterläden waren geschlossen, Sonnenstrahlen drangen durch die Spalten wie goldene Drähte, über dem Fußboden tanzten Stäubchen, rundrum stand trockene Hitze, Ameisen liefen über die Holzwände des Raums, Lidka trat hinaus in die Vorlaube, er sah nur den Umriß ihrer Gestalt, reglos, gespannt, schweigend, wie Penelope am Ufer Ithakas stand sie ganz ohne jede Bewegung und lauschte auf das ferne Rasseln der Motoren, das Knattern der Maschinenpistolen, die unerschrockene und schöne Frau des jüdischen Kommunisten wartete auf die Erlösung durch die Russen, die gegen Abend des dritten Tages kamen, Czarnocki spürte ihre wunderbare Nähe, als der Geruch der Panzerabgase ihn erreichte, dann vernahm er ihre Stimmen, Lidkas Aufschrei, ihr schreckliches, herzzerreißendes Weinen, nie hatte sie so geweint, die langen Kriegsjahre hindurch hatte Czarnocki sie nicht weinen gehört, ihre Tränen nicht gesehen, jetzt war ihr Gesicht von Tränen überströmt, sie schluchzte erschütternd, als müßten sie beide sogleich sterben, während sie doch gerade leben sollten, endlich war für sie beide das Kriegsende gekommen, weinend öffnete sie die Fensterläden, Czarnocki erblickte die rauchende, riesige, rote Sonne, wie eine halbierte Wassermelone ging sie langsam hinter der Linie des Waldes unter, die Kiefern standen in der trockenen Hitze, irgendwo knatterte ein Maschinengewehr, ein russischer Unteroffizier lachte laut, er hatte einen flachsfarbenen Schnurrbart, die linke Hand mit einer blutigen Binde umwikkelt, er und Czarnocki rauchten Machorka, der saure und bittere Geruch erfüllte das stickige Zimmer, plötzlich tauchte ein Mann in polnischer Uniform auf, Lidka verging wieder in Tränen, sie weinte all die Jahre der Qual aus sich heraus, und erst in diesem Augenblick, schon ganz im Dunkel, denn die Sonne war hinter den Wäldern untergegangen, die Kiefernkronen zeichneten sich vor dem helleren Hintergrund ab wie auf Sisleys Aquarellen der Champs Elysées, erst jetzt, da er Lidkas Weinen hörte, Machorka rauchte und unbeholfen mit dem polnischen Offizier redete, begriff Czarnocki, wie sehr er von Lidka geliebt wurde.

So begann sein revolutionäres Epos.

Und schon an diesem Tage, im Dunkel des stickigen Zimmers, im Wirrwarr der Freiheit, den niemand erfährt, der die Unfreiheit nicht erfahren hat, schoß ihm der Gedanke durch den Kopf, wie doppeldeutig, geheimnisvoll und quälend das alles sei. Er hatte einen Moment der Erleuchtung, den er wohl dem Teufel seines Scharfblicks verdankte, daß er nun ein neues, zugemauertes Versteck erhielt, ein anderes, geräumigeres, helles, ohne Nachttopf, zweitürigen Schrank und schmales Bett, aber nicht nur mit Engels und Lenin, denn es würde eng in diesem Versteck, stickig und übervoll, immer würde jemand es mit ihm teilen, nie wieder würde er die Einsamkeit jenes Okkupationsgrabes erleben mit dem Grabstein des zweitürigen Schrankes davor.

Seit jenem Tag war eine ganze Epoche vergangen, und er lang nun einsam im breiten Bett eines deutschen Gerichtsbeamten, er lauschte dem Rauschen der Bäume vor dem Fenster und dachte an sein Unglück und seinen Haß.

Diese Frau, die so plötzlich gestorben, im Verlauf eines einzigen Tages, ohne ein Abschiedswort gesagt zu haben, war nach dem Krieg sein großes Glück gewesen, aber nicht mehr sein einziges Glück. In seinen Händen hielt er damals ein großes Stück der Macht über dieses Land und wollte es zum Blühen bringen. Jeden Morgen, wenn er erwachte, dachte er an Polen.

Beim Einschlafen spät abends oder mitten in der Nacht zweifelte er jedoch, ob dieses Land überhaupt blühen wollte, ob die Menschen hier nicht dumm seien und zurückgeblieben, ob sie nicht ein unfruchtbares Polen wollten. Deshalb schlief er nur mühsam ein. Lidka streichelte dann seine borstigen schwarzen Haare und wiederholte ständig dieselben Worte.

»Es gibt keinen Grund zur Eile«, sagte sie. »Wir haben ein Leben vor uns, man braucht sich nicht so zu beeilen.«

Er schlief ein mit dem Gedanken, seine Frau verstehe den Geist der Geschichte nicht.

Doch vielleicht verstand gerade sie ihn besser als andere, denn eines Tages starb sie leise und schweigend, ganz plötzlich und geheimnisvoll, als hätte sie einfach beschlossen, fortzugehen und ihrer Unruhe ein Ende zu machen.

Sie war überhaupt nicht krank, vielmehr an diesem Morgen noch lebhaft und vielleicht sogar fröhlich, doch als Czarnocki gegen Abend nach Hause kam, lag sie bewegungslos im Bett, und er hörte ihre Stimme nicht mehr. Sie schien bei Bewußtsein zu sein, doch im Verlauf der Stunde, während der er Ärzte herbeirief, Hilfe organisierte, fieberhaft mit Warschau telefonierte, beherrscht von der Hoffnung, dieses Warschau, das über alles entschied und in diesem Land alles nach seinem historischen Plan einrichtete, werde auch diesmal entsprechende Dispositionen treffen und die Katastrophe aufhalten, im Verlauf dieser furchtbaren Stunde der Angst, der Verzweiflung und des wilden Zorns wußte er bereits, daß Lidka nicht sah und nicht hörte, daß es sie nicht mehr gab und nie wieder geben würde.

Sie starb auf unmerkliche Weise, nichts änderte sich, die Ärzte saßen weiterhin in Gedanken versunken, die Schwester beugte sich weiterhin über die Kranke, Czarnocki sagte heiser etwas ins Telefon, nichts änderte sich, sogar die Fliege, die auf dem Lampenschirm saß, flog nicht auf. Einer der Ärzte sagte: »Es tut mir leid, aber...«

Czarnocki sprach weiter ins Telefon, er wußte, was geschehen war, doch er nahm es nicht zur Kenntnis, rief noch eine ganze Weile heiser in den Hörer, brach plötzlich ab, legte den Hörer auf die Gabel, stand auf, trat an das Bett, warf einen Blick auf Lidka und sagte zu ihr: »Lidka, warum?«

Das war die wichtigste Frage in seinem ganzen Leben. Warum hatte sie ihn vier Jahre lang in der zugemauerten Nische in der Szczygla-Straße versteckt und dann aus Warschau hinausgeführt nach Otwock, aus dem ägyptischen Haus der Knechtschaft in das gelobte Land? Warum war sie bei ihm gewesen all die Jahre, treu und besorgt, ergeben und tüchtig, um jetzt ohne ein einziges Wort der Erklärung fortzugehen und ihn Auge in Auge mit der Welt zurückzulassen? Warum hatte sie ihm nicht gesagt, daß sie ein anderes Leben wollte, eine andere Wirklichkeit, in der sie sich noch lange lieben und an bessere Zeiten glauben könnten?

So soll das nun wohl sein, dachte er damals. Die große Herausforderung ist eingetreten.

Er wußte nicht, was für eine Herausforderung, er wußte aber, daß er nun die Erde an allen vier Enden der Welt in Brand stecken und zusammen mit ihr in Flammen aufgehen würde.

Vielleicht ahnte er schon damals, während er schweigend über Lidka stand, daß diese Frau ihn geschützt hatte vor dem Haß und dem unbegreiflichen Nihilismus, den er immer in sich trug.

*Aus dem Polnischen von Klaus Staemmler*

Czewsław Miłosz

# Der du Unrecht getan

Der du Unrecht getan dem einfachen Menschen,
Über sein Unrecht lauthals lachend,
Umgeben von einer Schar von Narren,
Wo Gut und Böse sich arg vermengen,

Auch wenn sich alle vor dir verneigen,
Dir Klugheit und Tugend anzudichten,
Medaillen zu deinen Ehren prägen,
Erleichtert, noch einen Tag zu leben,

Sei nicht so sicher. Der Dichter merkt es.
Du kannst ihn töten – ein neuer folgt ihm.
Reden und Taten werden verzeichnet.

Für dich wäre besser ein Wintermorgen,
Ein Strick, ein Ast, den die Last gekrümmt hat.

Washington D.C., 1950

*Aus dem Polnischen von Karl Dedecius*

Günter Grass

# Alexander und Alexandra

Der Zufall stellte den Witwer neben die Witwe. Oder spielte kein Zufall mit, weil ihre Geschichte auf Allerseelen begann? Jedenfalls war die Witwe schon zur Stelle, als der Witwer anstieß, stolperte, doch nicht zu Fall kam.

Er stellte sich neben sie. Schuhgröße dreiundvierzig neben Schuhgröße siebenunddreißig. Vor den Auslagen einer Bäuerin, die in einem Korb gehäuft und auf Zeitungspapier gebreitet Pilze, zudem in drei Eimern Schnittblumen anbot, fanden Witwer und Witwe einander. Die Bäuerin hockte seitlich der Markthalle zwischen anderen Bäuerinnen und dem Ertrag ihrer Kleingärten: Sellerie, kindskopfgroße Wruken, Lauch und rote Bete.

Sein Tagebuch bestätigt Allerseelen und gibt die Schuhgröße preis. Ins Stolpern hat ihn die Bürgersteigkante gebracht. Doch das Wort Zufall kommt bei ihm nicht vor. »Es mag an diesem Tag, zu dieser Stunde – Schlag zehn Uhr – Fügung gewesen sein, die uns zusammenführte ...« Sein Bemühen, die dritte, stumm vermittelnde Person leibhaftig zu machen, bleibt vage wie sein Versuch, in mehreren Anläufen ihr Kopftuch zu bestimmen: »Kein eigentliches Umbra, mehr Erdbraun als Torfschwarz ...« Besser gelingt ihm das Ziegelwerk der Klostermauer: »Von Schorf befallen ...« Den Rest muß ich mir einbilden.

Nur wenige Sorten Schnittblumen standen noch in den Eimern: Dahlien, Astern, Chrysanthemen. Den Korb füllten Maronen. Vier oder fünf kaum vom Schneckenfraß gezeichnete Steinpilze lagen gereiht auf einer verjährten Titelseite der lokalen Tageszeitung »Głos Wybrzeża«, dazu ein Büschel Petersilie und Einwickelpapier. Die Schnittblumen waren dritte Wahl.

»Kein Wunder«, schreibt der Witwer, »daß die Stände neben der Dominikshalle so dürftig bestellt aussahen, schließlich sind an Allerseelen Blumen gefragt. Bereits am

Tag zuvor, auf Allerheiligen, ist die Nachfrage oft größer als das Angebot...«

Obgleich die Dahlien und Chrysanthemen mehr hergaben, entschied sich die Witwe für Astern. Der Witwer blieb unsicher: »Selbst wenn mich die überraschend späten Steinpilze und Maronen an diesen besonderen Stand gelockt haben mögen, folgte ich doch nach nur kurzem Schreck – oder war es der Glockenschlag? – einer Verführung besonderer Art, nein, einem Sog...«

Als die Witwe aus den drei oder vier Eimern die erste, dann eine weitere, unschlüssig eine dritte Aster zog, diese zurückstellte, um sie gegen eine andere zu tauschen und dann eine vierte herauszurupfen, die gleichfalls zurück und ersetzt werden mußte, begann auch der Witwer, Astern aus den Eimern zu ziehen und diese, wählerisch wie die Witwe, auszuwechseln, wobei er rostrote zog, wie sie rostrote gezogen hatte; immerhin standen noch blaßviolette und weißliche zur Wahl. Dieser farbliche Gleichklang hat ihn närrisch gemacht: »Welch leise Übereinkunft! Wie ihr sind mir rostrote Astern, die still vor sich hinbrennen, besonders lieb...« Jedenfalls blieben beide aufs Rostrot versessen, bis die Eimer nichts mehr hergaben.

Weder der Witwe noch dem Witwer reichte es zum Strauß. Schon wollte sie ihre magere Auswahl in einen der Eimer stoßen, als das begann, was Handlung genannt wird: Der Witwer übergab der Witwe seine rostrote Beute. Er hielt hin, sie griff zu. Eine wortlose Übergabe. Nicht mehr rückgängig zu machen. Unlöschbar brennende Astern. So fügte sich das Paar.

[...]

Dort also, zwischen der Dominiksmarkthalle und Sankt Nikolai, schräg gegenüber dem achteckigen »Kiek in de Köck«, fanden sich Witwer und Witwe zu einer Zeit, in der das Untergeschoß des ehemaligen Wehrturms mit handgemaltem Schild »Kantor« als Wechselstube ausgewiesen war. Viel Kundschaft bei offener Tür und eine Schiefertafel neben dem Eingang, auf der, stündlich verändert, der amerikanische Dollar im Verhältnis zur Landeswährung teurer und teurer wurde, gaben Zeugnis von der allgemeinen Misere.

»Darf ich?« So begann das Gespräch. Der Witwer wollte nicht nur seine, er wollte auch ihre Astern, den nun einzigen Strauß, bezahlen und zog Scheine aus der Brieftasche, unsicher angesichts der an Nullen so reichen Währung. Da sagte die Witwe mit Akzent: »Nichts dürfen Sie.«

Mag sein, daß ihr Gebrauch der fremden Sprache dem Verbot zusätzliche Schärfe beimischte, und hätte nicht eine sogleich drangeknüpfte Bemerkung: »Nun ist schöner Strauß doch noch geworden«, das eigentliche Gespräch eröffnet, wäre die zufällige Begegnung zwischen Witwer und Witwe mit dem Kursverfall des Złoty zu vergleichen gewesen.

Er schreibt, es habe, noch während die Witwe zahlte, ein Gespräch über Pilze, besonders über die späten, verspäteten Steinpilze begonnen. Der nicht enden wollende Sommer und milde Herbst seien als Gründe genannt worden. »Doch meinen Hinweis auf die globale Klimaveränderung hat sie einfach verlacht.«

An einem heiter bis wolkigen Novembertag standen beide einander zugewendet, und nichts konnte sie von dem Blumenstand und den Steinpilzen trennen. Er in sie, sie in ihn vergafft. Die Witwe lachte häufig. Ihren akzentuierten Sätzen war Gelächter vor- und nachgestellt, das grundlos zu sein schien, bloße Vor- oder Zugabe. Dem Witwer gefiel dieses ans Schrille grenzende Lachen, denn in seinen Papieren steht: »Wie ein Glockenvogel! Manchmal erschreckend, gewiß, dennoch höre ich sie gerne lachen, ohne nach den Gründen ihrer häufigen Belustigung zu fragen. Mag sein, daß sie über mich lacht, mich auslacht. Aber auch das, ihr lachhaft zu sein, gefällt mir.«

So blieben sie stehen. Oder: so stehen die beiden mir, damit ich mich gewöhne, ein Weilchen und noch ein Weilchen Modell. War sie modisch – er fand »zu modisch aufgedonnert« – gekleidet, gab ihm sein Tweedjackett zur Cordhose ein saloppes Aussehen, passend zur Kameratasche: als Bildungsreisender ein Tourist besserer Sorte. »Wenn nicht die Blumen, darf ich, bitte, dann den Gegenstand unseres gerade begonnenen Gesprächs, einige Steinpilze, diesen hier, den, den und noch den, auswählen und Ihnen zum Geschenk machen? Nicht wahr, sie sehen einladend aus.«

Er durfte. Und sie gab acht, daß er der Marktfrau nicht zu viele Scheine hinblätterte. »Hier alles irre teuer!« rief sie. »Aber für Herr mit Deutschmark billig immer noch.«

Ich frage mich, ob er seine Währung kopfrechnend in Vergleich zu den vielstelligen Zahlen der Złoty-Scheine gebracht und ob er ernsthaft, ihr Gelächter nicht fürchtend, erwogen hat, seinen im Tagebuch notierten Hinweis auf Tschernobyl und die Folgen als nachträgliche Warnung auszusprechen. Sicher ist: vorm Kauf fotografierte er die Pilze und nannte die Firmenmarke seiner Kamera japanisch. Weil er den Schnappschuß schräg steil von oben machte und dabei die Schuhkappen der hockenden Marktfrau ins Bild kamen, zeugt dieses Foto von der erstaunlichen Größe der Steinpilze. Die beiden jüngeren sind im bauchigen Stiel breiter als die hoch gewölbten Hüte; den fleischigen, in sich gewundenen Leib der älteren beschatten breitrandige, wulstig mal nach innen, mal nach außen gerollte Krempen. Wie sie liegend zu viert ihre hohen und weiten Hüte gegeneinander kehren und dabei vom Fotografen so gelegt sind, daß es kaum zu Überschneidungen kommt, bilden sie ein Stilleben. Und wahrscheinlich hat der Witwer einen entsprechenden Kommentar gegeben; oder war sie es, die »Schön wie Stilleben« gesagt hat? Jedenfalls fand die Witwe in ihrer Umhängetasche ein Einkaufsnetz für die in Zeitungspapier eingeschlagenen Pilze, zu denen die Marktfrau ein Bund Petersilie legte, als Zugabe.

Er wollte das Netz tragen. Sie hielt fest. Er bat darum. Sie lehnte ab: »Erst schenken und dann schleppen noch.«

Ein kleiner Streit, dieses Hin und Her, wobei der Inhalt des Netzes keinen Schaden nehmen durfte, hielt das Paar an Ort und Stelle, als hätten beide ihren Treffpunkt nicht aufgeben, noch nicht aufgeben wollen. Mal nötigte er ihr, dann wieder sie ihm das Netz ab. Auch die Astern sollte er nicht tragen dürfen. Gut eingespielt, wie seit langem einander vertraut, stritt das Paar. In jeder Oper hätten sie ihr Duett singen können, schon wüßte ich, nach wessen Musik.

Und an Zuschauern fehlte es nicht. Stumm sah die Marktfrau zu. Ringsum war alles Zeuge: der achteckige Wehrturm, dessen neuester Untermieter, die gedrängt volle Wechselstube, seitlich die breit gelagerte, wie von Dünsten geblähte Markthalle, düster Sankt Nikolai, die Bauersfrauen benachbarter Marktstände und mögliche Kundschaft; denn zwischen all dem staute und entzerrte sich ärmlich ein nur der alltäglichen Not gehorchender Menschenauftrieb, dessen knappes Geld stündlich an Wert verlor, während Witwe und Witwer einander wie Zugewinn verrechneten und nicht voneinander lassen wollten.

»Nun muß ich gehn noch woanders.«

»Wenn ich Sie, bitte, begleiten dürfte.«

»Na, ist bißchen weit weg.«

»Es wäre mir eine Freude, wirklich ...«

»Aber auf Friedhof muß ich ...«

»Wenn ich nicht allzusehr störe ...«

»Na, gehn wir schon.«

Sie trug den Asternstrauß. Er trug im Einkaufsnetz die Pilze. Er hager vornübergebeugt. Sie mit kurzen, hart aufstoßenden Schritten. Er, zum Stolpern neigend, leicht schleppend und gut einen Kopf größer als sie. Sie waschblauäugig, er weitsichtig. Ihr in Richtung Tizianrot geschöntes Haar. Sein graumeliertes Oberlippenbärtchen. Sie nahm den Geruch ihres vorlauten Parfüms mit, er die leise Widerrede seines Rasierwassers.

Beide verschwanden im Gedränge vor der Markthalle. Nun war auch des Witwers Baskenmütze weg. Kurz vor Schlag elf von Sankt Katharinen herab. Und ich? Ich muß dem Paar hinterdrein.

[...]

Um den weiteren Weg der beiden zum Friedhof abzukürzen: Rauchend führte die Witwe den Witwer aus der Stadt über eine Brücke, die, seit Niederlegung der Befestigungswälle und dem Bau des Hauptbahnhofs, alle von Danzig oder Gdańsk nach Westen führenden oder aus westlicher Richtung nach Gdańsk oder Danzig laufenden Eisenbahngleise überwölbt. Da in des Witwers Notizen polnische und deutsche Schreibweisen willkürlich wechseln, folge ich seinen unentschlossenen Benennungen, sage nicht Brama Oliwska, sondern: Die Witwe führte ihn aus der Stadt hinaus zur Straßenbahnhaltestelle Olivaer Tor, dann auf der links abzweigenden Chaussee nach Kartuzy den sanft anhebenden Hagelsberg hinauf bis zur Tankstelle für bleifrei tankende Touristen, der gegenüber ein alter, von Buchen und Linden verschatteter Friedhof liegt, der vormals den Kirchgemeinden Heiliger Leichnam, weiter oben Sankt Josef und Sankt Birgitten und am westlichen Rand etlichen freireligiösen Gemeinden diente. Weil schon seit Jahren überfüllt, schien er außer Betrieb zu sein. Kein offenes Tor gab den Zugang frei. Sie liefen den vom Gebüsch durchwachsenen Zaun entlang. Gegenüber dem auf ansteigender Wiese benachbarten Soldatenfriedhof mit Ehrenmal der Roten Armee, auf dessen Vorfeld ein Dutzend Halbwüchsige Fußball spielten, wußte die Witwe ein Loch im Zaun.

Und dann – kaum standen sie unter Bäumen und zwischen überwucherten Einzel- und Doppelgräbern – stellte sich der Witwer förmlich der Witwe vor: »Gestatten Sie, daß ich mich Ihnen, natürlich viel zu spät, bekannt mache: Alexander Reschke mein Name.«

Ihr Lachen brauchte Zeit und muß auf ihn, zumal zwischen Grabreihen, deplaziert gewirkt haben, erklärte sich aber, als nun sie, immer noch lachend, gleichzog: »Alexandra Piątkowska.«

In Reschkes Kladde ist mit dieser Eintragung die Fügung besiegelt. Was hilft es, wenn seinem nur berichtenden Mitschüler – man wird uns als Untertertianer in eine Schulbank gezwängt haben – dieser Gleichklang zu stimmig ist, passend allenfalls für ein Singspiel nach berühmtem Vorbild, geeignet für Märchenfiguren, doch nicht für dieses vom Zufall verkuppelte Paar; es muß dennoch bei Alexander und Alexandra bleiben, schließlich ist es deren Geschichte.

Doch auch den Witwer und die Witwe, wie ich sie bisher nannte, selbst wenn ihnen nicht bewußt sein konnte, daß sie einander verwitwet zugelaufen waren, wird die Distanzlosigkeit der Vornamen erschreckt haben. Auf Eigenständigkeit aus, suchte Alexandra Piątkowska ihren Weg zwischen Gräberfeldern. Sie verschwand hinter Grabsteinen, tauchte wieder auf, war abermals weg, entfernte sich; und Alexander Reschke hielt gleichfalls Abstand. Wo Herbstlaub raschelte, schlurfte er auf bemoosten Wegen. Seine Baskenmütze verdeckt, wieder da. Wie ziellos zögerte er vor diesem, vor jenem Grabstein: viel Diabas und auf Hochglanz polierter Granit, wenig Sandstein, Marmor und Muschelkalk.

Alle Steine sagten unter polnischen Namen Sterbedaten ab Ende der fünfziger Jahre auf, nur jene zahlreichen, in einem abseits liegenden Feld gereihten Kindergräber nicht, die auf das Seuchenjahr '46 datiert waren: Holzkreuze und Kissensteine. Die Stille unter den Friedhofsbäumen ließ sich durch das entfernte Geschrei der Fußball spielenden Halbwüchsigen nicht aufheben, sogar die Geräusche der Tankstelle blieben ausgesperrt. Ich lese: »Hier wurde mir das Wort Friedhofsruhe wieder bewußt.«

Dennoch war Alexander Reschke auf Suche. Er fand am Rand des Friedhofs zwei schiefstehende Steine, später zwei weitere, gänzlich verkrautet, und hatte Mühe, ihnen irgendwas abzulesen. Mit weit zurückliegenden Sterbedaten – Anfang der zwanziger bis Mitte der vierziger Jahre – und mit Inschriften über den Namen – »Hier ruht in Gott«, »Der Tod ist das Tor zum Leben« oder »Hier liegt unsere liebe Mutti und Omi« – erinnerten sie an die Vorvergangenheit der Friedhofsanlage. Reschke notiert: »Auch diese Steine aus üblichem Material: Diabas und schwarzschwedischer Granit.«

Für ein Weilchen lasse ich ihn bei den übriggebliebenen Steinen. Frau Piątkowska wird inzwischen den Strauß Astern am Grab ihrer Eltern in eine Vase gestellt haben. Dieser Doppelgrabstelle sage ich nach, daß sie, buchsbaumumrandet, weniger überwuchert ist als die benachbarten Grabstellen. Der Vater starb '58, die Mutter '64. Beide sind keine siebzig Jahre alt geworden. Auf allen Feldern kann ich Allerseelen-Betrieb beobachten: hier und da bezeugen Windlichter an Grabstellen Besuch, der wieder gegangen ist.

Doch Witwe und Witwer hatten keinen Blick frei.

»War bei Mama und Papa. Was mein Mann ist gewesen, liegt auf Waldfriedhof Sopot.« Das sagte Alexandra Piątkowska, als sie sich neben Alexander Reschke stellte, den die übriggebliebenen Grabsteine um die Gegenwart gebracht hatten; die Stimme seitlich hinter ihm wird ihn vielleicht erschreckt, jedenfalls zurückgeholt haben.

Wieder das Paar. Weil sie sich als Witwe zu erkennen gegeben hatte, hätte nun er vom Tod seiner Frau sprechen müssen und gleichfalls vom frühen, zu frühen Tod der Eltern, doch trug er seinen Berufsstand nach, gab sich als Doktor der Kunstgeschichte und Professor mit Lehrtätigkeit im Ruhrgebiet zu erkennen, wollte, um gründlich zu sein, das Thema seiner vor Jahrzehnten abgeschlossenen Doktorarbeit, »Grabplatten und Epitaphien in den Danziger Kirchen«, nicht verschweigen und datierte jetzt erst, unvermittelt, den Tod seiner Frau: »Edith starb vor fünf Jahren.«

Die Witwe schwieg. Dann trat sie näher, noch einen Schritt näher an die schiefstehenden Grabsteine heran, die dem Witwer bemerkenswert gewesen waren. Plötzlich und für den Ort zu laut entlud sie sich: »Schande für Polen ist das! Haben weggeräumt alles, wo bißchen stand deutsch drauf. Hier und überall. Auch auf Waldfriedhof. Haben Tote nicht ruhen lassen gewollt. Einfach plattgemacht alles. Bald nach Krieg schon und später. Schlimmer wie Russen noch. Und das nennen sie Politik, Verbrecher diese!«

Wenn ich Reschkes Notizen folge, versuchte er, die laut gewordene Witwe zu beruhigen, indem er den Einmarsch in Polen, die Konsequenzen des Krieges und den allseits überbetonten Nationalismus als Gründe in etwa dieser Reihenfolge nannte: Natürlich grenze das Auslöschen von Friedhöfen an Barbarei. Auch ihn, das müsse er zugeben, stimme der Anblick solch vergessener Grabsteine wehmütig. Gewiß wünsche man sich humaneren Umgang mit Toten. Schließlich sei das Grab des Menschen letztgültiger Ausdruck. Doch immerhin habe man die Grabplatten über den Gräbern deutschstämmiger Patriziergeschlechter in allen Hauptkirchen, auch in der Hospitalkirche zum Heiligen Leichnam, vor Vandalismus weitgehend geschützt. Nein, nein, er verstehe ihren kaum zu beschwichtigenden Zorn. Durchaus vertraut sei ihm der Wunsch, die Gräber der nächsten Angehörigen in gutem Zustand zu wissen. Bei seinem ersten Nachkriegsbesuch in Gdańsk – »Das war im Frühjahr '58, als ich an meiner Doktorarbeit saß« – habe er das Grab der Großeltern väterlicherseits auf den einst Vereinigten Friedhöfen besuchen wollen. Ja doch, schrecklich sei es gewesen, einen wüsten, wie vom Mutwillen heimgesuchten Ort vorzufinden. »Dieser Anblick! Glauben Sie mir, Frau Piątkowska, ich begreife Ihre Empörung. Mir allerdings war nur Trauer möglich, die sich durch mittlerweile geschichtlich gewordene Tatsachen relativiert hat. Schließlich ist diese Barbarei zuallererst von uns begangen worden. Ganz zu schweigen von all den anderen unsäglichen Untaten ...«

Das Paar schien gemacht für solche Gespräche. Er beherrschte den hohen Ton gehobener Sprache; sie konnte glaubhaft in Wut geraten. Unter hochragenden, allen politischen Wechselfällen entwachsenen Buchen und Linden, die ihr Laub fallen ließen, und angesichts der beiden schiefstehenden Grabsteine waren sich Witwe und Witwer einig, daß irgendwo und ganz gewiß auf Friedhöfen die verfluchte Politik aufhören müsse. »Sag' ich ja«, rief sie, »mit Tod hört Feind auf, Feind zu sein.«

Sie nannten einander Herr Reschke und Frau Piątkowska. Nach jeweiligem Bekenntnis entspannt, bemerkten sie plötzlich, daß nah und fern weitere Friedhofsbesucher mit Blumen und Windlichtern ihrer Toten gedachten. Und jetzt erst sagte die Witwe, was wörtlich die Kladde des Witwers festgehalten hat: »Natürlich wollten Mama und Papa viel lieber auf Friedhof in Wilno zu liegen kommen und nicht hier, wo fremd war alles und ist geblieben fremd.«

War das schon der zündende Satz? Oder blieb ihr Friedhofsgespräch weiterhin von abgeräumten Grabsteinen beschwert? [...]

Sie nahmen die Straßenbahn und fuhren am Hauptbahnhof vorbei bis zum Hohen Tor, das Brama Wyżynna heißt. Alexandra Piątkowska wohnte in der ul. Ogarna, die, rechter Hand und parallel zur Langgasse, dem Verlauf der ehemaligen Hundegasse folgt. Diese Gasse, die wie die übrige Stadt gegen Kriegsende bis auf Fassadenreste niederbrannte, wurde im Verlauf der fünfziger Jahre täuschend getreu wieder aufgebaut und verlangt, wie alle Haupt- und Nebengassen der auferstandenen Stadt, nach einer gründlichen Restaurierung: so mürbe bröckelt von den Gesimsen der Stuck. Reschke sah blasigen Putz abblättern. Vom Hafen her wehende Schwefeldünste hatten alle steingehauenen Giebelfiguren entstellt. Vor der Zeit gealtert. An einige besonders hinfällige Fassaden gelehnt, standen schon wieder Gerüste. Ich lese: »Dieser viel bewunderten, aufwendig fortwährenden Täuschung ist kein Ende gesetzt.«

Da Wohnungen im historischen Bereich der Alt- und Rechtstadt begehrt waren und nicht ohne Parteilichkeit vergeben wurden, wird der Piątkowska ihre bis Anfang der achtziger Jahre aufrechterhaltene Mitgliedschaft in der Polnischen Vereinigten Arbeiterpartei und mehr noch ihre Tätigkeit als mit Verdienstorden dekorierte Restauratorin nützlich gewesen sein. Sie wohnte dort seit Mitte der siebziger Jahre. Zuvor hatte sie mit ihrem Sohn und ihrem Mann, bis zu dessen vorzeitiger Pensionierung – »Jazek war bei Handelsmarine« –, zwei Zimmer in einer Neubausiedlung zwischen Sopot und Adlershorst, dem heutigen Orłowo, bewohnt, weshalb ihr ein langer Arbeitsweg zu den Werkstätten der Innenstadt vorgeschrieben war; verständlich, daß sie bei der Partei Beschwerde führte. Als langjähriges Mitglied – sie gehörte schon '53, bei den Weltjugendfestspielen in Bukarest, dazu – glaubte sie, nahegelegenen Wohnraum beanspruchen zu können. Damals befanden sich die Ateliers der Restauratoren und Vergolder im Grünen Tor, einem Renaissancegebäude, das die Langgasse und den Langen Markt in östlicher Richtung zum Fluß, zur Mottlau hin, abschließt.

Wenige Jahre nach dem Umzug in die Hundegasse starb ihr Mann an Leukämie. Und als sich Witold, der spät geborene einzige Sohn, gleich zu Beginn der achtziger Jahre – kaum hatte der General das Kriegsrecht ausgerufen – nach Westen absetzte, um in Bremen zu studieren, war die Witwe in der vormals engen, nun geräumigen Dreizimmerwohnung allein, aber nicht unglücklich.

Dem Doppelhaus ul. Ogarna 78/79 hatte die Baugeschichte, wie sonst keinem Haus in der Hundegasse, als Terrasse einen Beischlag zugestanden. Während der Kriegsrechtszeit war zuunterst und hinter eigenem Portal die Regierungsagentur »Polska Agencja Interpress« eingezogen, die nun einen privaten Status suchte. Den geräumigen Beischlag grenzten zur Gasse hin in Sandstein gehauene Reliefs ab: Amoretten mit Amor im Spiel. Reschke beklagte deren Zustand: »Man wünschte sich diese heiteren Zeugnisse bürgerlicher Kultur vor Steinfraß und Moosbefall geschützt.«

Die Wohnung im dritten Stock lag am Ende der Gasse, die wie alle nach Osten laufenden Gassen der Rechtstadt mit einem Tor, dem Kuhtor, zur Mottlau hin ausläuft. Vom Wohnzimmer aus gesehen, standen der schlanke Rathausturm und der stumpfe Turm der Marienkirche im Blick, beide von den Giebeln der gegenüberliegenden Häuserfront im oberen Drittel wie abgeschnitten. Das Zimmer des Sohnes, nun Arbeitszimmer der Piątkowska, öffnete nach Süden hin Aussicht über die Schnellstraße. Dort war im vormals Poggenpfuhl genannten Teil der Vorstadt nur die Petrikirche geblieben. Auch das gleichfalls nach Süden gelegene Schlafzimmer zeigte die Witwe dem Witwer mitsamt angrenzendem Bad. Und in der Küche neben dem Wohnzimmer sagte Alexandra Piątkowska: »Sie sehen, der Herr, ich lebe in Luxus schon, wenn man Vergleich macht mit allgemeine Verhältnisse.«

Warum, verdammt, bin ich mitgegangen? Was zwingt mich, ihm nachzurennen? Und was habe ich auf Friedhöfen oder in der Hundegasse zu suchen? Warum überhaupt sitze ich seinen Spekulationen auf? Vielleicht, weil die Witwe...

In seinen Notizen hat Reschke, gleich nach der Beschreibung der Dreizimmerwohnung, noch einmal rückblickend ihre Augen auf sich wirken lassen: »Unter den Friedhofsbäumen wandelte sich das Waschblau ihres Blicks zum Lichtblau, wobei die strahlende Helligkeit durch schwarze, ich meine, zu schwarz getuschte Wimpern gesteigert wurde. Als wirr stehende Spieße umzäunten sie die oberen, die unteren Augenlider. Dazu vielfach verästelte Lachfalten...« Und dann erst zitierte er seine Angaben zu westlichen Wohnverhältnissen: »Auch ich bewohne nach dem Tod meiner Frau – es war Krebs – und seitdem die Töchter außer Haus sind, eine allerdings geräumige Dreizimmerwohnung von studioartigem Zuschnitt, freilich in einem unansehnlichen Neubau mit wenig imposantem Ausblick. Eine Industrielandschaft, die von relativ viel Grünfläche aufgelockert wird...«

Hier unterbrach bis in die Küche hinein das langanhaltende und tragisch klingende Glockenspiel vom Rathausturm her ihren westöstlichen Wohnungsvergleich; sie werden noch oft so einprägsam unterbrochen werden. Nach letztem Ton kommentierte die Witwe: »Bißchen laut. Aber gewöhnt man sich an Gebimmel.«

Aus seiner Kladde weiß ich, daß sie ihm zum Petersiliehakken eine Küchenschürze umgebunden hatte. Sie putzte die vier dickbauchigen, breitkrempig und bucklig beschirmten Steinpilze, deren Stiele weder holzig noch wurmstichig waren. Wenig Abfall: außer dem moosigen Unterfutter der Pilzhüte geringe Schneckenfraßspuren. Dann bestand er darauf, ihr beim Kartoffelschälen zu helfen. Das gehe ihm, weil seit dem Tod seiner Frau geübt, leicht von der Hand.

[...]

Zuerst wollte die Witwe den wachstuchbezogenen Küchentisch decken: »Essen wir hier schon. In Küche ist immer gemütlich«, dann sollte es doch das Wohnzimmer sein. Möbel der sechziger Jahre, einige Stücke rustikal. Die Couch mit zwei Sesseln. Das überladen leicht schief stehende Büchergestell. An den Wänden gerahmte Reproduktionen altflämischer Meister, aber auch ein gespenstischer Ensor: Christi Einzug in Brüssel. An einem Pinnbrett Fotos: die Porta Nigra, das Rathaus von Antwerpen, die Zunfthäuser. Zwischen Krimis und Romanen der polnischen Nachkriegsliteratur stehen sperrig nautische Bände. Den Tisch deckt kaschubisches Leinen mit gesticktem Tulpenmuster. Die Fotos auf dem verglasten Geschirrschrank zeigen den Mann der Witwe in Marineuniform, sie und ihren Mann auf dem Zoppoter Seesteg und Mutter und Sohn vorm Portal der Olivaer Schloßkirche: die Mutter lachend mit, wie Reschke schreibt, »Sternchenaugen«, der Sohn mürrisch verschlossen, der Offizier im Verwaltungsdienst der Handelsmarine schaut gleichmütig drein.

»Na, sehen Sie«, sagte die Piątkowska beim Auftragen der dampfenden Schüsseln, »mein Mann war noch höher raus bißchen. Fast zweimal Kopf größer.«

Etwas zu lange verlor sich der Witwer in Betrachtung der Seestegfotos. »Nun kommen Sie schon, sonst wird kalt.«

Sie saßen einander gegenüber. Eine Flasche bulgarischer Rotwein wurde leer. Die Witwe hatte zum Schluß Sahne an die Pilze gerührt, das Ganze leicht gepfeffert und die gehackte Petersilie über die mehlig zerfallenen Salzkartoffeln gestreut. Beim Nachgießen hat Reschke gekleckert. Der verlachte Rotweinfleck. Salz drüber. Wiederum das elektronische Rathausglockenspiel: tragisch heroisch. »Ist nach berühmtes Poem von Maria Konopnicka«, sagte die Witwe. »Wir lassen von Erde nicht, woher stammt unser Geschlecht...«

Von den Pilzen durfte nichts übrigbleiben. Und erst beim Kaffee in Mokkatäßchen, grützig, wie ihn die Polen lieben, holte das Friedhofsgespräch den Nichtraucher, die Raucherin wieder ein.

Anfangs nur Schulgeschichten. Wilno wog schwer: »Durften nicht Schüler in Lyzeum sein. Haben abgeholt meine Freundinnen beide. Und Papa hat Zuckerfabrik verloren...«

Dann erst schob Reschke einen eher banalen Zufall wie ein Geständnis ein: Er habe mit Eltern und Brüdern schräg gegenüber in der Hundegasse gewohnt, in dem schlicht gegiebelten Haus ohne Beischlag, genauer, in dessen Original. Der Vater sei Postbeamter gewesen, schon während der Freistaatszeit. Nur zweimal um die Ecke habe er in der Hauptpost seinen Schreibtisch gehabt. »Übrigens war das Familiengrab meiner Großeltern väterlicherseits, gelegen im Mittelfeld der Vereinigten Friedhöfe, damals schon meinen Eltern vorbehalten...«

»Wie bei Mama und Papa!« rief die Witwe. »Die wußten immer, wo auf Friedhof in Wilno letztes Plätzchen wird sein...«

Und jetzt erst klickte es, fiel der Groschen, wurde, ohne Schmerz, ein Gedanke geboren, gelang es dem Witwer und der Witwe, eine Idee abzustimmen, deren einfache Melodie sich als Ohrwurm erweisen sollte, so allgemein menschlich schmeichelte sie auf polnisch, auf deutsch.

Es muß ein langes Gespräch bei immer neu aufgebrühtem Kaffee gewesen sein, das nach mehrmaligem Anhören des benachbarten Glockenspiels »kurz vor Schlag neun« diese Idee entfacht, zu ihrer Idee erklärt und schließlich zur völkerversöhnenden Idee gewölbt hat. Sie war zur Begeisterung fähig, er nahm sein Thema, »Das Jahrhundert der Vertreibungen«, zum Anlaß und zählte die Hunderttausende auf, die vertrieben oder zwangsumgesiedelt wurden, alle, die hätten flüchten müssen, Armenier und Krimtataren, Juden und Palästinenser, Bengalen oder Pakistani, Esten oder Letten, die Polen und schließlich die Deutschen mit Sack und Pack Richtung Westen. »Da blieben viele auf der Strecke, Tote ungezählt. Typhus, Hunger, die Kälte. Millionen. Niemand weiß, wo sie liegen. Verscharrt am Straßenrand. Einzel- und Massengräber. Oder nur Asche blieb. Die Todesfabriken, der Völkermord, das noch immer unfaßbare Verbrechen. Deshalb sollten wir heute, an Allerseelen ... «

Dann sprach Reschke vom Bedürfnis des Menschen, zuletzt dort zur endlichen Ruhe zu kommen, wo er vor Flucht oder erzwungener Umsiedlung seinen Ort gehabt, vermutet, gesucht und gefunden, wiedergefunden, schon immer, von Geburt an gehabt habe. Er sagte: »Was wir Heimat nennen, ist uns erlebbarer als die bloßen Begriffe Vaterland oder Nation, deshalb haben so viele, gewiß nicht alle, doch mit dem Älterwerden eine wachsende Zahl Menschen den Wunsch, sozusagen zu Haus unter die Erde zu kommen, ein Wunsch übrigens, der zumeist bitter unerfüllt bleibt, denn oft stehen die Umstände diesem Verlangen entgegen. Wir aber sollten von einem Naturrecht sprechen. Im Katalog der Menschenrechte müßte endlich auch dieser Anspruch verbrieft sein. Nein, nicht das von den Funktionären unserer Flüchtlingsverbände geforderte Recht auf Heimat meine ich – die uns eigentümliche Heimat ist schuldhaft und endgültig vertan worden –, aber das Recht der Toten auf Heimkehr könnte, sollte, dürfte angemahnt werden!«

Ich vermute, daß Professor Dr. Reschke diesen Vortrag sowie weitere Gedanken über den Tod und des Menschen letzte Liegestatt beim Auf- und Abgehen und wie vor größerem Auditorium entwickelt hat. Er neigte dazu, erst nach längerer Rede zur Sache zu kommen, wobei er kaum ausgesprochene Kühnheiten sogleich wieder fragwürdig werden ließ.

Sie nicht. Alexandra Piątkowska wollte die Sache auf den Punkt gebracht sehen. »Was soll heißen das, könnte, sollte, dürfte! Ist schöne Konjunktiv. Hab' ich gelernt schon. Aber besser ist: Kann, soll, darf! Wir werden machen sofort das. Und werden sagen laut, wo Politik aufhört und Mensch anfängt, nämlich wenn tot ist und nichts mehr in Tasche hat, nur letztes Wunsch noch, wie hat Mama gesagt und Papa, bis zu End' ging, weil sie sind fremd geblieben, auch wenn Mama bei Ausflug in kaschubische Berge hat gerufen manchmal: Hier ist schön wie zu Haus!«

[...]

Reschke wird schon auf dem Markt, spätestens auf dem Friedhof die Piątkowska nach den Ursachen ihrer Deutschkenntnisse gefragt haben, verbunden natürlich mit Komplimenten. Genaue Hinweise gibt seine Kladde erst später: »Die Mutter nicht, aber der Vater hat Deutsch gesprochen. Neben Kunstgeschichte war ihr in Poznań als Zweitstudium Germanistik möglich. Und ihr Mann, der zudem fließend Englisch gesprochen haben soll, muß wie ein Pauker gewesen sein: ›Hat jeden Fehler verbessert, so war der!‹ Witold, ihr Sohn, habe davon profitiert. Nur rede der, sagt Alexandra, viel zu kompliziert. Das könne man ihr nicht nachsagen. Stimmt. Schließlich ist nicht zu überhören, daß meiner gegen Devisen exportierten Vergolderin etliche Auslandsaufenthalte hilfreich gewesen sind. Sie sagt: ›Drei Monate Köln, vier Monate Trier, da bleibt jedesmal hängen was.‹ Sogar Kölsche Karnevalsschlager sang sie kürzlich, als wir, um Tonbandaufnahmen zu machen, ins Werder fuhren.«

Das war später, als ihre Idee schon wie selbsttätig um sich griff. Doch als es nach erstem Anlauf um das Recht der Toten ging, wurde der Piątkowska die Sprache knapp. Zwischen polnischen Ausrufen drängten sich ihre von Artikeln befreiten Sätze und Nebensätze: »Muß letzter Liegeplatz Heiligkeit haben ... Wird sein Versöhnung endlich ... Hab' gelernt deutsches Wort: Friedhofsordnung ... Niemiecki porządek! Na, machen wir deutsch-polnische Friedhofsordnung ... Wo wir müssen lernen schon, daß nicht polnische Wirtschaft darf sein, nur deutsche noch.«

Ich vermute eine zweite Flasche bulgarischen Rotwein, die sich im Küchenschrank der Witwe fand. Jedenfalls verbürgt Reschkes Tagebuch wiederholtes Lachen der Piątkowska. Schon begann er, ihre Lachfalten zu zählen: »Dieser Strahlenkranz!« Zwar ging es, kaum war die Idee flügge, nur noch um Begräbnisinstitute, fristgerechte Bestattungen, Leichentransport und zu erwartende Schwierigkeiten beim Überführen der Särge und Urnen, doch fand Alexandra all das und auch den Namen ihrer gemeinsamen Idee, den Alexander vorgeschlagen hatte, ein Gelächter, ihr Glockenvogelgelächter wert.

Sein Vorschlag hieß: »Polnisch-Deutsche Friedhofsgesellschaft.« Sie hielt, »weil Deutsche sind reich und müssen immer sein erste«, ihren Gegenvorschlag, »Deutsch-Polnische Friedhofsgesellschaft«, für wirksamer.

Schließlich einigte sich das Paar, weil Wilna mitbedacht sein mußte, auf die Mittellage der Reichen und Ersten: die Polnisch-Deutsch-Litauische Friedhofsgesellschaft, bald PDLFG genannt, wurde am 2. November des Jahres 1989 zwar nicht gegründet, aber doch ausgerufen; noch fehlten als notwendiges Zubehör weitere Gründungsmitglieder, ein Gesellschaftervertrag, die Satzung und Geschäftsordnung, der Aufsichtsrat und – weil auf dieser Welt nichts umsonst ist – das Gründungskapital samt Kontonummer.

Angenommen, es war kein weiterer Rotwein im Haus, auch Wodka nicht, dann fand sich bestimmt in einer Flasche, wie aufgespart, ein Rest Honiglikör – grad zwei Gläschen voll. Damit stießen sie an. Er will einen polnischen Handkuß versucht haben. Sie hat nicht gelacht. Dann ging der Witwer, nachdem ihn die Witwe verabschiedet – »Nun werden wir überschlafen alles« – und zum ersten Mal namentlich angesprochen hatte: »Nicht wahr, Alexander?«

»Ja, Alexandra«, sagte er in der Tür, »das werden wir, alles gut überschlafen.«

Volker Braun

# Gdańsk

Meine mögliche Heimat
Deren Milch mich nicht wusch
Die habe ich nicht verloren:
Hier lande ich glücklich an
An Portalen und Spindeltreppen
Quer aus kaschubischer Kornsteppe
In die Langgassen, und lege ankernd
Meine Glieder in die steinernen
Höfe

Wo die Schmalhäuser ragen
Filmkulissen, unwirklich
Vor dem blassen Himmel, die berühmten
Giebelketten fabrikneu en gros
Um den Hals der Stadt montiert
Koloriertes Märchen –
Welche Laute hier, welch Volk
Von Prinzen und Segelstickern
Und woher die verwunschene
Küste geschwemmt?

An den alten Fleck:
*Rechtstadt, Fischmarkt, Königlicher Weg*
Gegen das aufräumende Meer
Gebaut mit Zartsinn
*Der Welt vier schönsten* (Humboldt)
*Städte eine,* Danzig, deutsch
Bis in die Schlüssellöcher, sich selber
Aus dem Gesicht geschnitten, unglaublich
Und steinhart:

Gdańsk. Und hinter den Wänden
Seh ich, selber betroffen
Zerschmettert alles, und laufe

Zurück in den rauchenden Schutt, Feuer
Auf meinen Händen, im Nacken
Schüsse, unter den Knien der Donner der Küste.
Und die Front schließt sich um meine Brust.
Und Wand um Wand stürzt die
Stadt in die Geschichte.

182 Männer
Major Henryk Sucharski
Vergraben in die Westerplatte
Zerbomt sieben Tage, länger
Standhaltend als ganz Polen, gegen die
Grölende Stadt. *Wenn doch*
*Rückkehrte unsres Sarmatiens goldene*
*Zeit!* (König Zygmunt August-Statue.
Zerschossen.)

Und die Fassaden wirklich
Und leuchtend, seh ich, gebaut
Gegen die aufräumende
Zeit, mit Zartsinn
Von herlaufenden Polen. Die haben sich
Den Fleck erworben endlich
Eine Heimat

Möglich für manchen und mich.
Ich gehe plötzlich
Am Grunde des Märchens
Das ich sage, in der zukünftigen Welt
Aus Arbeit vieler. Jedem gehörig
Ihr Glanz, und lege die Hand an den Stein
Und die Glieder in die schattenden Zimmer
Und rede zu vielen
Mit einer männlichen Freude.

Aleksander Jurewicz

# Morgen, *zautra*

Morgen mußt du wegfahren von hier...

Morgen, *zautra* – du wiederholst die Worte, sie verlieren sich irgendwo und kehren bald darauf mit wachsendem Schmerz und Leid wieder, mit Unsicherheit und Angst, wie ein ungewolltes Echo.

Du blickst in die Ferne, und deine Augen sind trocken.

Es ist noch früh am Abend. Von den Feldern und Wiesen weht herbstliche Kühle, und der Nebel senkt sich auf die Erde. Der Gesang der Frauen, die auf dem Kolchosacker Kartoffeln ausgraben, ist verstummt. Der dumme Antośka treibt die letzten Kühe heim, laut mit der langen Peitsche knallend.

Langsam verstummt der Tag, und nur Cygan, der Hund, winselt bisweilen an der Kette, als wollte er jemanden rufen oder als käme er mit den Flöhen auf seinem zottigen Rücken nicht zurecht. Die Hühner sind eingeschlafen, die Katze kehrt mit einer toten Maus zwischen den Zähnen aus dem Garten zurück.

In der Luft hängt der Geruch der Mottenkugeln aus dem Schrank, den man vor kurzem aus dem Haus trug.

Das Tor hat geknarrt. Herr Szabatowicz nähert sich unserem Haus, seine Hosentasche ist ausgebeult, und ein Flaschenhals guckt heraus. »Ihr fahrt also.« Er legt seine grobe Hand auf meinen gestern geschorenen Kopf. »Was sein muß, muß sein«, meint er und streift die Schuhe an den Birkenzweigen ab, die vor der Schwelle liegen.

Als er in die Diele trat, hörte man Tellerklirren, den Fetzen eines Lieds, das Papa sang, das Gluckern des Selbstgebrannten, des Samogon, der in die Gläser gegossen wurde. Es roch nach gebratenem Speck und Zwiebeln.

Jemand fuhr mit dem Fahrrad am Zaun entlang, und das eingerissene Schutzblech klapperte.

Die nahegelegene Kirche überzog sich mit bläulichem Dämmer, irgend etwas meldete sich mit kurzem Stöhnen, als gäbe der Glockenturm vor dem Einschlafen einen tiefen

Seufzer der Erleichterung von sich oder verjagte die Trugbilder vor dem Schlaf; man konnte es sehen, wenn man die Augen anstrengte bis zum Schmerz – wie das Licht eines Johanniskäferchens, wie die Öllampe, die am Tabernakel brennt. Durch den Hof flog eine Fledermaus, wie ein vertrocknetes Blatt, auf dem Dachboden nisteten einige dieser Tiere, in einer stillen Nacht konnte man ihr Flattern hören, abwechselnd mit dem Treiben der Ratten, die langsam in ihr Winterquartier umzogen; die Holzdecke dröhnte immer häufer, daß es schien, als würden sie jeden Moment in großer Schar ins Zimmer fallen; nur Großvater und Papa fürchteten sich nicht, auf den Dachboden zu gehen, um Äpfel oder einen versteckten Krug mit Samogon zu holen.

Du gingst in die düstere Diele, über den Eimer gebeugt berührtest du mit dem Gesicht das Wasser und nahmst ein paar kalte Schlucke, bis der Schmerz in den Zähnen bohrte.

Durch den Lärm der Küche drang die Stimme des schwerhörigen Großvaters Stefan, der, halb taub aus dem Gefängnis von Lida heimgekehrt, trotzdem nicht in die Kolchose eingetreten war. Opas Stimme erhob sich über die anderen Stimmen, er sang ein Lied, wobei er die Melodie verwechselte und den Text durcheinanderbrachte; und dieser Gesang klang, als wollte Großvater damit ein ohnmächtiges Klagen oder Seufzen übertönen. Ich hörte, daß es Oma nicht gelang, dieses Konzert für ein taubes Ohr zum Verstummen zu bringen.

Draußen hatte die Dunkelheit schon die Erde, den Garten und das benachbarte Pfarrhaus überflutet.

Morgen, *zautra* ... Durch die Kühle des Körpers rumorten die Wörter in dir, an die du dich nicht gewöhnen, mit denen du dich nicht anfreunden konntest, und die Angst wurde immer größer, der Kummer immer stärker, und die ohnmächtige Verzweiflung, die du nicht fassen, nicht begreifen, nach der du niemanden fragen konntest. Etwas würgte in der Kehle, als wäre ein Eiszapfen vom letzten Winter darin stekkengeblieben, die Augen wurden schwerer, aber nicht vom Betrachten der Sterne am Himmel.

Morgen, *zautra* ... Etwas rumorte schwer da drinnen, als würden dich Czesiek, Janek, Marynka und Walerka wieder an den Boden drücken wie vor zwei Tagen am Fluß.

Da öffnete jemand die Haustür, und an den Schritten erkanntest du Oma Malwina.

»Alik, wo steckst du, es ist Zeit, heim zu kommen«, rief sie.

Und da platzte alles, die Sterne blitzten plötzlich in den Augen auf und stachen, als hätten sie sich in die Glasscherben einer an Steinen zerschlagenen Flasche verwandelt, die Kälte verwandelte sich in heißen Schweiß, und aus der zugeschnürten, schmerzenden Kehle kam das, was du ihnen schon lange hattest sagen, herausschreien, herausstampfen wollen in deiner kindlichen Auflehnung, aber es war nur ein leises, halb ersticktes Winseln: »Oma, Babuschka, ich will nicht nach Polen! Will nicht, will nicht! . . .« Und du schmiegtest dich an Omas nach Fett riechende Schürze – als wäre sie der Lokomotivführer des Zuges von morgen, als stünde es in ihrer, allein in ihrer Macht, all das zu ändern.

[. . .]

. . . Du hast sie gesehen, in der Ecke des Zimmers aufgetürmt, direkt beim Ofen, auf dem Großvater schlief, die für die Reise zurechtgelegten Sachen: die Nähmaschine des Vaters, eingehüllt in eine orangerote Leinendecke, die Oma gewebt hat, den braunen Koffer, an den das Bild der Muttergottes von Wilna gelehnt ist, den Weidenkorb, das zusammengebundene Federbett. Und sie, die schon immer traurige Muttergottes von Wilna, ist irgendwie noch trauriger, als wollte auch sie nicht verreisen, als hätte auch sie es nicht besonders eilig nach Polen; schließlich hatte sie's hier mal so mal so: gut und schlecht, kühl und warm, traurig und heiter, in Begleitung einer brennenden Kerze am Fenster aufgestellt, beschützte sie vor den Stürmen im Sommer, hörte sich Omas Gebete und Opas Geschimpfe auf die Russen an, half durch ihre Anwesenheit und beschützte – und jetzt steht sie da, an den Koffer gelehnt, und wartet auf das Zeichen zum Aufbruch, kann keinen Schritt tun, in keine Richtung, blickt auf den weißen Fleck an der Wand, den sie hinterlassen hat, auf dem noch der Schatten ihres geheimnisvollen Lächelns liegt, als wüßte sie schon alles, was uns erwartet und uns begegnen wird, Papa, Mama, mir, diesem Etwas, das mit jedem Tag im Bauch von Mama wächst, Oma, Opa, den Tanten und den

Onkeln, der ganzen Erde und allen, die auf ihr leben. Und vor Entsetzen über die Zukunft waren ihre Augen immer halb geschlossen, als fürchtete sie sich vor diesen Aussichten und den Tagen, die noch weit vor uns lagen, als kennte sie jede künftige Spur unseres Weges, jeden Stein, über den wir stolpern würden, jede Träne, die aus unseren Augen rinnen würde, jeden Schatten und jeden Glanz, jeden Schweißtropfen, alle Ahnungen und jähen Blendungen.

Auch dich werden sie mitnehmen, obwohl du nirgendwohin fahren willst, und werden dich dorthin bringen, wo du den Himmel nicht kennst, nicht weißt, welche Vögel auf den Bäumen sitzen oder über die Häuser fliegen; vielleicht gibt es auch gar keine Vögel dort, und du wirst nicht das Rauschen der vom Wind gewiegten Blätter hören wie hier auf unserem Ahorn; ja, auch dich bringen sie weg, ohne zu fragen, ob du willst oder nicht ... Polscha, Polen ... Ging's dir denn schlecht an dieser Wand, in diesem Zimmer? Im Sommer wurden die Wände neu gestrichen, das ist genauso, als hätte man dir eine neue Kapelle gebaut; und jetzt haben sie dich in die Ecke gestellt, neben das Reisegepäck, und nur der verrostete Nagel, an dem du hingst, spukt noch an der Wand. Vielleicht verstecken wir uns irgendwo, wo sie uns nicht finden, und sie fahren ohne uns, wenn sie unbedingt fahren wollen? Aber wo könnten wir uns verstecken, damit sie uns auch nach langem Suchen nicht finden, wo denn? Nachts wäre es vielleicht leichter, aber am Tag, wenn immer jemand in der Nähe sein kann ... Die Muttergottes schwieg, regte sich auch nicht, als ein Sonnenstrahl zu scharf ihr Gesicht streifte, verdeckte nicht einmal die Augen mit der Hand, verbarg ihr Gesicht nicht im Tuch.

Aber vielleicht hatten sie es nicht geschafft, wieder auszupacken, als die Nachricht kam, daß man nicht fahren müsse oder daß es keinen Zweck hatte, weil es das Polen dort, wo es gewesen war, nicht mehr gab, weil gestern oder vorgestern etwas passiert war und Polen einfach nicht mehr existierte? Vielleicht waren sie zu den anderen Großeltern nach Pusiawory gefahren, um ihnen zu sagen, daß die Abreise abgesagt worden war, daß wir nicht fahren würden, daß der Briefträger die Benachrichtigung gebracht hatte, daß in diesem Polen kein Platz mehr für uns war?

Ich horchte auf irgendeine Stimme im Haus, wartete auf jemanden, der sagen würde, daß wir doch dableiben, daß wir Oma und Opa, Cygan, den Hund, nicht allein lassen würden, daß diese Packerei, das Abschiednehmen, die Tränen voreilig gewesen seien, daß man den Schrank wieder zurücktragen müsse.

Und die Muttergottes ist wieder an ihrem alten Platz; die Sonne blendet sie nicht mehr, sie hängt an ihrer Wand, nicht mehr in die Ecke gestellt, als wäre sie ungehorsam gewesen, und es scheint, daß sie sogar, ja – sie scheint sogar zu lächeln, das erste Mal, seit ich sie kenne.

[...]

Großvater kam aus der Scheune, blickte zum Himmel und spuckte aus. In der einen Hand hielte er den Hahn, mit dem Kopf nach unten. Der Hahn versuchte sich loszureißen und gluckste flehentlich, denn er hatte schon die blitzende Schneide der Axt in der zweiten Hand des Großvaters bemerkt. Flügelschlagend versuchte er sich herauszuwinden, um mit seinem starken Schnabel Großvaters Hand zu pakken. Aber dieser hatte kräftige Hände und preßte die Füße des Vogels noch fester zusammen; es waren keine Herrenhände; sie hatten Übung vom vielen Schlagen gegen die Tür und die Wände des Gefängnisses in Lida, der ganze Haß lag in diesen Händen, die hart und rauh waren wie ein Stoppelfeld. Er hatte keine Chance, unser bunter Junker. Auch die Hühner mit ihrem Gegacker, die aus allen Ecken und Winkeln des Hofs angelaufen kamen und einen Krach machten, der bis ans Ende des Dorfs drang, konnten ihm nicht helfen.

Großvater ging durch den Hof und brummte vor sich hin, mit dem Hahn und der Axt ging er, hinter sich das verzweifelte Hühnergefolge, zur Richtstätte, die nach frischem Holz und Sägespänen roch. Der Hahn mußte den kleinen Baumstumpf schon bemerken, aber er vermochte noch nicht seinen Kopf zu sehen, der darauf liegen, dann langsam wegrutschen und mit einem letzten abgerissenen Krähen herabfallen sollte, mit einem Röcheln der durchgeschnittenen Stimmbänder, mit denen er jeden Morgen so schön gesungen hatte.

Immer näher rückte dieser Baumstumpf und immer ferner irgendein Wunder, das den schrecklichen Augenblick hätte abwenden können. Die Hühner waren verstummt vor Entsetzen und Trauer, und der Großvater, nach dem gestrigen Samogon noch leicht schwankend, begab sich an den Ort der Hinrichtung.

Der Hund hob den Schädel und schaute ihnen nach. Obwohl sie sich nicht so sehr mochten, tat ihm der boshafte Hahn jetzt leid, Cygan ließ den Schwanz hängen, so wie ein Mensch vor einem Trauerzug den Hut zieht, und ein kalter Schauer lief über sein Fell.

Großvater lehnte die Axt an den Baumstumpf, die ganze Sonne blitzte zum Abschied auf der Schneide; er nahm den Hahn nun in die linke Hand, tippte an das Schild der Mütze, die ihm in die Augen rutschte, hob den vor Angst schon fast leblosen Vogel in die Höhe und legte ihn auf den Baumstumpf. Die Hühner, zu einem Haufen zusammengedrängt, wechselten von der linken auf die rechte Seite, von der rechten auf die linke, als wollten sie alles richtig sehen und sich merken, um es Großvater eines Tages heimzuzahlen, indem sie keine Eier legten – die er somit auch nicht gegen seinen stinkenden Machorka eintauschen könnte.

In einem Augenblick verstummte alles zu schmerzlicher Stille. Der arme Hahn versuchte, leicht den Kopf zu heben, der auf dem Baumstumpf lag, schon wurden seine Augen trüb, schon spürte er, wie das kühle Metall der Axt näherkam, die in der rechten Hand des Henkers ruhte, lauschte der Trauerstille der Hühner, die ihn auf seinem letzten Weg begleiteten und erstarrt in sicherer Entfernung von der unheilvollen Schneide standen; er öffnete weit den Schnabel und fing die letzten Gerüche seines Lebens ein – die Süße von Harz und faulenden Äpfeln.

Und dann raffte er sich zu etwas auf, was die Hühner und den Hund in Erstaunen versetzte, und die Katze öffnete die Augen und schaute in seine Richtung; sogar die Dohlen auf dem Schornstein begannen mit den Flügeln zu schlagen, ihre Stimmen verstummten.

Der Hahn krähte! Er rang sich zu einer letzten Geste des Protestes oder des Abschieds durch. Er krähte wie nie zuvor, als hätte er sich während seines ganzen Hahnenlebens auf dieses letzte Krähen vorbereitet; vielleicht glaubte er, daß er mit seinem meisterhaften Gesang, dessen sich kein Hahn im ganzen Gebiet von Nowogródek hätte schämen müssen, die harten Hände von Großvater Stefan erweichen könne und die Axt ihn seines Kopfes nicht berauben würde?

Er krähte ein zweites Mal. Kikerri... – und brach ab.

Das Flügelschlagen des vor Schmerz wahnsinnigen Vogels wirbelte Wolken von Sägemehlstaub auf, das Blut spritzte in alle Richtungen, und der Großvater, der sein ganzes Leben kein Blut sehen konnte, ließ den Hahn voller Abscheu los und begann, die Bluttröpfchen von seinen Hosenbeinen zu wischen.

Doch das war noch nicht das Ende der Wunder an jenem Tag. Es geschah nämlich etwas ganz Unerwartetes: Der Hahn, der ohne Kopf neben dem Baumstumpf lag, von Todeskrämpfen geschüttelt, mit den Füßen und den Flügelspitzen gegen die Erde schlagend, riß sich hoch und lief taumelnd los, zerstreute mit den sterbenden Flügeln die Luft. Die verängstigten Hühner begannen zu gackern, was den Hahn noch mehr in Trance versetzte. Er lief nach vorn – durch den Hof, an Cygans Hütte vorbei, daß der Hund winselte, als hätte der Tod sein Fell gestreift.

Und der Hahn lief halb und flog halb, torkelnd wie der Großvater, wenn er Samogon aus Weizen getrunken hatte. Das Gackern der Hühner ging in eine Hymne auf den Tod oder die Auferstehung über.

Der Großvater, überrumpelt von dem unvorhergesehenen Vorfall, fluchte laut und griff nach der Axt, von der das noch warme Blut tropfte, als hätte er nicht den Hahn, sondern die Sonne geköpft. Er setzte dem rasenden Vogel nach, der mit blutspritzendem, hochgerecktem Stumpf – einst sein schöner Hals und sein Instrument – in Begleitung seiner Hühner, als Klageweiber oder Brautjungfern, über den Hof rannte und, da er wohl das Keuchen des ihm hinterherlaufenden Großvaters mit der höllischen Axt in der Hand hörte – auf den Zaun sprang.

Das Blut aus seinem Hals tropfte auf das weiße Leinentuch zum Durchseihen der Milch nach dem abendlichen Melken.

Schwankend stand er auf den Zaunlatten, und als Großvaters Hand gerade sein Regenbogengefieder erreichen und wieder auf den Boden werfen wollte, da schwang er sich empor in die Luft, und die Luft nahm ihn gleichsam in Schutz, half ihm, immer höher aufzusteigen, immer weiter weg von der Axt, Großvaters Flüchen und den verzweifelten Hühnern.

Er schwebte davon wie ein blutüberströmter Wolkenfetzen, zu den Ahornbäumen, die ihre Blätter verloren, dem nächsten Zug von Wildgänsen oder Kranichen entgegen.

Sie flog davon, die Hühnerbrühe für unser letztes Abendessen in diesem Haus, verwandelte sich in einen immer kleiner werdenden Punkt in der Luft, in eine Note des mit den Jahren vergessenen weißrussischen Liedes, in eine nicht trocknende Träne, in einen Schmutz- oder Blutfleck auf Omas Schürze, der schließlich verschwand, verschwamm; und vielleicht wird er einst, wenn wir nicht mehr hier sein werden, wie ein Geist oder ein böser Traum am Fensterrahmen kratzen zur Winterzeit, vielleicht wird er zusammen mit dem eisigen Wind auf einen Augenblick durch den Schornstein kriechen und sehen, daß es hier schon lange jemanden nicht mehr gibt ... Vielleicht wird sein Krähen eines Morgens an einem anderen Ort, unter einem anderen Himmel jemanden wecken?

»Leck mich am Arsch, verdammt ...«, brüllte Großvater, drohte mit der Axt in der erhobenen Hand und blickte lange, immer resignierter, in den leeren Raum, wo er nichts mehr sah. Er wandte sich geschlagen ab, vielleicht auch in der Hoffnung, daß der tote und kalte Hahn neben dem blutbeschmierten Baumstumpf läge – dem Ort des schrecklichen Verbrechens an jenem Septembertag des Jahres 1957, des wundersamen Sieges über den Tod und Großvater Stefans demütigender Niederlage.

*Aus dem Polnischen von Renate Schmidgall*

Armin Müller

# Die Totenselma

Als sie die Margeriten gepflückt hatte und ins Haus trat, in die Dunkelheit des Flurs, geschah etwas, das sie für zwei, drei Herzschläge aus dem Gleichgewicht brachte. Es war ihr auf einmal, als könnte sie ihren Schritten nicht mehr trauen. Sie sah kaum etwas, es war dunkel um sie, und die Knie zitterten. Darüber erschrak sie so sehr, daß sie sich ans Herz fassen mußte. Plötzlich kam sie sich wie eine Fremde vor. Dabei kannte sie doch jeden Stein in diesem Haus, jedes Astloch, jede Stufe. Selbst im Schlaf hätte sie den Weg gefunden. Mehr als vierzig Jahre war sie ihn gegangen, im Winter, im Sommer, bei Tag und bei Nacht. Und nun, auf einmal, wußte sie nicht mehr, wo sie war?

Nach Sekunden erst fand sie sich wieder. Sie stand im Flur und hielt sich am Geländer fest. Allmählich traten die vertrauten Umrisse aus der Dunkelheit, das Viereck der Tür und das Bild mit dem Pferdefuhrwerk an der Wand. Jetzt spürte sie auch wieder den Boden unter den Füßen. Sie sah den Absatz, der die Fliesen von den Dielen trennte, und sie dachte: Du bist zu schnell gelaufen, Selma. Laß dir Zeit. Plötzlich aus der Sonne raus, in den dunklen Flur, das macht auch Jüngere blind. Da mußt du dich nicht wundern.

Doch während sie dies dachte, ahnte sie bereits, daß da mehr war als der Wechsel des Lichts und daß sie anderes brauchte als gutes Zureden. Darum blieb sie noch eine Weile stehen und wartete. Dann aber ließ sie das Geländer los und ging langsam, sehr langsam auf die Zimmertür zu. In ihrem Sessel wollte sie zur Ruhe kommen. Der Tisch war Gott sei Dank schon gedeckt, sie hatte die schönen Sammeltassen aus dem Schrank geholt, und sie hatte Kuchen gebacken, Streuselkuchen mit Mohn und vielen Rosinen darin.

Erst aber mußten die Blumen ins Wasser. Die hielt sie noch immer in der Hand. Sie nahm den Krug vom Fensterbrett und machte sich auf den Weg. Zur Küche waren es nur wenige Schritte, doch die fielen ihr schwer. Sie mußte tief

Luft holen, so tief, daß sie einen Schmerz in der Brust fühlte. Das macht die Aufregung, sagte sie sich, und sie setzte sich auf ihren Küchenstuhl und wartete, bis das Wasser das Gefäß gefüllt hatte. Das Warten tat ihr gut. Jetzt so sitzen bleiben, dachte sie. Eine Weile wenigstens, eine kleine Weile. Doch sie raffte sich auf, drehte den Hahn zu und trug den Krug zurück in die Stube.

Sonntag war. Die Kinder wollten kommen, der Sohn, die Schwiegertochter und die beiden Enkel. An die dachte sie mit besondrem Stolz. Der Ältere war schon vom Militär zurück, hatte eine Stellung im Museum und präparierte Vögel und Echsen, der Jüngere aber studierte noch, er wollte zum Theater. Es ging ihnen gut, man sah ihnen an, wie gut es ihnen ging, doch sie waren immer in Eile, auch der Sohn, auch die Schwiegertochter. Bei ihrem letzten Besuch, zu Ostern, hatte es kaum zum Kaffeetrinken gereicht. Tag, Mutter. Tag, Oma. Ein Strauß Blumen, ein Beutel Apfelsinen. Und: Was sagst du zu unserem neuen Auto.

Sie waren mit ihr durchs Dorf kutschiert, und sie hatte sich tief in die Lederkissen verkrochen. Die Totenselma und ihre Kinder, das sollte niemand mit dieser besonderen Betonung sagen. Nicht, daß sie etwas gegen das Auto hätte, um Gottes willen, sollten die Kinder damit an die Adria fahren oder sonstwohin, nur: sie, mit ihren sechsundsiebzig, sie mochte sich an diese Art der Fortbewegung nicht mehr gewöhnen, und: sie hatte Angst; sie mußte die Augen zumachen, wenn es in die Kurve ging und die Bremsen quietschten.

Sie bemerkte, wie ein Schatten aufs Fensterbrett glitt, der Kater. Doch sie rührte sich nicht von der Stelle. An jedem anderen Tag hätte sie das Fenster aufgemacht und das Tier hereingelassen, schließlich teilten sie das Haus miteinander, oft genug auch das Bett. Sie waren das, was man ein Herz und eine Seele nennt. Aber heute war nicht ein Tag wie sonst, heute wollte sie den Kindern sagen, was sie schon lange auf dem Herzen hatte. Und dafür, so dachte sie, würde auch ein Tier, wenn es wüßte, worum es ging, Verständnis aufbringen. Darum blieb das Fenster geschlossen.

Es tat gut, so zu sitzen.

Das Licht, obwohl die Sonne nur bis zum Tisch reichte, blendete sie. Sie mußte die Augen fast zumachen. Tassen und

Teller schienen in einem hellen Dunst zu schweben. Und auch sie kam sich leichter vor, als sie war, der Sessel, aller Schwere enthoben, hatte sich, so sah es aus, vom Boden gelöst und schwebte mit ihr im Raum. Es war ein schönes Gefühl, so auf die Kinder zu warten.

Der Puderzucker auf den Streuseln schimmerte wie Schnee. Sie hatte vom Kuchen gekostet und lächelte. Die Jungen würden sich die Finger danach lecken, dachte sie. Und auch die Schwiegertochter, die vom vielen Sitzen im Büro in die Breite ging und die darum Gebackenes am liebsten nicht anrührte, würde kaum widerstehen können. Sie stammte aus der nahen Stadt, war eine Hiesige. Die Alte hielt mit ihren Gedanken erschrocken inne. Noch immer, nach fast einem halben Jahrhundert, entdeckte sie sich dabei, daß sie die Leute in Hiesige und Zugewanderte teilte. Sie selber war eine Zugewanderte geblieben, und sie würde es bleiben bis an ihr Ende.

Dem Sohn, das wußte sie, waren solche Gedanken fremd. Der sagte kein Wort, wenn sie davon zu reden anfing. Darum behielt sie das meiste für sich, denn sie ahnte, daß er von ihren Erinnerungen nichts hielt. Sechsundvierzig Jahre war es schließlich her, daß sie die Unterscheidung in Hiesige und Zugewanderte hatten lernen müssen, mehr als ein halbes Menschenleben. Im Turnsaal hatten sie kampiert, auf bloßem Stroh. Damals war er noch ein Knirps gewesen, er konnte sich an nichts erinnern. Auch nicht daran, wie frisch die Milch geschmeckt und wie gut das Bett gerochen hatte, als der Stellmacher die beiden in sein Nest holte. Sie war eine junge Witwe, und wenn sie auch klein war und krumme Beine hatte und einen Würgel dazu, der Stellmacher suchte jemanden, der die Hemden ihm wusch und die Kamurke in Ordnung hielt, eine Hütte aus Fachwerk, gleich hinterm Friedhof. Die hatte er vom Pfarramt oder von der Gemeinde, denn er arbeitete nicht nur in der Stellmacherei, er begrub auch die Toten des Dorfes.

In dieser Hütte wohnte sie noch immer. Der Stellmacher war nach kurzen Jahren eines armseligen Glücks am Suff gestorben, und Pfarramt wie Gemeinde hatten die Frau und ihr Kind hinterm Friedhof wohnen lassen. Ohnehin war sie für den Stellmacher eingesprungen, hob an seiner Stelle die Gräber aus, und alle im Dorf nannten die kleine Frau mit den krummen Beinen die Totenselma.

Heute war nun der Tag, an dem sie den Kindern sagen wollte, was sie sich zurechtgelegt und in langen Nächten formuliert hatte, Wort für Wort. Immer wieder, wie eine Litanei, hatte sie die Sätze vor sich hingebetet, und auch jetzt, während sie in ihrem Sessel saß und auf den Tisch blickte, wandte sie sich in Gedanken an den Sohn. Der ging schon auf die Fünfzig zu, war ein Sparkassenmensch geworden, hatte ein großes Auto, kluge Söhne und eine tüchtige Frau; der würde ihr, so hoffte sie, diesen einen letzten Wunsch erfüllen. Lieber Sohn, wollte sie sagen, du hast deinen Vater nicht gekannt. Du weißt, er hatte nur einen Arm, und er arbeitete als Stallknecht auf dem Gut, später sogar als Kutscher. Und weil ihm ein Arm fehlte, brauchte er nicht in den Krieg. Darum haben uns alle im Dorf beneidet. Ich hab dir das oft erzählt, und ich sag es auch heute. Dein Vater war ein guter Mann. Doch die Zeit, die wir miteinander hatten, dauerte nicht lange. Beim Holzfahren, in den Bergen, warf der Sturm eine Fichte auf sein Gespann. Die Gäule gingen durch, und dein Vater, euer Großvater, Jungs, wurde zu Tode geschleift.

So wollte sie anfangen. Mit diesen hundertmal geübten Worten. Und wieder sah sie den Einarmigen vor sich im Moos, mit seltsam verdrehten Schultern und aufgerissenem Hals, schwarz von Blut. Sie hatte ihm keinen Stein setzen können, nicht einmal ein Kreuz. Zur Beerdigung, als der Pfarrer redete und die Dorfleute um den Sarg standen, war schon das Wummern der Artillerie zu hören. Die Front rückte auf die schlesischen Berge zu. Es hieß: Raus.

Seit diesem Tage, auch in den Jahren mit dem Stellmacher, hatte sie sich gewünscht, an das Grab zurückzukehren und dort ein paar Blumen in die Erde zu stecken, Bauernrosen, die er so mochte, oder Ringelblumen, die hielten den ganzen Sommer; die Stelle würde sie schon finden, da hatte sie keine Bange. Zu oft, in den Nächten, war sie den Weg dorthin gegangen. Und sie ging ihn auch jetzt. Die Pappeln, so fand sie, sahen gerupft aus, die Mauer aus Feldsteinen war zusammengebrochen, Büsche wuchsen auf ihren Resten, Schneebeeren und Eberesche, die meisten Grabsteine waren umgestoßen, Efeu wucherte über dem Ganzen. Und sie sagte: Mit Sechsundsiebzig, ihr Kinder, da ist nicht mehr viel zu erhoffen. Mein letzter Wunsch: Bringt mich, wenn es mit mir zu Ende geht, nach Hause. Und sie fügte leise hinzu: Die Polen sind Christenmenschen. Die werden nichts dagegen haben, wenn ich neben dem Gustav lieg.

Sie schloß die Augen, und wie immer, wenn sie diese Worte vor sich hinsprach, stellte sie sich vor, in einem offenen Sarg zu liegen, einem aus Glas vielleicht, wie im Märchen. Im Tode noch konnte sie sehen, wie die Berge auf sie zukamen. Es blieb ihr keine Zeit mehr, das spürte sie in diesem Augenblick ganz deutlich. Heute mußte sie den Kindern sagen, was sie mit sich herumtrug. Und sie riß die Augen auf. Und da stand er noch, der Tisch mit dem Kuchen. Doch es war ein seltsames Licht in der Stube, das ging nicht vom Fenster aus, das schien aus dem Geschirr zu steigen, immer heller wurde es, füllte den ganzen Raum aus, ein gelbes, warmes Licht, und erst, als sie Schritte hörte, fiel es in sich zusammen. Der Bäckerjunge stand in der Tür.

Ich soll Euch was ausrichten, sagte der. Euer Sohn hat angerufen. Es klappt heut nicht. Vielleicht nächsten Sonntag. Und schöne Grüße. Der Junge sah sie aus großen Augen an, er vermutete wohl, sie aus dem Schlaf gerissen zu haben, denn er machte eine kleine Verbeugung, als wollte er sich für die Störung entschuldigen. Das alles aber nahm sie nicht wahr, sie hörte nicht, wie die Schritte des Knaben sich entfernten, sie merkte nicht einmal, wie der Kater, der hinter ihm ins Zimmer geschlüpft war, auf ihre Knie sprang. Sie starrte über den Tisch hinweg in eine Ferne ohne Konturen. Dieses Gefühl für Weite stand in einem seltsamen Gegensatz zu der Enge, die sie plötzlich empfand. Es war ihr, als reichte die Luft nicht aus, sie legte den Kopf nach hinten, an die Lehne, und sie machte den Mund weit auf, um tiefer zu atmen. Sie wollte den Kindern nicht unrecht tun, nein, vielleicht war wirklich etwas dazwischengekommen. Besser zu viel Arbeit als gar keine, dachte sie. Und: Ich muß ihnen alles aufschreiben. Sie nahm ihre Kraft zusammen, um ein Stück

Papier aus der Schublade zu holen. Liebe Kinder, sah sie sich schreiben, und eine große Ruhe kehrte in sie ein. Das Papier, so hoffte sie, würde ihren Willen aufbewahren, sie brauchte ihn nicht mehr mit sich herumzutragen, aufgeschrieben wurde er sichtbar für alle. Und da war auch das Licht wieder da, jetzt aber blendete es sie nicht mehr, es schien sie zu tragen, fortzutragen, sie sah die Berge in der Ferne und war ganz ruhig, es gab nichts, das ihren Blick verengte, die Kämme glänzten weiß, mitten im Sommer hatte es geschneit, sie wußte die Kinder im Auto, das fuhr mit ihr den Bergen entgegen, und sie wunderte sich, daß sie nichts spürte, keine Kurve, keinen Stein, sie war ganz leicht geworden, schien sich vom Auto gelöst zu haben, in das gelbe, schöne Licht, sie glitt durch die Luft, in weiße, fließende Seide gehüllt, nur den Kater fühlte sie an ihrer Seite, dicht an den Hals geschmiegt hatte sich der, und sie dachte: er schnürt mir die Kehle zu. Doch sie fand nicht die Kraft, das Tier zurückzustoßen. Der Schnee in den Bergen sah aus wie Puderzucker.

Bolesław Lubosz

## Heiliger Franziskus von der Kohle

Aus Schlacke sind meine Tiere,
aus harter Granitrippe.
Meine Pflanzen, in denen
das Dunkel pulst, winden sich
aus Stahl- und Bleigeflecht heraus.

Der Zeiten erinnere ich mich,
da ich in Farnen wuchs, in Seeanemonen,
in Vielfraßen und unbenannten Tieren;
in Kohlenflözen, im Sumpferz,
nackt, gleich ungelöschtem Kalk,
gleich dem Salz unter schamloser Sonne.

Vielleicht finde ich dich dereinst
bei meinem Bruder,
dem schwarzen Basalt,
bei meiner Schwester –
der rostroten Halde,
im Wolfsaufheulen des Gesteins,
wenn das Hangende bricht,
die Bergmannsrücken beugend.

Vergessen in dem Bewegungstiegel –
inmitten mannigfacher Triebkräfte –
bin ich bestimmt zu schindern,
zum röchelnden Ächzen
im spechtklopfenden, stigmatisierenden Werk,
zum Bauen und zum Vergessenwerden,
sogar zum Bauen von Ruhm für den eigenen
Henker.

Eingedrückt auf meinem Nacken
sind alle Füße derer,
die Kriege und Friedenszeiten durchmaßen.

Doch dazu bin ich hier.
Einer muß immer tiefer fallen.
Ich bete mit Kohlenstaub,
ich bete mit Staublunge.

Gebenedeit meine Angst
und das unermeßliche Leiden.
Einer muß endlich mir sagen:
Was hat mich in die Nacktheit der Arbeit
getrieben –
bis zum schweißversiegenden Grund,
bis zum letzten Blutstropfen.

Mein Bruder –
du warme Kohle.
Meine Schwester –
ewige Tyrannei.

*Aus dem Polnischen von Henryk Bereska*

Janusz Głowacki

# Vor dem Gewitter

Es war schon gegen Abend, als die Brüder vor einer eisernen Absperrung anhielten. Der flache Betonbau sah aus wie eine Garage oder ein Bunker. Der Ältere rüttelte ein paarmal an der Pforte. Die mit einem Vorhängeschloß festgemachte Kette knirschte und gab nicht nach.

Die Sonne blendete nicht mehr, aber die Hitze setzte einem immer noch zu. Ein klappriger Lastwagen fuhr auf der steinigen Chaussee vorbei, wirbelte Staubwolken auf und verschwand. Die Brüder sahen aus wie alle in dieser Gegend. Eher mittelgroß, das Haar eher aschfarben, ein langer Rumpf bei eher kurzen Beinen, glotzäugig, die Nase aus mehreren Stücken zusammengeleimt. Der Gesichtsausdruck insgesamt so, daß aus ihm nichts herauszulesen war. Beide hatten einen guten Charakter. Sie ließen sich gern vollaufen und verteilten gern Prügel. Aber jetzt waren sie müde. Mit der gleichen Bewegung nahmen sie die durchgeschwitzten Mützen vom Kopf, wischten sich mit dem Ärmel den Schweiß von der Stirn, kratzten sich das kraus gewordene Haar und reckten die Köpfe nach oben. Die bleiernen Wolken lagen tief auf den Kronen der ausgetrockneten Bäume und drohten mit Regen.

»Vater war immer so«, knurrte der Ältere. »Als er lebte, ließ er uns nicht leben, und nach dem Tode verfolgt er uns auch.«

Heute morgen war die Nachricht gekommen, der Vater sei gestorben und sie hätten sofort den Leichnam abzuholen. Es war heißeste Erntezeit. Sie arbeiteten zwanzig Stunden täglich. Das noch nicht eingefahrene Getreide stand im Feld herum. Möge Gott verhüten, daß es regnet. Bis zum Krankenhaus waren es etwas hundertzwanzig Kilometer. Der klapprige Bummelzug brauchte gute sechs Stunden. Sie kamen zu spät. Bis sie die Papiere erledigt hatten, war das Leichenhaus geschlossen. Der Wächter meinte, sie müßten bis morgen warten. Im übrigen sei der einzige Wagen, mit dem man die Leiche überführen könne, irgendwo unterwegs.

Ein plötzlicher Windstoß peitschte die Kiefern und legte sich dann kraftlos. Ein paar schwere Tropfen schlugen auf die Erde. Ein kleiner, eher einem Wurm ähnelnder Hund humpelte auf drei Beinen an ihnen vorbei. Der Jüngere griff nach einem Stein, warf und traf. Der Hund jaulte auf, krümmte sich noch mehr und versuchte, schneller zu laufen. Eine Weile sahen ihm beide nach.

»Wir nehmen Vater mit«, entschied der Ältere.

Sie schwangen die Beine auf die andere Seite der durchgerosteten Pforte. Die Tür zum Seziersaal, mit einem Messer angehoben, gab ächzend nach. Drinnen war es kühl und angenehm. Sie warteten etwas, bis sich die Augen an das Halbdunkel gewöhnt hatten. Sie sahen zwei Holztische. Die Leichen waren mit einem Laken zugedeckt.

»Der größere wird Vater sein«, meinte der Ältere mit einer Kopfbewegung.

Er packte aus der Aktentasche den schwarzen Sonntagsanzug aus. Das weiße, gestärkte Hemd, die Lackschuhe. Unter demselben Laken lag, an den Vater geschmiegt, ein Neugeborenes. Der kleine, magere Rücken war mit dunklen Flecken bedeckt. Der Vater war noch nicht steif, aber das Ankleiden nahm so viel Zeit in Anspruch, daß sie nicht einmal dazu kamen, sich eine anzustecken. Sie schoben ihm die Mütze auf die Augen und nahmen ihn unter die Arme. Auf der anderen Seite des Zaunes schlug das Väterchen schwer auf den Boden.

Im Laufschritt eilten sie zum Zug. Das Städtchen zerfloß bereits im Abend. Ein einzelner Stern blinkte und versank in den Wolken. Die Beine des Vaters schleiften am Boden und wirbelten Staubwolken hoch. Am Bahnhof schliefen Betrunkene auf der Erde fröhlich vor sich hin; auf ihren Gesichtern schliefen Fliegen. Der Zug war leer. Sie kauften drei Fahrkarten und hatten kaum den Vater bequem in einer Ecke plaziert, da schaukelten die acht Waggons auf den Schienen auch schon los. Hinter den Fenstern zog das mit abgeblätterter Farbe bedeckte Bahnhofsgebäude vorbei, auch ein Streifen der steinigen Chaussee. Vor dem Türmchen der Kirche lüfteten sie die Mützen. Aus einigen Häusern blinkten vereinzelt Lichter hervor, aber die schwere, schwarze Nacht ergoß sich bereits über die Felder wie Tinte.

»Vielleicht regnet's ja auch nicht«, bemerkte der Ältere.

Der Jüngere nickte. Sie drehten sich eine Zigarette, rauchten und schliefen ein. Nach einer oder zwei Stunden weckte sie die Laterne des Schaffners. Der Zug stand. Aus der Kneipe der winzigen Station drangen fröhliche Stimmen.

»Warum stehen wir?« fragte der Jüngere.

Der Schaffner lochte die drei Fahrkarten, antwortete nicht und ging. Zwanzig Minuten verstrichen, vielleicht auch eine halbe Stunde. Aus dem Dunkel tauchte eine Herde Kühe auf. Die Tiere trotteten schwerfällig. Auf den dicht über der Erde hängenden Mäulern schäumte der Speichel. In der Kneipe sang eine heisere männliche Stimme das Lied von Afrika, wo die Frauen halbnackt tanzen, bekleidet nur mit einem Fell, wo der Ozean sich wiegt, bunte Vögel herumfliegen und noch der ärmste Kellner einen Frack trägt.

Sie hörten zu, und Fernweh ergriff sie.

»Wie spät?« fragte der Ältere.

»Ich würde auch gern einen trinken«, meinte der Jüngere freudig.

Sie zogen dem Vater die Mütze tiefer in die Augen und stiegen aus.

Gleich am Eingang der Kneipe stachen zwei Lieferanten mit Messern aufeinander ein, aber infolge der allzu großen Hitze oder auch der Trunkenheit traf einer den anderen nicht. Sie ließen die Brüder höflich vorbei.

Das Bier aus dem Faß war warm. Die Brüder gossen je ein Gläschen Wodka in die Humpen, tranken eins, dann ein zweites, atmeten tief durch und fühlten sich besser.

»Ich glaub' nicht, daß Vater an Krebs gestorben ist«, bemerkte der Jüngere. »Ich habe noch nie von einem Trinker gehört, den der Krebs erledigt hat.«

Sie bestellten eine neue Flasche und sahen, wie hinter dem Fenster die rote Laterne langsam vorbeizuckelte. Mit letzter Kraft holten sie den Zug ein und sprangen auf die Plattform des letzten Waggons. Sie setzten sich keuchend auf die Stufen und nahmen abwechselnd einen Schluck aus der Flasche.

Auf der Station war nur ein Passagier in den Zug gestiegen. Er war nicht groß, mager, nach vorn gebeugt wie ein Schirmgriff. Mit dem Ausdruck äußerster Anstrengung schob er ein Köfferchen mit einer als Gelegenheitskauf erstandenen Nähmaschine, einer DDR-Produktion, vor sich her. Er war Schneider. Vor zwei Jahren war seine polnische Maschine kaputt gegangen, er hatte mit der Hand genäht, seine Kunden verloren und ständig von so einer aus Ostdeutschland geträumt, die stickt und Knopflöcher säumt. Er war stark und ausdauernd von Natur, deshalb hatte er erreicht, was er wollte. Die Maschine hatte er illegal gekauft, gegen ein beträchtliches Schmiergeld für die Leiterin der Schneidergenossenschaft. Er hatte dafür fast alle Ersparnisse seines Lebens ausgegeben, bereute es aber nicht. Jetzt schob er die Maschine vor sich durch den leeren, dunklen Gang und blickte auf der Suche nach einem Lebewesen in die Abteile hinein. Er hatte vierundsechzig Jahre gelebt, hatte ein schweres Leben gehabt und war stolz darauf. Aber vor leeren Vorstadtzügen hatte er Angst. Er war so hager, so ausgedörrt, daß die Hitze geringschätzig an ihm vorbeiging. Der Schneider schwitzte nicht einmal. Nur die Nähmaschine wurde in seinen Händen immer schwerer und scheuerte gegen sein Knie.

Im ersten Waggon hinter der Lokomotive sah er jemand in der Ecke am Fenster sitzen, einen alten Mann – die Mütze in die Augen geschoben. Das war besser als nichts. Der Alte war recht ordentlich schwarz gekleidet. Der Schneider räusperte sich ein paarmal; der Alte schien tief zu schlafen. Mit letzter Kraft stemmte das Schneiderlein die Maschine auf das Gepäckfach hoch, damit sie kein böses Auge reizte, und ließ sich auf den Sitz fallen. Einige Minuten versuchte er gegen die Schläfrigkeit anzukämpfen, aber die Hitze und das Schaukeln des Waggons taten das Ihre.

Der Zug bremste heftig. Fontänen von Funken stoben unter den Rädern hervor. Die plötzliche Erschütterung warf die Brüder aufeinander. Das Glas zerschellte an den Schienen. Sie sahen in den schwarzen Himmel, ohne eine Spur von Mond und Sternen. Der Zug ruckte an, knirschte und rollte mit wachsender Geschwindigkeit weiter. Die Brüder spuckten aus, standen auf und gingen in den Wagen. Sie gingen am Schaffner vorbei. Er schlief, die elektrische Laterne beleuchtete sein Gesicht. Sonst war niemand war.

Das plötzliche Bremsen hatte den Schneider auf die Nachbarbank geschleudert. Als er sich den schmerzenden Ellbogen rieb, kam noch etwas Schlimmeres. Die Nähmaschine krachte herunter direkt auf den Alten am Fenster. Der Schneider stöhnte, kniete nieder, löste vorsichtig den Verschluß, hob den Deckel und atmete auf. Auf den ersten Blick sah alles gut aus. Er klappte den Deckel zu, schloß beide Riegelsperren. Dann sah er zu dem Alten hin. Die Mütze war nach hinten gerutscht. Über die Stirn lief eine tiefe Schramme. Die nach oben verdrehten Augäpfel waren starr auf die Decke gerichtet. Der Schneider ließ traurig den Kopf hängen. Es sah so aus, als hätte der andere alle seine Sorgen hinter sich. Ihn aber erwartete jetzt die Untersuchung, das Verhör. Die Nähmaschine würden sie mit Sicherheit beschlagnahmen. Vorsichtig berührte er den Arm des anderen. Die Hand fiel kraftlos zurück. Er öffnete leicht die Tür, sah in die Dunkelheit des leeren Gangs. Er bekreuzigte sich und öffnete das Fenster. Die Felder schliefen, in Stille gehüllt. Stöhnend vor Anstrengung wuchtete er die widerspenstige Leiche hoch. Eine eisige Hand, dünn wie eine Weidenrute, streichelte sein Gesicht. Als alles vorüber war und er auf seinen Sitz fiel, bekam er einen Anfall von Atemnot. Die Luft in seiner überforderten Lunge röchelte und pfiff. Er bückte sich und nahm die Mütze des Alten vom Boden, die fast neu war, aus guter, achtzigprozentiger Wolle und innen mit Satinfutter. Er drehte sie in der Hand und warf sie in die Finsternis hinaus.

Als die Brüder das Abteil erreichten, saß nur ein ausgemergeltes Männlein da, einen kleinen Koffer zwischen die Knie geklemmt. Mit angstvollen Äuglein sah es sie an.

»Wo ist Vater?« fragte der Ältere.

»Der Herr von gegenüber ist auf der letzten Station ausgestiegen«, sagte eilig das Männlein und lächelte schmeichlerisch.

Die Brüder sperrten beide gleichermaßen das Maul auf. Der Jüngere vergaß, daß die Flasche zerschlagen war, und tastete seine Taschen ab. Der Ältere nahm die Mütze ab und kratzte sich lange am Kopf.

»Ein Teufel und kein Vater«, sagte er endlich.

Die Lokomotive pfiff. Der Zug verlangsamte die Fahrt und hielt. Aus dem Dunkel tauchten wieder Kühe auf. Beklebt mit Staub und Schweiß, trotteten sie schwermütig den Weg am Bahnübergang dahin. Hunderte von Kühen.

»So viele Kühe hab' ich mein Lebtag nicht gesehen«, bemerkte der Jüngere.

»Das ist, weil der Erste Parteisekretär heimlich die Wojewodschaft inspiziert. Das Fernsehen zeigt ihn täglich in einem anderen Dorf mit denselben Kühen als Kulisse. Das Vieh wird nachts weitergetrieben, deshalb sind die Chausseen gesperrt«, erläuterte der Schneider.

Der Wind trieb ein paar kleine Regentropfen gegen die Scheiben. Der Wolkenbruch begann.

*Aus dem Polnischen von Karl Dedecius*

Erich Loest

# Geburtstag in Górny Śląsk

## 1

Der Tag begann für Anton Kryger mit Hast und Störung, dabei hatte er vorgehabt, nach einem Rundgang durch Halle III, sein Reich, schnell nach dem Schrottlager hinüberzuspüren; dort wollte Dunecki auftauchen, der ihm seit Wochen Schinken oder einen halben Hammel versprochen hatte, dann wieder viel allgemeiner *Fleisch*. Dabei hatte Dunecki die Hände messend vor den Bauch gehalten, so viel oder so viel, und hatte den Termin schließlich bis zu diesem Morgen hinausgezögert. Dunecki arbeitete als Betriebsmaurer mal da und mal dort; es war sinnlos, ihn suchen zu wollen. Beim Mittagessen stand er auf einmal neben Krygers Tisch, grinste und streckte einen Daumen hoch, alles dobrze, hieß das, aber damit war nicht geklärt, ob Dunecki nun duftigen Schinken lieferte oder talgiges sehniges Gefutzel von einem uralten Schaf. Kryger hatte hundert Zloty angezahlt und drei Sack Glaswolle besorgt, und als Dunecki vor zwei Wochen ein lächerliches Podest für ein Maschinchen gemauert hatte, war ihm das mit einer Auftragsbescheinigung entgolten worden, die zu zwei Dritteln ein glattes Geschenk war, und Dunecki wußte natürlich, daß Krygers Mutter achtzig wurde und Verwandtschaft von sonstwoher anreiste, und hatte ihn dennoch hingehalten. Jetzt streckte er nur den Daumen und murmelte: Um zwei hinter dem Tankschuppen.

Es war schließlich doch ein wunderschönes Rückenstück, so lang, wie ein Schwein es nicht länger fertigbringt, von der Schulter über die Koteletts bis in die Schnitzelpartie, es war nur ganz wenig Fett daran, und vor vierundzwanzig Stunden hatte dieses Schweinchen, versicherte Dunecki, noch fröhlich gegrunzt. Dunecki murmelte den Preis, den fand Kryger nicht einmal übertrieben und hatte seine bitteren Schwüre, sich mit diesem Halsabschneider nie wieder einzulassen, fast vergessen.

Er machte eine halbe Stunde eher Feierabend. Das Fleisch, das sich unter der eigenen Last sanft bog und durch das Tuch hindurch duftete, trug er unter dem Arm. Als er aus dem Tor trat, parkte dort ein Mercedes, daneben stand ein Mann in weißen Shorts und weißem Hemd mit kurzen Ärmeln wie ein Tennisspieler und schrie: »Antek!« Und Anton Kryger ging auf diesen Mann zu, der sein Bruder Karl-Heinz war, und sagte auf deutsch, und zum erstenmal seit zwei Jahren sprach er einen deutschen Satz: »Bist du ja, Heini, grüß Gott!« Die Worte gingen ihm wie Kiesel über die Lippen.

Sie schüttelten sich die Hände und lachten, und jeder fand, daß sich der andere gut gehalten habe in den beiden Jahren, seit sie sich gesehen hatten in Stuttgart, wo Karl-Heinz Krüger ein Café besaß, wo Anton zwei Wochen zugebracht und eine davon schwarzgearbeitet hatte bei einem Karosserieschlosser. Und Karl-Heinz Krüger berichtete, er sei gegen Mittag angekommen nach anstrengender Nachtfahrt, habe sich ein Stündchen aufs Ohr gehauen und warte nun hier, um Antek abzuholen, das Brüderchen. Sie legten das Fleisch in den Kofferraum, und als Anton nach dem Sicherheitsgurt faßte, wachte er mit einem Schlag Erinnerung an Stuttgart auf, an das Fahren in diesem Wagen und das Klicken des Gurtes in seiner Halterung und die Spannung in den Händen, wenn er ihn heruntergezogen hatte. »Gute Fahrt gehabt, Heini? Und alles gesund soweit?« Es war wie immer, wenn er nach langer Zeit deutsch sprach: Die Worte tauchten auf, er wußte nicht, woher, es schien ihm, als wären sie nicht in ihm gewesen, sondern flögen heran, er nahm sie auf und warf sie wieder von sich, er besaß kein Gefühl dafür, was bestimmt richtig und was wahrscheinlich falsch und was eine schiefe, wenn auch verständliche Konstruktion war. Als ob er bei Fieber durchs Zimmer tappte.

»Mama macht 'nen prima Eindruck. Du, mit achtzig!« Karl-Heinz Krüger kam an einem Kipper nicht vorbei, die Straße war eng, Pferdewagen zuckelten entgegen. Es war ein elendes Fahren im Kohlenrevier. Er war schlecht vorangekommen, seit er die Grenze überschritten hatte – das sagte er seinem Bruder; immerhin hatte er keinen Ärger und keine

Wartezeiten an den Grenzen gehabt, weder von der Bundesrepublik in die Tschechoslowakei noch von dort nach Polen. »Mensch, Antek!« und Karl-Heinz Krüger legte die Hand auf den Oberschenkel seines Bruders.

Über zwei Kreuzungen mit wirrem Verkehr mußte Krüger noch hinweg, dann konnte er den Wagen in den Hof hinter Mutters Häuschen bugsieren. Die Mutter stand in der Tür, die Hände unter der Schürze und mit Tränen in den Augen. »Da seid ihr ja.« Für einen Augenblick wußte sie nicht, wer der Ältere war, Anton oder Karl-Heinz, darüber wollte sie den Kopf schütteln und es ihnen halb spaßhaft klagen: Was gingen doch die Gedanken durcheinander mit achtzig! Aber das war nicht wichtig, die Jungen waren da und das Mädchen dazu. Vier Kinder hatte sie großgezogen, in alle Winde waren sie verstreut und nun wieder unter ihrem Dach. Das war ein Glück, das sie sich nie hatte vorstellen können, sie hatte Angst vor diesem Glück gehabt wie überhaupt vor diesem Tag. Wenn ihr nicht Antek immer wieder gut zugeredet hätte! Ach Antek, ach Mariechen.

Karl-Heinz war zuerst bei ihr und hob sie hoch, sanft und ohne Ruck, er faßte sie um den Rücken und lehnte sich ein wenig zurück. »Heini«, sie kreischte, wie er es erhoffte, und als er sie abgesetzt hatte, war ein Pantoffel abgefallen und mußte ihr an die Zehen gesteckt werden. Jetzt, da sein Bruder dabei war, redete Anton Kryger deutsch mit seiner Mutter wie seit zwanzig Jahren nicht mehr, und sie redete deutsch mit ihm, was beiden verwunderlich vorkam, wie aus einem anderen Leben.

»Und Mariechen?«

»Mit Mann auf Friedhof.«

Das fand Karl-Heinz Krüger rührend, und wenn es das nicht war, so war es wenigstens schlau von Mariechen, denn nichts konnte Mama mehr erfreuen. Also war Mariechen gleich wieder der Liebling, die einen schleppten Fleisch und Torte und Kaffee an, aber Mariechen pilgerte an Papas Grab. »Und Berni?«

»Bernard nach Schicht«, sagte die Mutter. »Nicht vor sieben.«

Die Brüder trugen das Fleisch in die Küche, dort stand Bernards Frau, natürlich stand sie dort. Das Fleisch wickelte sie aus und schnupperte daran und fand auch den Preis nicht unverschämt. Das mußte man eben anlegen, was half's! Das drückte sie durch Heben der Hände und durch Stöhnen aus, dabei blickte sie ihren Schwager Karl-Heinz an, der nicht Polnisch sprach, und sie sprach nicht Deutsch, und dann versuchte Karl-Heinz ihr durch Gestikulieren klarzumachen, wieviel Kaffee sie für die große Kanne nehmen sollte, und die Mutter dolmetschte: »Daß ihr mir ja nicht mit Kaffee spart!« lärmte er und wiederholte, daß er zehn Büchsen mitgebracht hätte, und Anton bedachte dabei, daß sein Bruder sie zum Großhandelspreis bekam.

Der Kaffeetisch war gedeckt, dann warteten sie doch auf Maria und ihren Mann, und die Mutter fand, daß es ihr gut tat, wenn sie ein wenig verschnaufen konnte. So war das gegangen den ganzen Tag mit Gratulationen aus der Nachbarschaft und vom Pfarrer, nach der Messe war sie vor der Kirchentür aufgehalten worden von Leuten, die sie gar nicht alle kannte, die ihr die Hand drückten und dasselbe sagten: Glückwunsch und Gesundheit! Man mußte sich das vorstellen, vier Kinder noch am Leben, und war das wirklich wahr, daß sie alle kamen, auch aus England und Deutschland? Hundert Jahre sollst du werden, sollen Sie werden, Pani Krygerowa! Sto lat, sto lat. Serdeczne powinszowania w dzien urodzin, pani Krygerowa!

## 2

Mary Hearn spürte, wie ihre Kopfschmerzen stärker wurden. Sie nahm den Arm ihres Mannes und drückte sich an ihn. Sie fühle sich so erleichtert, daß er mitgekommen sei, sagte sie und wußte, daß sie es schon mehrmals versichert hatte und noch mehrmals wiederholen werde, denn dieser Tag war im Grunde genommen schrecklich. Dieses Unmaß an Erinnerung, Schmerz dort, wo sich kein Besinnen und kein Gefühl wecken ließen, und Leere auch. Das war nun Mama; kein vertrautes Wort war geblieben, nicht der Tonfall, der schon gar nicht. »Mein Mariechen«, es hatte anders als in der Erinnerung geklungen. Ein Stau von Gefühlen – sentiments, es war besser, man drückte es englisch aus.

Ernest Hearn wollte wissen, was dort früher einmal gestanden hatte, wo sich die neuen Blöcke schachtelten. Unterwegs hatte er einstöckige Ziegelbauten gesehen, überkommen aus der ersten Phase der Industrialisierung, noch bewohnt und doch eigentlich schon museal – hatte es die auch in diesem Ort gegeben in the time of little Mary, als sie vielleicht auf diesem Weg das Eßgeschirr zu ihrem Vater getragen hatte? In the time of Kaiserreich – Ernest Hearn hatte erfahren: Hier war Deutsches Reich auch zwischen 1919 und 1939 gewesen, aber dort drüben diese Schornsteine und Fördertürme hatten in Polen gestanden. Die Straßenbahn war über die Grenze gerattert, Mary hatte es oft erzählt. Sein Vater auch.

Als sie auf den Hof bogen und den Mercedes sahen, sprach Mary einen letzten leisen englischen Satz, dann memorierte sie: Da bist du ja, Karl-Heinz, Heini! Alles glattgegangen an den Grenzen? Aber das erste war: »Du, dieser Kuchengeruch, den kenn' ich noch!« Das rief sie ihrer Mutter zu, da erwachte Erinnerung an eine Tante aus Łódź, die diesen Kuchen mitgebracht hatte, jedesmal vor Ostern.

»Fenchel«, sagte die Mutter, »Fenchelplätzchen. Die brachte Selma mit.«

Tante Selma, ja. Mit raschen englischen Sätzen weihte sie ihren Mann ein über das, was eben gesprochen worden war, Mama hatte sechs Schwestern gehabt. »Und wie viele Brüder?«

Da stand endlich Karl-Heinz, Heini, Maria fiel ihm um den Hals und redete und lachte und klopfte auf seinen Bauch: »Dir schmeckt dein eigener Kuchen am besten?« Wie lange hatte man sich nicht gesehen? Drei Jahre, mein Gott. Die Männer schüttelten sich die Hände und zogen die Lippen breit und fanden sich passabel. Dann war Antek bei ihnen, Anton, und sie warfen die Frage auf, die jetzt als wichtigste zu klären war: Wodka, Whisky oder Cognac? Karl-Heinz hatte »Hennessy« im Kofferraum gehabt, Anton hatte von den Pfunden, die Mary geschickt hatte, »White Label« in einem Pewex-Laden gekauft und selber Wodka besorgt und keinen schlechten – also was? »This is Poland«, skandierte Ernest. Das verstanden alle so: Sie sollten mit Wodka beginnen. Ernest Hearn horchte seinem Satz nach, daß hier Polen sei, und wußte nicht genau, ob er ihn seinen Schwägern gegenüber hätte unterlassen sollen, für die es vielleicht noch Oberschlesien hieß und nicht Górny Śląsk, für Krüger aus Württemberg bestimmt, für den hiesigen Antek Kryger vielleicht in einer Bewußtseinsschicht tief unten. Ach was, de Gaulle hatte formuliert, Katowice sei die polnischste aller Städte, und ganz Polen hatte aufgeschrien vor Glück.

Fenchelplätzchen und Tante Selma, da war nun doch etwas, das vorher nicht erinnert worden war, vielleicht war ein Spalt in die Eisdecke geschlagen. Mary setzte sich ans Fenster, dort hatte immer ein Stuhl gestanden, der Blick war geblieben auf eine Hofecke, früher hatten auf der Mauer Tauben gesessen. Ketten von Tauben. Die Kopfschmerzen waren nicht stärker geworden, und wenn der Trubel nicht zunahm, kam sie vielleicht mit einer Tablette über den Berg.

Ein Lächeln vor ihr: Nichte Lena. Mary lächelte zurück und blickte auf Lenas Haar, von dem ihr jemand geschrieben hatte, es sei so wie ihres in der Kindheit. Lena studierte an der medizinisch-technischen Hochschule, Englisch war Pflichtfach, und Lena hatte auch vor dem Abitur Englisch gelernt. Deutsch? No, but perhaps next year; es war seltsam, eine Nichte zu besitzen, auf die körperliche Ähnlichkeit überkommen zu sein schien, aber nichts von der Muttersprache. »Mama«, sagte Mary, Maria, »ist alles so schrecklich lange her, Mama.« Das Wort schrecklich traf zu, schlug zu, sie wollte nicht daran denken, wie sie geflohen war, ehe die russischen Panzer kamen, mit dem Fahrrad erst und auf einem Lastwagen der Wehrmacht, durch Mähren nach Österreich, und nun dachte sie den Namen doch, Joachim, zu Joachims Eltern war sie geflohen, hoffend, auch Joachim schlüge sich dorthin durch, ihr erster Mann, ihr kriegsangetraut in der Kirche sieben Straßen weiter. Aber Joachim Steiner war mehr als tot, es gab kein Bild mehr von ihm und kein Wort über ihn. »Mama, ich hab' dir Fotos mitgebracht.« Sie suchte aus ihrer Handtasche Fotos ihrer beiden Kinder, die keine Kinder mehr waren, sondern 28 und 24, Mann und Frau, verheiratet beide, und sie wies auch auf ihre Enkel, die Urenkel von Mama, und die Mutter setzte die Brille auf und ließ sich erklären, wer wer war und wer wo stand. Die Mutter sprach die fremden Namen nicht nach, sie fürchtete sich, ihren Enkeln und Urenkeln leibhaftig zu begegnen, denn sie würde ja nicht mit ihnen sprechen können, ihrem eigenen Fleisch und Blut. Aber die Gefahr solch einer Begegnung war gering.

Dann trat Susa auf, Antons Frau, und nicht nur Anton, der sofort und wie immer stolz auf sie war, empfand, daß es kein Hereinkommen war, sondern ein Auftreten. Denn Susa zog sofort alle Blicke und Empfindungen auf sich. Sie stand in der Tür und sagte: »Einen herrlichen Tag wünsch' ich allen miteinander«, sie ging auf ihre Schwiegermutter zu und küßte sie auf die Stirn und flüsterte ihr etwas ins Ohr, einen schnellen Glückwunsch, jas najlepszego: najzdrowszego, dann begrüßte sie reihum mit Händedruck oder Stupser vor die Schulter, und solange sie das tat, kam kein Gespräch sonst auf, denn jeder wartete, daß er an die Reihe käme, von Susa begrüßt zu werden. Mittelgroß war Susa und hatte das, was zwischen vierzig und fünfzig als attraktive Figur gilt, sie trug ein dunkelgraues Kostüm, das ihren Formen alle Ehre antat, ihr Haar war lackschwarz, gefärbt natürlich, sie war von einem Fluidum von Sicherheit umgeben, daß jeder alles, was sie je täte, als genau das richtige in der betreffenden Situation empfinden würde. Und als sie sich vor Ernest Hearn, er war der letzte der Begrüßungsrunde, mit einer Art Hofknicks verneigt hatte, aus dem Ernest sie mit würdevoller Gebärde emporhob, drehte sie sich zu allen um und sagte: »Ihr Männer, jetzt für mich einen gewaltigen Schnaps!« Es war Whisky, dem sie den Vorzug gab.

»Mama, einen Eierlikör?« Karl-Heinz Krüger hielt seiner Mutter ein Gläschen hin, und die Mutter stieß mit allen an, auch mit Lena, die Onkel Ernests Trinkspruch sorgsam nachformulierte. Lena war aufgeregt und genoß diese Aufregung und nahm sich vor, nichts, nichts zu vergessen, was jetzt vorging und noch vorgehen werde, so ein Tag wie dieser kam nie wieder: zwei Engländer und ein Deutscher mit ihnen unter einem Dach. Großmama war noch ein wenig Deutsche, aber Vater nicht und Mutter nicht und sie selber natürlich schon gar nicht. Sie wünschte auf englisch ihrer Tante Mary und deren Mann gute Gesundheit und weite Reisen durch das schöne polnische Land, und es ging ihr mit nur unwesentlichen Fehlern von der Zunge. Karl-Heinz faßte in Marys Haar und in Lenas Haar und zog die Köpfe sanft gegeneinander, damit alle begreifen sollten: das gleiche Fabrikat. Aber da sahen alle, daß Marys Haar künstlich aufgehellt war, oder war doch schon Grau eingemischt, und da ließ Karl-Heinz wieder los und trat an den Tisch, wo Susa Kuchen schnitt, und nahm ein Messer und machte sich an die Torten, seine Spezialität war dabei, eine Torte mit Baumkuchenstücken und viel Schokolade und Pralinen obendrauf, eine Kalorienbombe ersten Ranges, wie er fröhlich kundtat, und Lena verstand dieses Wort und schüttelte energisch beide Hände. No, no, no! Karl-Heinz Krüger schnitt neben Susa Kryger, und sie sagte: »Ach du, wie schön das alles! Und wie schön für Mama.« Er redete über die Rezepturen zu ihr, sprach langsam und mühte sich um einfache Sätze, und am Ende sagte sie: »Brauchst dir nicht so Mühe geben, ich verstehe noch alles. Bloß sprechen.«

Stefcia, Bernards Frau, die bisher alle Vorbereitung fast allein gemacht hatte, stand dabei im bitteren Gedanken, daß sie die einzige richtige Polin in diesem Raum war, und sie war sich zu ihrem Ärger der Nutz- und Sinnlosigkeit dieses Einfalles bewußt. Nun würde immer stärker deutsch geredet werden, das sah sie kommen. Wenigstens rächte sie sich, indem sie überlaut noch einmal auf polnisch das Fleisch lobte und Anton den Preis wiederholen ließ. Anton nannte Dunecki einen windigen Hund, dann stand Sefcia, Bernards Frau, wieder abseits vom Gespräch und sehnte sich nach ihrem Mann, an den würde sie sich lehnen können, neben Bernard waren alle klein; wenn doch Bernard erst da wäre.

Natürlich saß die Mutter am oberen Ende, neben ihr Mary und Karl-Heinz, dann Ernest, Susa und Anton einander gegenüber, dort war ein Platz frei für Bernard, und unten saßen Lena und Bernards Frau, die die Schürze nicht abgebunden hatte. Ernest fragte Lena nach dem Ablauf ihres Studiums, welche Stunden für welche Fächer, und schüttelte wägend den Kopf. Wie viele Stunden habe ein Lehrer zu geben? Er selbst unterrichte in Geschichte. Zum erstenmal sei er in Polen, sagte er, und ziemlich laut auch in Richtung seiner Frau: »But my father was here in nineteen twenty.« Das übersetzte Mary und ergänzte: Ernests Vater war Leutnant in der Truppe gewesen, die zur Abstimmungskommission gehört hatte, bekanntlich hatten Franzosen, Engländer und Italiener nach dem Ersten Weltkrieg in Oberschlesien für Ordnung sorgen sollen. »I have seen the monument«, Ernest meinte die Quader in Katowice, die den drei Aufständen gewidmet waren, er wollte fragen, ob das heutige Polen die damaligen Aufständischen in Bausch und Bogen rühmte, aber dazu war jetzt natürlich nicht der richtige Augenblick. Wenn er hierhergekommen war, dann halb, um seiner Frau das Zurücktauchen leichtzumachen, und zur anderen Hälfte aus beruflichem Interesse.

Die Mutter hatte verstanden. »Damals«, sagte sie, »so.« Sie blickte auf den Schwiegersohn mit anderen Augen, er kam also nicht aus einer völlig fremden Welt, und auf einmal meinte sie, er habe mit Helm und Gewehr unten an der Straßenbahnhaltestelle gewacht, wo die Insurgenten aus umgestürzten Wagen eine Barrikade errichtet hatten. »Damals hab' ich euren Vater kennengelernt.« Sie erinnerte sich, daß auch er ein Gewehr und eine dickköpfige Handgranate am Koppel getragen hatte, und Anton fürchtete, daß sie nun erzählen würde, auf welcher Seite er gekämpft hatte, natürlich auf der deutschen, und da er das vermeiden wollte, rief er: »Was hier immer los war!« und hob das Glas, damit erst einmal auf Vater Hearn angestoßen wurde – er hoffe, der Herr lebe noch? Vor zehn Jahren verstorben, hörte er, aber das sei kein Grund, fügte Hearn an, nicht auf ihn zu trinken.

»Vorher waren wir alle Oberschlesier«, sagte die Mutter. Ach, war das wasserpolnisch: Se oblece bialy kraklik, ich lege mir einen weißen Kragen um? Ein Ausflug war eine Majowke gewesen, ein Maiausflug. Oder das Verslein:

»Hat sich Matka Floh am Bein,
Holt sich gleich 'nen Krankenschein,
Purina dobrze, dobrze,
wiolinka dann kaputt.«

Das kannten auch Maria und Susa, sie sangen es vor und lachten. »Im Nachbarhaus haben sie so geredet«, sagte die Mutter mit einem Eifer, den keiner recht verstand. Auch ihr Mann war ins Wasserpolnische verfallen, besonders wenn er schimpfte. Es schimpfte sich mit mehr Genuß im Wasserpolnischen als im Deutschen. Flüche fielen ihr ein, aber die ließ sie natürlich nicht laut werden, und weil sie in ihren Gedanken abgelenkt worden war, hatte sie nicht gehört, daß Lena, die Enkelin, sie auf polnisch gefragt hatte, ob Großpapa in eine polnische oder deutsche Schule gegangen sei, und als Lena beharrlich die Frage wiederholte, antwortete sie rasch und auch auf polnisch, das wisse sie nicht genau. Und Antek sagte: »War deutsche Schule, natürlich. In Gleiwitz.«

»Gliwice«, sagte Bernards Frau scharf.

»War in Gleiwitz«, Susa blickte Stefcia nicht an, »ich war auch in Gleiwitz.«

»Were you born in Gleiwitz-Gliwice?« fragte Ernest Hearn seine Schwägerin Susa, die ihm am besten gefiel von der Sippe her, wenn man mal von Mary absah natürlich, er hatte das Gefühl, daß sie die Atmosphäre dieser Feier bestimmen werde und das Tempo auch, mit dem die Laune stieg. Nun war Gelegenheit, zu fragen, wann Susa geboren war, 1937; aha, da war sie also 42, und bis zu ihrem achten Lebensjahr eine Deutsche gewesen, der Staatsangehörigkeit nach sowieso. Gleiwitz hatte zum Reich gehört, ein deutscher Sender war hier angeblich von Polen überfallen worden, die Nazis hatten das selber organisiert. Also bis zu ihrem achten Lebensjahr eine Reichsdeutsche. Und wann hatte sie Polnisch gelernt, bitte? Nach '45 natürlich. Da stand Stefcia mit einem Ruck auf und trug leere Teller in die Küche.

»Jetzt eine Whisky!« verlangte Susa. »Heini, was hast du mit für Gesöff?«

»Damen und Herren«, sagte Antek, als er mit den Gläsern um den halben Tisch ging, »jetzt auf unsere Familienhälfte aus England, oder Drittel besser, ach nein, Ernest ja auch. Also zwei Familienneuntel. Natürlich hab' ich Bernard schon dabei«, rief er, als sich Protest erhob, er könne wohl nicht mehr richtig zählen nach dem bißchen Wodka. »Vielleicht hab' ich schon unterwegs gefeiert, was?« Also eine Runde Whisky, für Mama ein winziger Tropfen. Ernest Hearn erhob sich und nickte spaßigfeierlich in die Runde, er sagte, er trinke auf die britisch-polnische Freundschaft, England sei ein Land der Steinkohle wie Oberschlesien auch, und deshalb fühle er sich in der gehaltvollen Luft des Reviers zu Hause. »Stinkt bei euch wie bei uns!« rief Susa, und Ernest stieß mit ihr an. Vielleicht hatte er sich so immer eine Polin vorgestellt, dunkel, zu stark geschminkt und parfümiert, laut, und nun war diese Frau eine Deutsche oder war Deutsche gewesen und Polin geworden. Von Mary hatte er nie eindeutig gedacht, daß sie Deutsche sei, sie war mit einem Österreicher verheiratet gewesen, war 1948 nach England gekommen und dort durch die Heirat mit ihrem zweiten Mann, seinem Vorgänger, zur Engländerin geworden. Natürlich war sie Engländerin und stammte aus Deutschland. Was war Susa?

Susa rief: »Seid alle satt?«

3

Es war ein milder Oktobertag, der Wind wehte von Nordwesten, und da diese Ortschaft am nördlichen Rand des Reviers lag, war die Luft rein. Wer um die Fabrik herum und durch sumpfige Wiesen ging, fand nach zehn Minuten in den Wald; der streckte sich weiter, als jemand an einem Tag laufen konnte. Als sie auf dem Hof standen, fragte Anton: »Wer geht mit spazieren?«

Natürlich hatte Stefcia mit dem Abendbrot zu tun, Susa wollte das Kaffeegeschirr abwaschen und Mary sich ein Stündchen hinlegen, so blieben die Männer. Sie wollten sich auslaufen, auslüften, und so stiefelten sie forsch los, an Gärten und an einem Kohlenlager entlang bis zur Rückfront der Fabrik. Über den Hallen der Graugießerei ragte das neue Verwaltungsgebäude, elfstöckig in Stahlbauweise mit Glas-Aluminium-Fassade, hochmodern und gräßlich teuer, wie Anton seinem Bruder kundtat; seit zwei Jahren ging es mit dem Ausbau nicht voran. Das war wie mit der Oerlikon-Maschine, eine Nummer zu groß gekauft im Überschwang, das Modernste aus aller Welt mußte her, und dann haperte es mit der Rückzahlung der Kredite, manchmal sogar mit den Zinsen. Ernest Hearn schaute und hörte auf den Tonfall seiner Schwäger und konnte sich einiges reimen. Dann hatten sie die Fabrik hinter sich und auch gleich den Ort, durch eine verunkrautete Senke war ein Damm geschüttet für Straße, Radweg und Fußweg. Dahinter begann der Wald, der Weg schwenkte von der Straße ab, und Anton Kryger sagte: »Jetzt werdet ihr staunen!«

Es waren nämlich in den Kiefern- und Birkenwald, in dem sandige mit sumpfigen Strecken kurzbucklig wechselten, Tennisfelder und Campingplatz und Parkplätze, Liegewiesen und Datschensiedlung eingesprenkelt worden. Auf eine Sauna wies Anton, auf ein Café und Stände mit Lody, Speiseeis, denn Lody war hochwichtig für Polen und, wie Karl-Heinz Krüger, der es von Berufs wegen wissen mußte, betonte, wirklich gut. Bulldozer hatten eine Senke zu einem gewundenen See ausgeschoben, Anton Kryger zeigte Bruder und Schwager den Sandstrand zum Baden und das Brückchen auf ein Inselchen hinüber. Dieser Kulturpark war da zum Angeln und Volleyballspielen, Biertrinken und Kegeln, die Kinder fanden Platz und die Halbwüchsigen und die Alten auch – war das nicht alles prima hier, war es nicht toll? In den Badestrand kratzte Ernst mit einem Ast die Zahl 1939 und malte ein Fragezeichen dahinter und fragte: This here? Dieses war Polen gewesen, aber ein paar Kilometer westlich hatte das Reich begonnen. Karl-Heinz Krüger erwähnte nicht, daß in den Sommern 1940 und '41 in diesen Wäldern die Scharen des Deutschen Jungvolks ihre Zelte aufgeschlagen hatten; er war dabeigewesen mit der grünen Schnur von der Achselklappe zur Brusttasche. 1943 war Karl-Heinz zur Wehrmacht eingezogen worden, zwei Wochen nach der Hochzeit seiner Schwester Maria mit Joachim, der damals im nicht sehr fernen Birkenau stationiert gewesen war. Aber diese Themen würde er auch dann nicht berührt haben, wenn er des Englischen mächtig gewesen wäre oder Ernest des Deutschen. Ernest wußte von seiner Frau, wie simpel es zu erklären war, daß Karl-Heinz kein oberschlesischer Pole war, sondern ein bundesdeutscher Deutscher aus Stuttgart: Bei Kriegsende lag er verwundet in einem schwäbischen Lazarett, als er entlassen wurde, fand er Arbeit in einer Bäckerei der amerikanischen Besatzungsmacht, dort hatte er es satt und warm, und als die erste Nachricht aus der Heimat eintraf, war schon ein Jahr vergangen. Diese Kunde war nicht so erfreulich gewesen, daß er die Heimkehr ersehnt hätte, sicherlich wäre sie auch nicht mehr möglich gewesen. So blieb er, heiratete, bekam Kinder, und nun war er Deutscher, wie Mary Engländerin war.

»Wie ist das nun«, fragte Karl-Heinz Krüger, als sie den Kunstsee umrundeten, »hast du dir's überlegt mit der Ausreise?« Das war ihr immerwährendes Thema gewesen, als Anton ihn besucht hatte: Familienzusammenführung mit Frau und Tochter, das Für und Wider, und sie waren zu dem Entschluß gekommen, alles reiflichst zu überlegen, und vor allem wollte Anton erst Susa genauestens berichten. »Susa sagt, sie muß anfangen als Arbeiterin. Lena kann nicht Deutsch. Und Arbeit für mich als Ingenieur? Noch mal schuften Jahre als Arbeiter vielleicht? Lena kommt sowieso nicht mit. Kann hier studieren, und was bei euch?«

»Bist vernünftig«, sagte Karl-Heinz Krüger, »und Susa ist es sowieso. Kommst wieder einmal auf Besuch. Was vorbei ist, ist vorbei. Wir können nicht so tun, als wären wir dreißig Jahre jünger.« Er selbst wurde im nächsten Jahr dreiundfünfzig, Marie war an die fünfzig, und Antek war siebenundvierzig. »Ich könnte nicht mehr zurück, und du kannst nicht fort.«

»Ist so wahr«, sagte Anton Kryger, »bin nun Pole, oder was?«

Karl-Heinz Krüger wollte keinen Streit, aber er wollte auch keinen sentimentalen Mischmasch. »Redest ja nur polnisch.«

»Weil Deutsch nach dem Krieg verboten war.« Anton Kryger versuchte sich zu besinnen, warum sie Anfang der fünfziger Jahre, von ihnen selbst kaum bemerkt, auch in der Familie begonnen hatten, polnisch zu sprechen. Im Betrieb und auf der Straße hatten sie es sowieso getan; wer nicht Polnisch konnte, hatte es schnell lernen müssen. Vielleicht war ein auf der Straße polnisch geführtes Gespräch über die Schwelle geschleppt und in der Küche fortgesetzt worden? Aus dem Radio und später aus dem Fernseher drang Polnisch, da war es einfacher, einen Gedanken in den eben verwendeten Worten fortzusetzen. Nun redeten sie schon seit Jahren nur noch polnisch miteinander, Susa und er, beim Essen und auch im Bett, er hatte polnische Kosenamen für sie bereit, und einmal hatte Susa schallend gelacht, als er ihr leidenschaftlich geschworen hatte, er und sie würden Deutsche bleiben, trotz alledem und immerdar, und das der Einfachheit halber auf polnisch.

Eine Weile gingen die drei schweigend, einmal blickten sich Antek Kryger und Ernest Hearn an und lächelten im Einvernehmen, daß dies ein guter Spaziergang sei und ein gutes männliches Schweigen, und in Antek Kryger kam der Gedanke auf, wieviel sein Schwager denn vom ersten Mann seiner Frau wisse, dem so rasch aufgetauchten und so schnell wieder verschwundenen Joachim Steiner aus Österreich. Der Name war ihm gewiß genannt worden, in den Papieren stand auch, daß Maria eine Zeitlang Frau Steiner geheißen hatte, und wie war denn das, war sie durch diese Heirat nach dem Krieg nicht sogar Österreicherin gewesen? Allzuviel dürfte Maria nicht von Joachim erzählt haben, höchstens, daß er Unterscharführer bei der Waffen-SS gewesen war, er war am Arm verwundet worden und hatte in Ratibor im Lazarett gelegen, und in Kattowitz im Bahnhofswartesaal hatten sich Maria und Joachim kennengelernt. Vielleicht galt dieser Mann für Ernest Hearn einfach als *Soldat* Steiner, ein bei Kriegsende verschollener Unteroffizier. Friede seiner Asche. Antek würde sich hüten, diese aufzuwirbeln. Er war bei der Trauung dabeigewesen in der Kirche ihres Städtchens, da hatte Joachim seinen Arm schon wieder zum Lenken eines Lastwagens gebrauchen können, und in dieser Zeit war er abkommandiert nach Birkenau. Zwei von Joachims Kameraden waren zur Trauung mitgekommen. Es war eine lustige Hochzeit gewesen mit gutem Essen und lauten Liedern, und Antek war halb ohnmächtig gewesen, so viel Kuchen und Kartoffelsalat hatte er in sich hineingeschlungen. Dann waren die drei SS-Männer wieder nach Birkenau davongefahren, und am nächsten Tag dürfte Joachim Steiner wieder Transporte gelenkt haben, vielleicht Baumaterial, wie er erzählte, vielleicht Frauen, Kinder, alte Männer und ganze Familien, Juden. Birkenau lag in der Nähe von Auschwitz, und die Krematorien des Lagers, so wußte man inzwischen, rauchten im Ort mit dem hübschen Namen Birkenau. So viel und so wenig wußte Anton Kryger vom Unterscharführer Steiner, der ein halbes Jahr später wieder an die Front gekommen war und sich dort in Rauch aufgelöst hatte – wieviel wußte Ernest Hearn?

4

Das Fleisch war geschnitten und geklopft und gesalzen, gepfeffert und mit Senf bestrichen, es türmte sich appetitlich, daneben reihten sich Schaschlikspieße. Es roch nach Zwiebeln, Knoblauch und Tomatensoße, die Küche war erfüllt von Stimmengewirr, Polnisch und Deutsch durcheinander, und am lautesten war Bernard. Er hielt eine Bierflasche in der Hand, als die drei Spaziergänger eintraten, und schrie ihnen auf polnisch und deutsch seine Begrüßung entgegen. Maria stellte vor: »Da hast du den Wichtigsten von uns allen.« Diese Einschätzung bestritt Bernard Kryger keineswegs. Jetzt war er da, die Feier begann, alles vorher war Geplänkel gewesen. Also erst einmal ein Bier für die Herren Waldläufer, und er öffnete Flaschen und streckte sie vor, und vier Männer klickten sachte die Flaschen aneinander, auch Ernest, der ahnte, daß es als Mißklang empfunden worden wäre, hätte er ein Glas erbeten. Bernards Frau, Stefcia, spürte Stolz auf ihren Mann, der die alle da in die Tasche steckte, mochten sie so weit herkommen, wie sie wollten. Sie bekam einen Schluck aus der Flasche ab; Bernards Kraft strahlte auf sie aus, jetzt war sie nicht mehr die Magd hier für die anderen alle. Als ob ihre Nähe ihn dazu gebracht hätte, redete er nun polnisch, eine kleine Rede auf Mama, sto lat, sto lat, hundert Jahre alt möge sie werden. Wszystkiego dobrego.

Ja, der Kulturpark, das war schon eine hübsche Sache. Bernard hatte hundert Stunden lang an Feierabenden und Sonntagen wie die meisten aus dem Betrieb dort gearbeitet, hatte eine Raupe gefahren oder Wegränder geebnet oder Splitt ausgeworfen. Er war noch immer vorne bei der Arbeit wie fünfzehn Jahre lang als Hauer, ausgezeichnet beinahe jedes Jahr, und einmal war er dabeigewesen, als eine Delegation dem obersten Parteiführer über die Erfolge unter Tage berichtet hatte, er als einziger ehemaliger Deutscher, Bernard Kryger, Held der Arbeit. Jetzt hätte er sich gern mit Ernest über die Bergarbeitergewerkschaften in England unterhalten, die streikten ja jeden Augenblick und hielten das Schicksal des ganzen Landes in der Hand. Wie die oberschlesischen Bergleute auch. Zeitungsleute formulierten es gern so: In Górny Śląsk schlug das Herz Polens. Aber natürlich wäre es nicht am Platz gewesen, Mary zu bitten, einen Disput über Gewerkschaftsfragen zu dolmetschen, jetzt mußte gegessen und zugeprostet werden, auf unsere Gäste aus England, auf Stefcia, die fabelhafte Köchin, auf Antek und das liebe Schweinchen, das hatte daran glauben müssen, Fleisch und Wodka und Bier, Gurken und Kartoffelsalat, rote Bete in einer wunderbar würzigen Tunke, das Rezept hatte Stefcia aus ihrem Dorf bei Lwow mitgebracht, und später würde noch einmal Kuchen aufgetafelt werden. Die Mutter legte als erste die Hände in den Schoß und blickte der Reihe nach ihre Kinder an, sie waren jetzt alle ihre Kinder. Stefcia auch und sogar der fremde Lehrer aus dem fremden Land, der ihr eben zulächelte, mit dem Maria nun hoffentlich zusammenbleiben würde, bis daß der Tod sie schied. Der Tod, mit dem die Mutter vertraut war seit Jahren, der nun schon fast alle weggeholt hatte, mit denen sie aufgewachsen war, und den sie zu Beginn eines jeden Winters erwartete; jedesmal sagte sie: Das nächste Frühjahr erlebe ich nicht. Ein Jahr nun noch, vielleicht zwei.

Susa aß am wenigsten, Kartoffelsalat schon gar nicht. Es war gräßlich, wenn es im Hirn immerzu wie von selber rechnete, wie viele Kalorien eine Scheibe Fleisch, ein Kaffeelöffelchen Zucker oder ein Gläschen Wodka enthielt. Sie spürte die Blicke von Karl-Heinz und Ernest auf sich, so war sie es von Männern gewohnt und lächelte dieses Verwandtschaftslächeln, das kaum anders war als zu ihrer Schwiegermutter, die jetzt mit verlorenem Blick saß, der Tag war wohl doch zu anstrengend gewesen. Maria beugte sich herüber, und Susa sagte: Ach was, wir wechseln mal die Plätze. Am liebsten hätte Susa gefragt: Bist du glücklich, Maria? Hast du alles richtig gemacht, daß du nach England gegangen bist und diesen vermutlich ordentlichen, aber auch ein wenig faden Lehrer geheiratet hast? Würdest du denn noch einmal von hier fliehen, ach, du würdest bestimmt, die Frau des SS-Mannes Steiner machte sich wieder davon, wer ging schon sehenden Auges ins Lager. Du mußtest fort, aber ich hatte die Wahl und war zu jung, um entschlossen zu sein. Und wie ist das, denkst du manchmal, träumst du manchmal noch deutsch? Aber alles das fragte Susa nicht und wunderte sich, daß sie vorher nicht ein einziges Mal darauf gekommen war, daß sie das jetzt würde fragen wollen. Fotos lagen nun neben zurückgeschobenen Tellern und Bestecken. Das hier ist meine Tochter, und in dieser Straße, weiter hinten, liegt unser Haus. Und Maria, Mary, verspürte eine schnelle, scharfe Sehnsucht nach dieser Straße, danach, in sie hineinzugehen, ein Einkaufsnetz in der Hand, und Miss Oakland, die Nachbarin, kam ihr mit ihrem weißen Spitz entgegen.

»Satt bin ich wie tausend Mann.« Anton Kryger wiederholte diesen Satz polnisch gegenüber Stefcia. Was hast du wieder prima gekocht, Mädchen! fügte er an und hatte in diesem Augenblick Stefcia beinahe richtig gern. Es war ein Jammer, wie sie in Bernards Schatten stand, wie Bernard sie nicht hochkommen ließ, wie sie ihn anhimmelte und kuschte und dabei noch glücklich war. Bernard der Große, und wahrscheinlich würde er wieder Krach anfangen, wenn er einen zuviel gekippt hatte.

Lena räumte ab. Sie hatte sich diesen Tag anders vorgestellt, Wände wegstoßend, die Welt kam ins Haus. Jeans hatte sie bekommen vom Onkel aus Stuttgart und Schallplatten aus England, bespielt von Gruppen, deren Namen sie nie gehört hatte, von bärtigen jungen Männern, wie die Hüllen zeigten, die nicht anders aussahen als Popmusiker in Polen und der ganzen Welt. Aber es war nichts geredet worden, was sie nicht schon gewußt hätte, und zum erstenmal empfand sie es als schmerzlich und bedrückend und sogar als demütigend, daß sie keine Fremdsprache wirklich sprach, daß sie englische Sätze nur stümpern konnte. Wäre es nicht denkbar gewesen, sie wäre zweisprachig aufgewachsen, deutsch sprechend daheim und polnisch auf der Straße und in der Schule? Die Strafen damals nach dem Krieg – das war wohl halb so schlimm gewesen.

Stefcia kam heraus und polierte die Gläser, Dabei sprachen sie leise und langsam, und Stefcia fühlte sich wie befreit von dem Druck da drin, wo sie zwei von drei Sätzen nicht verstand, wo nun auch Bernard immer mehr deutsch redete und sich kaum noch Mühe gab, sie einzuweihen. Jeder für sich von dieser Sippschaft war zu ertragen, doch nicht alle auf einmal. Wer ihr denn besser gefalle, Maria oder Karl-Heinz? Beide gut, fand Lena, und Karl-Heinz sei ihrem Vater ähnlicher als Onkel Bernard. Und Onkel Bernard sei wieder Tante Mary ähnlich, wenigstens um die Augen. Lena wagte nicht zu fragen, ob einer von den beiden etwas für Stefcia mitgebracht habe, vielleicht war sie einfach vergessen worden. Und Kinder hatten Tante Stefcia und Onkel Bernard ja auch, aber wer schon konnte für alle etwas anschleppen?

»Also, da will ich mal!« Die Mutter sagte das, und alle Blicke wendeten sich ihr zu. In der letzten Stunde hatte kaum jemand daran gedacht, daß es ja ihr Geburtstag war, daß sie hierhergekommen waren, um ihn zu feiern. Sie hatten sich gefreut, daß sie zusammen waren nach unendlicher Zeit, nur Maria hatte manchmal über die Hand ihrer Mutter gestreichelt. Ja, die Mutter, die Mama. Und Bernard stimmte an, was in Polen immer gesungen wird, wenn jemand Geburtstag hat oder ausgezeichnet wird, wenn man jemandem Gutes sagen will: Sto lat, sto lat niech tyje tyje nam, sto lat, sto lat niech tyje tyje nam. Das sangen sie alle mit erhobenen Gläsern, auch Stefcia und Lena, die in der Tür zur Küche standen, außer Maria, Ernest und Karl-Heinz. Die Mutter wehrte sachte ab, und als es vorbei war, bedankte sie sich für den schönen Tag und die herrlichen Geschenke, und morgen werde man sich ja noch einmal sehen. Und weil das Lied polnisch gewesen war, bedankte sie sich polnisch. Alle küßten sie auf die Wange, und als Maria sie in den Flur brachte und ihr die Treppe hinaufhelfen wollte, sprach sie wieder deutsch. Helfen wollen, das fehlte ja noch.

Danach kam das Gespräch nur schleppend wieder in Gang, und Ernest Hearn fragte seine Frau, ob nicht auch sie allmählich an Aufbruch denken sollten, aber Maria antwortete, dafür sei es zu früh, die Brüder würden es ihr gewiß verübeln. Susa, die den Arm um Marys Schultern legte, rief, jetzt sollten sie doch mal versuchen, ob sie ein deutsches Lied zustande brächten, *Am Brunnen vor dem Tore* beispielsweise. Sie begann zu singen mit zu hoch angesetzter Stimme, da geht ein Mühlenrad, Maria stimmte ein, so saßen die Schwägerinnen, die Gesichter einander zugewendet, und tasteten sich in den Text hinein, mein Liebchen ist verschwunden, das dort gewohnet hat. Sie kamen bis zum Ende der ersten Strophe, aber wie begann die zweite? Maria hatte dieses Lied gesungen, als sie mit ihrer BdM-Gruppe in weißer Bluse und blauem Rock in einem Lazarettsaal zwischen verwundeten Soldaten gestanden hatte. Verbände hatten auf Schienen aus den Betten herausgestochen, die Luft war erfüllt gewesen von lähmendem Gestank, und am lautesten hatte ein Soldat gesungen, der eine Binde um Stirn, Augen und Nase trug, von dem geflüstert wurde, er sei blind. Stefcia hörte das Lied und erinnerte sich, daß die deutschen Wärterinnen des Kinderlagers es gesungen hatten, in das sie, eine polnische Waise, gesperrt worden war, und wie immer schrak Erinnerung an die Strafe auf, die die Wärterinnen verhängt hatten, Entengang, in der Hocke hatten die Kinder von einer Seite des Hofes zur anderen watscheln müssen, das Geschrei der Wärterinnen über sich und in Angst vor der Peitsche, vorm Hinstürzen und Liegenbleiben. Entengang, das war eines der wenigen deutschen Wörter, die in ihrem Gedächtnis geblieben waren. Die Wärterinnen hatten dieses Lied gesungen in ihrem Zimmer, das hell und warm war, und die polnischen Waisen hatten auf den Pritschen vor Kälte, Hunger und Angst gezittert.

»Und weißt du noch, Antek, wie du nach Braunschweig gekommen bist?« Das holte Bernarnd immer wieder herauf, das gilt ihm als der bitterböse Umschwung in seinem Leben, und Antek konterte jedesmal: Aber du bist doch was geworden hier, was beschwerst du dich, und gehört sich denn das für einen Genossen der Vereinigten Polnischen Arbeiterpartei, he? Aber die ersten Jahre im Lager! lärmte Bernard dagegen an. »Ich seh' das noch heute«, redete Bernard über den Tisch, ohne Rücksicht darauf, ob ihm einer zuhörte, »ich auf diesem Bauernhof, und spann' die Pferde ein, und wer steht da vor mir? Antek, das Briederchen! Hat Vater Brief gekriegt ein Jahr nach dem Krieg, einer hat ihn mitgenommen, der unbedingt nach Hause wollte, der Ochs, und da steht Antek und sagt, könnt ihr euch vorstellen? Sagt als erstes nicht guten Tag oder was, sondern: schönen Gruß von Papa, und du sollst sofort heimkommen. Als ob wir bißchen hinterm Haus gespielt hätten! Sollst sofort heimkommen – habt ihr gehört?«

Susa und Maria überlegten, was sie noch singen könnten, bei welchem Lied sie am ehesten den Text fänden. Mein Schlesierland, wir sehn uns wieder am Oderstrand – besser nicht. Lena starrte auf ihre Mutter, so hatte sie sie noch nie gesehen, mit so glitzernden Augen und roten Bäckchen, zehn Jahre jünger oder als ob sie verliebt wäre. Und deutsch sprach sie, die Wörter purzelten ihr nur so von der Zunge, als drängten sich nicht mehr darauf, als ordnungsgemäß abgefertigt werden könnten.

»Und wie alt warst du?« fragte Antek.

»Macht denn das was?« schrie Bernard.

»Klar macht das was! Vierundzwanzig und Fallschirmjäger und Unteroffizier und wieviel Orden hast gehabt?«

»Ach, große Scheiße!« schrie Bernard. »Und ich klotze heim, weil du gesagt hast, Vater liegt krank und kann nicht pflügen, und da muß der Sohn heim aus der Fremde. Mensch, was gibt es Blöderes als Bauer, egal Hof und Pferde und Acker! Und als ich heimkomme, ist Vater kerngesund, und mich verpfeift einer, ich sei Leutnant gewesen, und die Polen stecken mich ins Loch.«

»Und im Loch wirst du der größte Hauer von Oberschlesien!« Antek lachte, aber Bernard hatte ihn verprügelt, als er aus dem Lager kam, und am nächsten Tag war er wieder in denselben Schacht eingefahren, diesmal freiwillig, und nie wieder hat er die Zügel eines Gespanns in die Hand genommen.

»Wärst nicht gekommen, hätt' ich heute auch Konditorladen wie Karl-Heinz, wos?«

Stefcia war in die Küche gegangen und hatte leere Flaschen mitgenommen, da sah sich Susa um und dachte: Deutsche sind wir doch alle hier bis auf den Engländer, aber der ist wenigstens kein Pole, und Lena ist die Tochter von zwei

Deutschen, und dieser Gedanke war noch nicht zu Ende, da sang sie los: »Deutschland, Deutschland über alles, über alles in der Welt. Wenn wir stets zum Schutz und Truhutze brüderlich zusammenhält«, sang Susa, wie es ihr die Erinnerung eingab, »von der Maas bis an die Mehemel«, da ruckte Anteks Kopf hoch aus dem Kichern über die Vorstellung, wie Bernard weißbekittelt hinter der Theke einer Konditorei stehe, eine Buttercremtorte in der Hand, er starrte Susa an ob die wohl verrückt geworden sei, aber da fiel Maria ein, und zusammen ließen sie die Stimmen steigen: »von der Etsch bis an dehen Belt« Da stieß Stefcia die Tür auf und schrie: »Bernard!« Und Bernard riß beide Hände hoch und packte rechts und links auf Lippen und Zähne, in Weichheit und Feuchtigkeit, »Deutsch ...« setzte es hoch und treffsicher ein und brach gurgelnd ab, und Bernard drückte die Münder von Susa und Maria zu und ihre Köpfe zurück, das eben begonnene jubelnsollende Wort erstickte, und in die Stille hinein hämmerte Stefcia einen langen polnischen Satz, der für Ernest Hearn aus lauter kantigen Hauptwörtern zu bestehen schien und der nur einen einzigen Sinn haben konnte, daß nämlich das Fest augenblicklich beendet sei.

Stefcias Mann faßte ihren Satz so zusammen: »Feierabend, pschakreff!«

## 5

Ob es Strudel waren, aus denen er sich hochquälen mußte, ob er in einem Schacht steckte und der Himmel zu einem Loch weit oben geschrumpft war – es war ein mühsames Wachwerden für Anton Kryger. Kopfschmerz schrak auf, und sofort brannte dieser böse Durst; Schlund, Gaumen und Zunge waren wie Sandpapier. Susa schüttelte ihn, sagte immer wieder etwas von Aufstehen, nannte seinen Namen, he! Da öffnete er endlich die Lider, ja doch, er komme gleich, das wollte er murmeln, doch die Lippen klebten aneinander.

Susa hatte Kaffee und Brot hingestellt. Morgens war in dieser Küche nie viel gesprochen worden, und so fiel es Anton Kryger nicht auf, daß seine Frau nichts mehr gesagt hatte seit dem Wecken. Sie mußte sowieso eher fort zu ihrem Bus. Auf einmal war Erinnerung da, Mamas Geburtstag und dieses scheußliche Ende, mein Gott, ja. Jetzt, da er Susa mit ihrem Schal hantieren sah, wußte er plötzlich alles, und auf dem Hof noch hatte sich Maria bei allen entschuldigen wollen und hatte Bernard gebeten, sie bei Stefcia zu entschuldigen, aber Bernard hatte dagestanden wie ein Stein, Stefcia hatte geheult, Lena hatte Stefcia umarmt, das Weinen war aus Lena mit einem Schrei herausgebrochen, und noch auf dem Heimweg hatte sie gezittert und auf kein Wort reagiert.

Ein Morgen in Górny Śląsk, da verstaute Karl-Heinz Krüger die Reisetaschen von Schwester und Schwager im Kofferraum. Sie hatten eine lange Fahrt vor sich durch Mähren und Böhmen und Bayern bis zum Flughafen von Frankfurt am Main, man mußte nicht gleich jetzt alles bereden.

Maria, Mary trug noch einen Beutel heraus, ein Karton war darin mit zwei kleinen schartigen Tassen, die hatte sie sich von Mutter erbeten, und die hatte gesagt: Was ihr bloß findet an dem alten Zeug? Jetzt trat die Mutter an die Haustür, Umarmung, Küsse und Tränen. Behüt dich Gott, mein Mädchen, und Maria dachte mit einem aufschluchzen: Jetzt siehst du Mutter zum letztenmal.

Die Männer stiegen vorn ein, und Maria, Mary schob sich zu Beuteln und Taschen auf den Rücksitz. Karl-Heinz Krüger steuerte achtsam aus dem Tor und mühte sich, in die Konzentration hinüberzufinden, die er brauchte für zehn, fünfzehn Kilometer Fahrt auf engen Straßen mit Pferdefuhrwerken und Traktoren und Radfahrern, mit diesem sagenhaften Mischverkehr, dem Scheußlichsten, was es gab. Maria blickte zurück und hob die Hand, bis der Pfeiler des Hoftores das Bild der Mutter wegriß. Dann schloß sie die Augen und wartete auf ein Weinen, das nicht kam.

Da saß Susa Kryger am Schreibtisch und hatte den ersten Arbeitsschwall bewältigt. Jetzt kam aller Wahrscheinlichkeit nach eine Flaute, Zeit, sich um Tee zu kümmern, sie würde ihn mit viel Zitrone trinken, vielleicht beizte sie so den schlechten Geschmack aus dem Mund. Mein Gott, es war grauenhaft, was sie getan hatte, und es nutzte nichts, daß es erklärlich schien. Der Eklat würde nicht über die Familie hinausdringen, natürlich nicht, aber das Verhältnis zu Stefcia auf Jahre erneut belasten. Sie würde sich bei Stefcia entschuldigen, natürlich. Aber erst mußte Bernard sie dazu bringen, daß sie die Entschuldigung überhaupt annahm; von Bernard hing jetzt viel ab. Susa griff zur ersten Zigarette an diesem Morgen und wußte schon vorher, daß sie übel schmecken würde. Ein Tag lang Erinnerung, deutsche Wörter, Sätze, ein deutsches Lied – und das geschah ihr, Susa Kryger, von der noch nicht einmal die Tochter ein deutsches Wort gelernt hatte. Es war nicht zu fassen. Ihre Gedanken rissen ab, als eine Kollegin eintrat, einen Packen Papier in den Händen: Pani Krygerowa, die Abrechnungen für, von, wegen – können Sie mal schauen? So kam die Überlegung, wie sie mit ihrer Tochter ins reine kommen könne, erst später.

Ernest Hearn hatte zu dieser Zeit die Beine ausgestreckt und lag mehr, als er saß, den Sicherheitsgurt über der Brust, und genoß die Fahrweise von Karl-Heinz Krüger. Der überholte nicht um eines kleinen Vorteils willen, hielt höflich vor einem alten Mann, murmelnd: Väterchen, Väterchen! Er bremste vor radfahrenden Kindern, aber wenn er einmal zum Sprung ansetzte, geschah das mit Kraft. Der vergangene Abend – es würde noch allerhand zu fragen geben. Aber warum hatte Stefcia, als alle auf dem Hof standen und eine Verabschiedung versucht hatten, Mary angeschrien: Du Entengang! Er würde Mary fragen: Was ist das, Entengang?

»Da vorn ist die Grenze«, sagte Karl-Heinz Krüger.

1979

Marek Nowakowski

# Bonjour

Hier gab es meist Vollkornbrot. Also ging ich hinein. Das Lädchen war klein und dunkel. Hinter dem Ladentisch standen zwei Verkäuferinnen, nette, pausbäckige Mädchen. Die eine war eine lustige Schwarzhaarige, die andere kräftig, mit strohblondem Haar. Beide waren in Mänteln, die Hände steckten in Wollhandschuhen mit abgeschnittenen Fingern. Sie waren ganz verfroren, und mit einem trockenen Geräusch rieben sie ihre steifen, roten Finger. Ein kleiner Ofen mit einem Blechrohr heizte das Lädchen, und durch die Ecken kroch die Kälte. Auf dem Regal hinter dem Rücken der Verkäuferinnen lagen dunkle Brotlaibe mit einer frischen, geplatzten Kruste. »Eins bitte«, sagte ich und zeigte auf das Brot.

Und auf einmal lächelten die beiden Mädchen anmutig, so nett und natürlich. Bei der Schwarzhaarigen zeigten sich Grübchen auf den Wangen. Die andere, die mit den strohblonden Haaren, zeigte ihre weißen, gesunden Zähne. Aber dieses Lächeln galt nicht mir. Ich sah mich um. In der Tür stand ein bärtiger, alter Mann, ein zerlumpter Kerl mit einem über die Schultern geworfenen Sack.

»Bonjour«, sagte er.

Die beiden Verkäuferinnen begrüßten ihn mit demselben französischen Wort.

Der alte Mann lächelte vergnügt. Sein Mund verschwand fast im zotteligen Haar, dichte, graue Büschel waren es, und seine Augen funkelten wie die Kohle, die in dem Öfchen mit dem Blechrohr knisterte.

Erst jetzt bemerkte ich, daß sich noch eine andere Person im Laden befand. Ganz in der Ecke stöberte eine Frau in den Nudelpackungen.

»Die mit vier Eiern gibt's also nicht, na, dann eben nicht«, murmelte sie zornig vor sich hin. »Und keinen ordentlichen Tee ... Nur den gewöhnlichen ...«

In freundlicher Erwartung sahen die Verkäuferinnen unverwandt den bärtigen Landstreicher an.

Er ging zum Ladentisch und schaute sich auf den Regalen um. Er zeigte auf das Brot.

»Wie gewöhnlich.«

Das kräftige Mädchen, die mit den flachsblonden Haaren, langte nach dem Brot. Sie legte es wieder zurück und wählte ein anderes aus, das braun und besser durchgebacken war.

»Deux pains?« Der alte Mann trommelte mit den Fingern auf den Ladentisch.

»Deux pains?« wiederholte die Blonde und runzelte die Stirn.

»Deux pains«, meinte die Schwarzhaarige. »Das sind sicher zwei Brote.«

»Bien«, pflichtete der Alte bei. Er drohte ihnen scherzhaft mit dem Finger.

»Es scheint mir, ihr seid ein wenig aus der Übung, meine Damen!«

Und es begann eine äußerst merkwürdige Konversation auf französisch. In diesem kleinen, ärmlichen Lebensmittellädchen. Am Rande eines Stadtviertels voller Werkstätten, kleiner Fabriken und Geschäfte. Schulmeister war der bärtige, alte Vagabund. Und seine gelehrigen und willigen Schülerinnen die beiden Verkäuferinnen, die gerade erst aus ihrem Dorf hierher verpflanzt worden waren.

Wie ein Dirigent hob der Alte die Arme.

»Alors! Sprecht mir nach! Eins, zwei ... Un, deux ...«

Die Mädchen wiederholten gemeinsam:

»Deux, deux ...«

Er stellte seinen Landstreichersack auf den Boden und langte in die Manteltasche. Lange wühlte er in ihrem unergründlichen Innern, bis er eine Handvoll Wechselgeld auf dem Ladentisch ausschüttete. Zusammen mit den Mädchen begann er abzuzählen, was er für das Brot schuldig war. Er zählte auf französisch. Sie probierten es genauso. Er lächelte und verbesserte ihre Aussprache. Laut spornte er sie an: »Alors!« Er selbst sprach flüssig, melodiös, mit diesem charakteristischen Akzent. Und die ganze Zeit über leuchteten seine in den strahlenförmigen, dichten Runzeln verborgenen Augen vor gutmütiger Heiterkeit. Ich hatte mein Brot schon, zögerte aber, den Laden zu verlassen. Ich schaute mich auf den Regalen um, als ob ich noch nach etwas suchte. So bezauberte mich diese Französischstunde. Ich beneidete die Verkäuferinnen. Ich selbst hätte gern bei ihm gelernt. Ein außergewöhnlicher alter Mann war das. Zerlumpt, schmutzig und zerzaust. Ein armer Teufel vom Bodensatz der menschlichen Gesellschaft. Und doch so heiter, zufrieden und unbeschwert. Ja, unbeschwert. Ein Vogel, der hier in diesen dunklen, kalten Raum geflogen war. Ein bunter Vogel. All das, was bis jetzt starr, düster und abstoßend gewesen war, hatte er belebt.

»Man muß nur viel Konversation machen«, sagte er. »Das Wichtigste ist die Konversation.«

»Aber mit wem?« fragte die fröhliche Schwarzhaarige. »Sie sind so selten bei uns. Und die andern fluchen nur..., und das meist auf polnisch.«

Der Alte brach in lautes Lachen aus. Auch ich fing an zu lachen.

Die Frau, die bis jetzt in den Nudel gestöbert hatte, rückte näher an die Theke heran. Sie war groß, hatte ein langes, knochiges Gesicht und aufdringliche, stechende Augen, die sie blau geschminkt hatte. Sie trug einen üppigen, rostbraunen Pelz mit weißem Kragen, und an den Fingern blitzte Gold, dieser billige Schmuck, den die Leute von ihren Orientreisen mit nach Hause bringen.

»Gibt es holländische Butter?« fragte sie mit erhobener Stimme.

»Woher?« wunderte sich die Verkäuferin mit den hellen Haaren. »Die gibt's schon seit den Feiertagen nicht mehr...«

Gerade begann der bärtige Vagabund auf französisch die Käsesorten aufzuzählen.

»So viele!« sagte die lustige Schwarzhaarige und hob ihre dünnen, gezupften Augenbrauen.

Die Frau im Pelz warf dem Landstreicher einen scharfen, unangenehmen Blick zu. Laut zog sie die Luft durch die Nase ein. Sie krümmte sich vor Ekel, und undeutlich brummte sie etwas.

Interessiert schauten beide Verkäuferinnen zu ihr hin.

»Was wünschen Sie?« fragte die Schwarzhaarige.

Der Vagabund packte sorgfältig sein eben erstandenes Brot in eine Zeitung. Er verstaute es in seinem Sack.

»Merci«, sagte er.

»Was für ein Kauderwelsch!« fauchte die Frau im Pelz.

Mit seinen heiteren Augen, deren Gutmütigkeit einfach durch nichts zu erschüttern war, schaute der Landstreicher die Frau an. Er lächelte ihr auch zu.

»Madame«, sagte er und machte galant einen Bogen um sie.

Die Frau im Pelz sah ihn wütend an.

»Ein Franzose!« zischte sie. »Daß ich nicht lache!«

»Da gibt es überhaupt nichts zu lachen«, erklärte die blonde Verkäuferin bestimmt, die mollige mit den masowischen Pausbäckchen. »Dieser Herr hat jahrelang in Paris gelebt.«

Die Frau im Pelz lehnte sich an den Ladentisch. Sie schnaubte vor Erregung.

»Paris!« Sie kochte vor Wut. »Auf den Müllhalden treibt er sich herum und spielt den Franzosen! So ein Stinker!«

Der Alte warf seinen Sack über die Schulter und öffnete die Tür. Noch einmal warf er den Mädchen hinter dem Ladentisch einen freundlichen, leuchtenden Blick zu. Leicht berührte er mit zwei Fingern das Schild seiner Mütze.

»Au revoir.«

Die Tür schlug zu. Er ging seines Weges.

»Au revoir«, wiederholten fast gleichzeitig die beiden Verkäuferinnen.

Die Frau im Pelz schaute sie verblüfft an.

»Was wünschen Sie?« wiederholte die Schwarzhaarige mit den drolligen Grübchen auf den Wangen mit scharfer Stimme.

Und alle drei starrten wir voller Widerwillen auf dieses alte Weibsbild, eingehüllt in ihren langen, rostfarbenen Pelz mit weißem Kragen. Sie war wie eine glitschige, giftige Kröte. In dem Laden wurde es wieder still, düster und kalt.

*Aus dem Polnischen von Jutta Wierczimok*

Aleksander Rozenfeld

# Du bist mir, Polen, ein ständiger Zahnschmerz

Du bist mir, Polen, ein ständiger Zahnschmerz,
der Geruch deines Mundes sticht mir in die Lunge,
entferne ich mich von dir,
sehe ich deutlicher,
was mein Wesen bedroht.
Was wird uns geschehn in nächster Zeit?
Ich weiß – und dieses Wissen ist neu –,
daß ich im äußersten Lauf deine Wege berühre.

Zeuge wurde ich fremder Tränen
und kannte das eigene Weinen.
Mir erstirbt nun die Sprache
in der Ferne, du weißt –
eine neue Frau lernte ich kennen,
Sehnsucht ihr Name,
ich sehe sie an ohne Vertrauen,
geschminkt ist sie, und taktlos zieht sie mich an sich,
sie nährt die Erinnerung und raubt mir den Schlaf.
Außer ihr ist mir alles fremd, POLEN
DU BIST MIR DAS SCHLECHTE GEWISSEN,
trotzig rufe ich dich, immer noch, und du,
bleibst du mir so fern?

Israel 1984/Lublin 1987

*Aus dem Polnischen von Dieter Kalka*

Michael Zeller

# Zäuberlingchen

Das hatte ich nicht erwartet – zwei nackte Frauen in der Küche!

Die Geburt der Venus von Botticelli war gut gelungen, und auch an einem hingestreckten weiblichen Akt von Tizian fand ich auf den ersten Blick nichts auszusetzen. Ich war fast erschrocken, in der Küche von Frau Kuszlik, einer Art Wohnküche, drei oder vier der berühmtesten Bilder hängen zu sehen, auf Leinwand gemalt, in Öl, keine Drucke. Daß ich mich, sozusagen, sofort auf diese Bilder stürzte, hier, bei meinem ersten Besuch, machte Frau Kuszlik verlegen. Eine Mischung aus Stolz und Geniertheit rötete ihr das Gesicht, und sie fing an, mit der Umständlichkeit ihrer altmodischen Sprache die Herkunft dieser europäischen Meisterwerke in ihrer Küche zu erklären. Ihr Mann habe ein paar Jahre lang in einem Museum gearbeitet, vor ihrer Krakauer Zeit, und da seien, bei einer Umgestaltung der Ausstellungsräume, diese Kopien an sie gekommen. So jedenfalls reimte ich es mir zusammen – Frau Kuszliks Deutsch, das sie vor immerhin fünfzig Jahren gelernt hatte, holperte dabei noch ärger als sonst, doch ich spürte, daß ich nicht tiefer dringen sollte.

Gleich viermal mußte ich Frau Kuszlik beteuern, daß ich wirklich nicht hungrig war und wirklich nichts essen wollte, ehe wir uns endlich an den Tisch setzen und mit der Arbeit beginnen konnten, denn deswegen war ich ja hierher gekommen – ein bißchen glaubte ich sogar selbst daran. Kaum hatten wir Awas Manuskript, auf dünnem Durchschlagpapier geschrieben, zwischen uns aufgeteilt, sprang Frau Kuszlik noch einmal auf, holte einen Teller mit Gebäck und forderte mich auf, doch wenigstens hier zuzugreifen. Es war eine schwere Köstlichkeit aus Schokolade, Kakao und Nüssen und erinnerte mich eher an Pralinen als an Gebäck.

»Selbstgemacht natürlich«, sagte Frau Kuszlik, zufrieden mit meiner Miene, und schlug dabei die Augen nieder, wieder mit dieser kleinen Scham von vorhin, die dem altgewordenen Gesicht die Befangenheit eines jungen Mädchens zurückgab. Schweigend beugten wir uns dann über die Blätter, jeder einen Stift in der Hand, saßen am Küchentisch und arbeiteten, Frau Kuszlik übersetzend, ich korrigierend, bis sie wieder ihren Kopf hob, mit einem leisen Seufzen wartete, ob ich darauf reagierte, sich entschuldigte, weil sie schon wieder unterbrechen mußte, abermals wartete, dann erst fragte, ob das Wort *Zäuberlingchen* denn heute noch gebräuchlich ist.

Frau Kuszlik hatte ich während des Jüdischen Festivals in Kazimierz kennengelernt, bei dem abschließenden Buffet in der Poper Synagoge, gegenüber von Re'emuh. Ich weiß nicht, wieso – die vielen Menschen auf engem Raum hatten damals mit einem Mal meine Stimmung niedergedrückt –, ich kam mir plötzlich verlassen vor, so fremd und überzählig. Zwei oder drei Versuche, mich in ein Gespräch zu mischen, waren gescheitert. Ich hatte also zu gehen, sofort, um nicht noch mehr in Trübsinn zu versinken. Wollte mich eben nur noch von Manfred Lemm verabschieden, der am Nachmittag im Rahmen des Festivals Lieder von Mordechai Gebirtig gesungen hatte, dem jüdischen Dichter der Vorkriegszeit. Doch Lemm unterhielt sich gerade mit einer älteren Dame, klein war sie und pummelig rund. Ich geriet sofort in ihr Gespräch und erlag schnell der Wärme, die aus dem Gesicht dieser vielleicht siebzigjährigen Frau strahlte, etwas ganz Kostbares. Manfred Lemm stellte mir Frau Kuszlik als den guten Geist des Festivals vor. »Sie wohnt hier in Kasimierz, genau in der Szeroka-Straße, im Haus neben der R'emuh Synagoge.«

»No«, sagte sie auf deutsch, die Augen hinter den dicken Gläsern mit Zustimmung auf mich gerichtet. »Ich kümmere mich ein wenig um die Sänger und Sängerinnen ... ein wenig, aus den Ländern allen, und sie stellen die Instrumente ab bei mir in Wohnung, und wenn sie sich ein bißchen gutfühlen hier in Krakau ... « Ich schaute in ihr Lachen, das ihr immer die weichen Wangenpolster hob. Das Lachen tat mir gut in dieser Stimmung, in der ich war. Als Lemm ihr sagte, daß ich Schriftsteller sei, nahm ihr Interesse an mir zu. Sie fragte nach meinen Büchern, ihren Themen, dem Stil ...

»Woher haben Sie denn ihr hervorragendes Deutsch?« fragte ich zurück. Sie stamme aus Posen, dem Teil Polens, der nach dem Überfall der Deutschen 1939 als »Warthegau« bezeichnet worden sei, und deshalb, sagte sie und lachte dabei, deshalb habe sie Deutsch gelernt, und zwar im Untergrund, als Mädchen. »Wofür das Schlimme im Leben doch manchmal gut ist, nicht wahr, vorausgesetzt, man übersteht es«, und damit war das Thema für sie beendet.

Nein, ans Nachhausegehen dachte ich jetzt nicht mehr.

Noch einmal wolle sie, wenn sie dürfe, auf meinen Beruf zurückkommen, meinte sie und tastete sich nun mit besonders rührenden Wendungen der Höflichkeit an mich heran: »Können Sie mir vielleicht ein wenig hilfreich sein?« Sie arbeite gerade an einer Übersetzung vom Polnischen ins Deutsche, und sie sei sich nicht ganz sicher, ob das Deutsch, das sie gelernt habe in der Kindheit, heute noch so gesprochen werde. Es sei ein Theaterstück für Kinder, kein langer Text, ein paar Seiten nur, von ihrer Tochter Awa, die an Krakauer Schulen mit den Kindern Theater spiele und dafür auch die Stücke schreibe. Sie finde sie sehr gut, diese Stücke, natürlich, als Mutter, aber auch ein deutscher Freund habe ihr Mut gemacht, und sie wolle sie nach Deutschland schikken, an Verlage, an das Fernsehen vielleicht.

Und dann, mit einem Mal, war eine junge Frau zwischen uns gestanden, an diesem Abend in der Poper Synagoge von Kazimierz. Ich hatte sie nicht kommen hören, so sehr hielt mich Frau Kuszliks Charme gefangen. Klein war sie, sehr schmal, elfenhaft wirkend, ein Mädchen eher als eine Frau. Anziehend das blasse Gesicht, anziehend auf eine fremde, ungewohnte Art.

»Awa«, hatte sie gesagt und mir eine Kinderhand entgegengestreckt. Ein Wärmestoß ging mir durch den Magen – alles so einfach, diese erste Berührung, ein wenig feucht ihre Hand, oder kühl. Ich war berührt, auf eine weiche Art gestreichelt, ohne jede Koketterie, ganz ohne den lauten Kitzel des Geschlechts.

Schade, daß Awa sofort wieder hatte gehen müssen.

»Sie unterhalten sich ja offenbar ganz gut mit meiner Mutter, wie ich sehe«, hatte sie zum Abschied gesagt, Spott in den Augen. Und etwas zurückgelassen in mir, das brannte.

Bestimmt hätte ich Frau Kuszlik, damals auf dem Festival, auch so, ohne das Auftauchen ihrer Tochter, meine Hilfe angeboten. Jetzt aber hatte ich achtgeben müssen, daß meine Zusage nicht allzu spendabel geriet. Dem mütterlichen Argwohn, der kleinen Eifersucht, die in Frau Kuszliks Lächeln aufgewacht war, wollte ich keine Nahrung geben.

Auf dem Heimweg hatte ich gespürt: Eine große Verheißung hatte ihren Anker in meine Seele geworfen. Ihr Name war Awa. Die Glücksberührung weitete sich aus in dieser Nacht, durchströmte den ganzen Körper, der Kopf schwebte dem nachtschwarzen Himmel entgegen – wo gab es Grenzen? –, die Schritte federten zärtlich über das Pflaster des verstummten Krakau.

Und war dann, nach ein paar Tagen, nicht zu rasch, zurückgekehrt in die Szeroka-Straße, mit drei roten Rosen für Frau Kuszlik. Jetzt lag das dramatisierte Zaubermärchen Awas vor mir, auf dünn zerknittertem Papier, mit bösen Hexen und guten Feen, es sollte die Kinder ein wenig auf die Umweltproblematik hinlenken und war, fand ich, ganz hübsch gemacht.

*Zäuberlingchen... ?* Nein, vielleicht so nicht...

Das Deutsch, in das die Mutter diese Dialoge verwandelte, hätte vielleicht im letzten Jahrhundert eine Gouvernante ihren Zöglingen eingetrichtert, so zeremoniell und steif stolzierte es daher. Ich fuhr mit meinem Stift auf dem Papier herum, daß Frau Kuszlik schon ausgesprochen besorgt über den Brillenrand zu mir herüberlugte, als sei ich ein böser Zauberer.

Der Zauberer aber wurde langsam nervös, denn seine Aufmerksamkeit war in sich gespalten. Auf der einen Seite ging es mir, gewohnheitsgemäß, um saubere Arbeit an einem Text, die meine ganze Konzentration erforderte – erfordert hätte. Viel lieber aber wollte ich mit Frau Kuszlik plaudern, mehr von ihrem Leben erfahren. Und dann lauerte – uneingestanden, doch die Unruhe war nicht zu leugnen – eine Erwartung in mir. Wo war Awa überhaupt – die Tochter? Und ich mußte vorsichtig sein, um die Mutter nicht meine Ungeduld spüren zu lassen, den innigsten Impuls, der mich hier hielt, den kleinen Treubruch ihr gegenüber.

»Awa«, sagte sie, als habe sie mich durchschaut, ich mußte also noch behutsamer vorgehen hier, »Awa ist zu Freunden gekommen, weil sie feiert Geburtstag heute. Und, no, da dacht ich, es ist gut, wenn Sie die Blümlein hier – Ihre schönen Blümlein für mich... Aber das sollten Sie doch wirklich nicht, aber das war wirklich entzückend von Ihnen, aber sie sind wirklich besonders schön –, no, wenn Sie reichen ihr später diese Blümlein auf den Geburtstag, wenn Sie mechten...«

Ich versuchte, meinem Gesicht einen überrumpelten, abweisenden Ausdruck zu geben – ob sie ihn mir abnahm? Mein Herz aber, tief innen versteckt, es stotterte vor Freude, daß ich Awa an diesem Abend noch sehen sollte. Und ich klemmte mich sofort wieder hinter das Manuskript, das Werk von Tochter wie Mutter, und rang mit Kobolden und Hexen und allerlei Waldgeistern, die sich bei Nacht durch Krakau trieben und dabei wie in einer preußischen Schulfibel zu Kaiser Wilhelms Tagen miteinander konferierten. Dabei glaubte ich, durch den Kanzleistil der Mutter hindurch, aus der Fabel des Stücks wirklich eine kräftige Phantasie herauszulesen, die vielleicht selbst unsere kleinen Fernsehmonster in Deutschland, denen kein Tobak mehr stark genug ist, doch noch erreichen könnte.

»Bedienen Sie sich aus dem Konfekte, bitte, ja?« drängte mich Frau Kuszlik. »Sie können sich nicht denken, wie dankbar ich Ihnen... Wir beide, meine ich natürlich...«

»War es eigentlich Awas Idee, daß Sie ihre Stücke übersetzen, oder...?«

»No, wissen Sie« – Frau Kuszliks Blick blieb aufmerksam auf mich gerichtet, die Stimme aber verlor sich ein wenig zwischen uns... »Wirklich, ich red nicht gerne darüber, aber es geht uns zur Zeit nicht gut in Polen, uns allen nicht. So schlecht wie jetzt ist es noch nie gewesen womeeglich. Wird immer schwerer, die Familie zu ernähren, die Tochter, den Sohn. Er wohnt zwar nicht mehr hier, der Sohn, er hat Arbeit in Lublin, beim Fernsehen, aber er braucht ein Zimmer dort, und das alles ist so teuer geworden, daß er alleine niemals... Er braucht meine Hilfe immer noch, sonst...«

»Ist Awa einverstanden damit, daß Sie ihre Stücke...«, hakte ich nach, obwohl Frau Kuszliks Gesichtspolster sich bedrohlich aufgelöst hatten, ins Weiche, als wollten sie den Augen voranfließen. Nein, Tränen kamen ihr nicht, aber sie schaute lieber in ihre Blätter als auf mich.

»Jedenfalls, no..., sie hat nichts dagegen, es ist ihr egal, glaube ich, ja, sagt man so: egal?... Awa ist ja noch etwas... Sie lebt in ihrer eigenen Welt. Und ihr Talent: so viel Talent! Ist doch ein Jammer, daß ihre Stücke hier herumliegen, und kein Mensch... Und ein deutscher Freund, der meint, daß man kann verdienen viel Geld in Deutschland mit Stücken für Kinder, im Fernsehen.«

Wirklich: Es gehe ihnen ziemlich schlecht zur Zeit hier, in Polen. Ein Fremder würde das vielleicht gar nicht so mitbekommen... sie sage es auch wirklich nicht gerne, aber sie habe Vertrauen zu mir: schon Mitte des Monats gehe ihr das Geld aus, es werde ihr immer schwieriger, die Familie über Wasser zu halten. Awa verdiene ja kaum Geld mit ihrem Schultheater, viel weniger als eine normale Lehrerin. Sie mache es so wunderbar, mit so viel Phantasie, so viel Herz, ach ich könne mir ja gar nicht..., aber es sei fast umsonst. »Wenn ich Ihnen sollte sagen, wieviel nur... sie verdient...«

Ich hatte die Blätter von mir weggeschoben, um ganz zuhören zu können. Was hätte ich auch sagen sollen? Ich war froh, daß die Stimme von Frau Kuszlik sich wieder gefestigt hatte. Sie rückte ihren Stuhl zurecht, setzte sich auf die Kante, drehte die Brille vor sich in den Händen, ihr war wohl eine neue Idee gekommen.

»Bei Ihnen zu Hause in Deutschland, da kennen Sie doch viele Leute, gescheite Menschen und ein bissel reich womeeglich... und wissen vielleicht... no, können Sie mir sagen, wieviel Geld man in Deutschland bekommt für so ein Bild... unter Umständen...?« fragte sie und nickte zu den beiden italienischen Nackten hinüber. Sie stand auf und kramte zwischen dem Küchenschrank und einer Kommode zwei weitere Bilder vor, einen Breughel und ein Stilleben mit Austernmuscheln und Weinglas, offenbar auch ein Holländer dieser Zeit.

Gerne hätte ich Frau Kuszlik Hoffnung gemacht, aber ich wollte auch nicht etwas versprechen, was ich hinterher nicht würde halten können. So lobte ich erst einmal die Qualität der Kopien, aus Überzeugung, sie waren wirklich tadellos ausgeführt, und meinte, daß sich bei uns bestimmt Interessenten finden würden, denen diese Bilder ein paar Tausend Mark wert sind.

»Oh« – und große Augen bei Frau Kuszlik.

Wie man aber an solch betuchte Leute herankommt, konnte ich ihr ehrlicherweise auch nicht sagen, das hätte ich ja selbst ganz gern gewußt für den eigenen Gebrauch. Ich fürchtete, ich könnte ihr beim Verkauf ihrer Bilder keine große Hilfe sein.

»Ah, Sie sind uns schon Hilfe viel zu viel«, sagte Frau Kuszlik und erschrak ein bißchen. »Entschulden Sie mir... da, da, bedienen Sie sich mit dem Konfekte, bitte«, und schob mir den Teller so heftig in die Papiere hinein, daß Awas Elfen laut aufraschelten und beinahe vom Tisch gepurzelt wären. Die Hilflosigkeit von eben war aus ihrem Gesicht gewichen. Sie wirkte wieder agil und obenauf. So wie sie mir gegenüber saß, in dem gemusterten Sommerkleid aus mehreren Blautönen, mit einer alten Brosche und Schleifen um den Ausschnitt, das aufgeblondete Haar frisch eingelegt, geschminkt der Mund, die Augen – ich hätte ihr die Armut nicht angesehen. Und auch die Wohnung im dritten Stock dieses Hauses neben der R'emuh Synagoge – sicher, die Fassade, das Treppenhaus waren finster und vollkommen heruntergewohnt, doch die Küche, in der wir saßen, war bescheiden, aber ohne Mangel eingerichtet, mit einem verspielten Geschmack und viel Sinn für das Unpraktische, für die Lebendigkeit des Plunders, ich fühlte mich sofort behaglich hier.

»Sie können Ihnen ja kaum vorstellen, wie hart der Alltag ist in Polen, besonders für uns Frauen«, nahm sie noch einmal das Thema auf, doch jetzt ein Stück weit von sich weggehoben. »Organisieren ... immer organisieren, auch jetzt noch, wo es gibt alles, lange Wege müssen wir laufen, mal hier, mal dort, und Preise immer schneller. Meine Rente, alle Löhne – sie bleiben stehen unten. Jeden Tag wird Geld weniger, jeden lieben Tag. Und deshalb, nur deshalb, ist mir gekommen die Idee, diese Bilder hier – vielleicht...«

Ein Feund von ihr, den sie im letzten Jahr in Krakau kennengelernt habe, hier in Kazimierz sogar – so ähnlich wie ich sei er durch die Straßen des jüdischen Viertels gestreift, viele Tage habe sie ihn beobachtet, und dann seien sie beide, sie wisse gar nicht mehr wie, ins Gespräch gekommen. Dieser Bekannte habe ihr versprochen, sich in Amerika umzusehen wegen ihrer Bilder. Leider habe sie nichts mehr von ihm gehört seither, er sei allerdings sehr krank gewesen, möglicherweise – nein, um Gottes willen, daran wollte sie gar nicht denken.

»War er Jude?« fragte ich sie.

Nein, er habe wohlhabend ausgesehen, gut situiert, »Sagt man noch so bei Ihnen? Professor sei er, ein richtiger Professor, an einer Universität in ... in ...

Ja, er sei ein Jude, doch, er habe hier nach einer Verwandten gesucht, hier in Kazimierz, von vor dem Krieg noch, er sei doch wohl ein Jude, ein bißchen wenigstens. Und ein Deutscher sei er übrigens auch, eigentlich, oder ursprünglich, der Herr Wohlgast.

»Wie ...? Wohlgast?« fragte ich. Jetzt stieß ich schon zum zweiten Mal auf diesen Namen.

»No, Henryk Wohlgast ... Nein, Henry, Henryk ist ja polnisch ... Warum Sie schauen so ...?«

»Ach, nichts Besonderes«, lenkte ich von meiner Verblüffung ab. »Ein Bekannter hier in Krakau hat ihn schon einmal erwähnt, der Name ist mir haften geblieben. Wohlgast ... Ein Name bloß, nichts weiter.«

Er sei öfter hier gesessen, bei ihr, hier in der Küche, und habe sich gerne mit ihr unterhalten, und sie sich auch mit ihm, geriet Frau Kuszlik ins Erinnern und verschob die Papiere auf dem Tisch vor lauter Lebendigkeit – oder wollte sie meinem Blick entgehen? No, er sei ein bissel jünger als sie, sagte sie schnell, um falsche Gedanken in mir abzuwehren, nein, nicht viel, wirklich nur ein bissel, in seinen frühen Sechzigern müsse er sein, und er habe gern ihre Nähe gesucht, warum – und sie lächelte geschmeichelt vor sich hin –, warum, das wisse sie selbst nicht genau zu sagen. Eigens aus Amerika sei er hierher gekommen, um etwas über eine Tante von sich zu erfahren, aus Krakau, die offenbar eine große Rolle in seinem Leben gespielt habe, in seiner Kindheit jedenfalls.

»No, schauen Sie nach draußen: Was sollt er hier noch finden? Vielleicht am Friedhof drüben ...«

Er sei dann in ganz Polen herumgereist, habe sich länger in Lublin aufgehalten, sei zurückgekehrt – ruhelos irgendwie sei ihr der ganze Mann vorgekommen. Nur wenn er bei ihr hier in der Küche gesessen sei, habe er sich wohlgefühlt, da jedenfalls sei sie sich ganz sicher.

»Und er war krank?« fragte ich. Allein schon sein deutsher Name nährte meine Neugier, seit Janusz ihn mir gegenüber das erste Mal erwähnt hatte.

Nur ihr habe er davon erzählt, und deshalb wisse sie nicht, ob sie darüber reden solle, reden dürfe – nur ihr habe er anvertraut, daß die Ärzte bei ihm eine Krankheit erkannt hätten, in Amerika drüben, eine sehr schlimme Krankheit, und er wisse nicht mehr, wie lange er noch zu leben habe. No wirklich, bat Frau Kuszlik mich so bewegt, daß ihre deutsche Sprache wieder arg darunter litt, ich dürfe das nicht weitersagen, um Gottes willen, nur sie habe er ins Vertrauen gezogen, »heechst perseenlich«, und deshalb, nur deshalb habe sie es ja auch gewagt, um sein Vertrauen zu erwidern, »ich beging den Wagnis, ihn zu fragen wegen Bilder«, nachdem er eines selbst – heftiges Erröten der weichen Wangenpolster – ein Bild habe er ihr damals abgekauft, ein italienisches Bild, einen Heiligen Sebastian. Sie habe es – und erschrak dabei, wollte abbrechen, aber etwas bedrängte sie stärker –, eigentlich habe sie es nicht sehr gemocht, ja, um ehrlich zu sein, nie habe sie es anschauen mögen, das Bild, sie sei nämlich nicht katholisch – aber er, er sei sofort darauf losgegangen und daran hängengeblieben, und weil er immer wieder darauf zurückkam, darum, nur darum, habe sie es ihm überlassen, es habe ihr geholfen, ein paar Monate lang habe sie davon die Lücken ihrer Haushaltskasse gestopft, ohne daß es Awa oder ihr Sohn bemerkt hätten – und erschrak noch einmal dabei.

»Jesus Maria, bitte – Sie dürfen aber ja nichts Awa sagen, sie darf nicht wissen, niemals, daß ich ein Bild ihres Vaters ... Sie lebt im Märchen. Aber ich ... was sollte ich machen?«

Jetzt hatte sich Frau Kuszliks Gesicht wieder ganz in Schmerzensfalten zusammengezogen, sie fuhr sich mit der Hand über die Augen – betrachtete diese Hand, als sei sie ihr vollkommen fremd, legte sie flach auf den Tisch und richtete ihren Blick auf mich – ein großes Vertrauen darin, Wärme und ein kleines bißchen Angst. Eine Träne entdeckte ich nicht in ihren Augen.

»Nein, *Zäuberlingchen* geht wohl nicht, ich würde dazu eher...«

Und wir versenkten unsere Köpfe wieder in die Blätter und arbeiteten eine Weile schweigend an der Übersetzung weiter. Hin und wieder nahmen wir unsere Brillen ab und lächelten uns an, ohne ein Wort zu sagen, hin und wieder griff ich zu und ließ ohne Reue ein Stück von Mutter Kuszliks köstlichem Schokoladengebäck im Mund zerschmelzen.

Und dann saß sie da: Awa, und schaute uns beide an und schaute auf die Blätter, die zwischen Frau Kuszlik und mir auf dem Tisch lagen – schaute auf ihr eigenes Zauberkunststück und lächelte darüber weg, wie fremd, und wir: wir sollten schuld daran sein.

Mutter und Tochter hatten sich mit Blicken und ein paar wenigen Silben verständigt. Unser Gespräch zu dritt war schnell zusammengebrochen, eine von beiden mußte weichen – Frau Kuszlik sprach nur deutsch, Awa nur englisch.

Frau Kuszlik raffte die Papiere zusammen, die ihr immer wieder wegflatterten, und mit einer Entschuldigung, die für mich eher wie ein Vorwurf klang, verließ sie endlich die Küche, ließ uns allein. War der Spott in Awas Augen jetzt, als wir zu zweit am Tisch saßen, nicht doch etwas weicher geworden?

»Ich halte wenig davon, daß Mutter das da« – und Awa nickte dabei zu der leeren Stelle hin auf dem Tisch –, »daß sie das... verkaufen will, ins Ausland, ausgerechnet. Sie mag das ja machen, aber mich soll sie damit in Ruhe lassen.«

Awas Augen wurden wieder schmal.

»Reicht denn ihr Deutsch überhaupt dafür?«

»Sie haben eine sehr tüchtige Mutter«, sagte ich. »Sie können froh sein – so viele Einfälle, so viel Energie... und ihr Deutsch, doch: das ist... erstaunlich gut...«

Lieber schwindelte ich, als Frau Kuszlik preiszugeben. Es rührte mich, wie sie versuchte, die Familie mit allen Mitteln über Wasser zu halten – und dafür nur Spott erntete von ihrer Tochter.

Awas Augen, groß – helle grüne Augen. Eine Helligkeit, die nicht nach außen drängte. Hielten sich hin, meine Blicke aufzusaugen, hineinsinken zu lassen. In diesen Augen lag für mich der größte Reiz ihres Gesichtes, schmal wie es war, blaß, kindlich aufgelöst beinahe noch, mit den ersten Linien von erwachsener Härte um den Mund. Dreiundzwanzig vielleicht? schätzte ich und schob ihr die Silbervase mit meinen drei roten Rosen für die Mutter hin – und schenkte sie jetzt Awa zum Geburtstag.

»Ach, selbst das wissen Sie also...«

Awa spürte wohl, daß sie rot wurde im Gesicht und ärgerte sich darüber.

»Dreiundzwanzig«, riet ich laut, »oder zweiundzwanzig?«

Sie lachte, zeigte Grübchen dabei. Ihre Zähne – verschattet irgendwie, gefährdet, Splitter von Gold.

»Wollen Sie mir schmeicheln... oder vielleicht wieder meiner Mutter? Da muß ich Sie leider enttäuschen. Die Tochter von Frau Kuszlik wird heute zweiunddreißig.«

Das brachte mich wirklich um ein Haar aus der Fassung. Zweiunddreißig? Wo um Himmels willen waren die letzten zehn Jahre geblieben auf diesem Gesicht? Hatte es vielleicht eine von Awas Feen berührt, daß sich darin die Jugend so weit über die Zeit halten konnte? Fragen durfte ich sie das ja jetzt wohl kaum. Statt dessen sagte ich Awa ein paar anerkennende Worte zu ihrem Stück, doch sie war nicht im mindesten neugierig auf meine Meinung. Sie ging überhaupt nicht darauf ein, lächelte mir in die Augen.

»Und was treiben Sie eigentlich hier in Krakau so? Haben Sie denn soviel Zeit, mit meiner Mutter...«

Eifersucht! schoß es mir durch den Kopf. Wunderbar! Sie ist eifersüchtig auf ihre Mutter.

»Ich bin hier...«, erklärte ich ihr so kühl wie möglich, »ich sammle Material für einen neuen Roman – in der Richtung...«

»Über Krakau?« Zum ersten Mal sah ich Awas Gesicht, wenn sie etwas ernst nahm. So etwas wie Erschrecken um den Mund.

»Nein, nicht direkt. Doch schon, ein wenig.« Und erzählte ihr das Notwendigste darüber, es war mir eine ziemlich lästige Pflicht in diesem Augenblick. Ein Roman über Veit Stoß schwebte mir vor, über die Flucht des Holzschnitzers von Nürnberg nach Krakau, seine Arbeit am Marienaltar,

Gigantenwerk; über die Abkehr dann doch wieder von Krakau, nach zwanzig produktiven Jahren seines Lebens hier, trotz des Ansehens, das er sich in der Stadt geschaffen hatte; über die eingeführte Werkstatt, die guten Aufträge, die reichen Kaufleute ...

»Ich bin noch nicht sehr weit gekommen, um ehrlich zu sein ... Die Stadt lenkt ab, mich jedenfalls – eine vollkommen neue Welt. Ich bin das erste Mal in Polen ...«

»Dann brauchen Sie ... Sie brauchen jemanden hier, der Ihnen die Stadt ein bißchen – ich meine, wo ein Fremder sonst nicht hinkommt ...«

»Ich weiß schon ganz gut, wo die Marienkriche steht.«

Schnell bremste ich sie aus, um meine Freude zu verschlucken und sie auch ein bißchen zappeln zu lassen.

»Eigentlich sollte ich meine Tage hier ja vor dem Altar verbringen, in der Marienkirche und in der Bibliothek der Kunsthistoriker ...«

In diesem Stil plauderten wir weiter, obenhin, das Lächeln war gar nicht mehr zu tilgen von unseren Mündern. Nur manchmal blieb ein Blick unwillkürlich länger auf dem Gesicht des anderen liegen. Ich verlor mich immer tiefer in Awas Augen. Dieser Abstand zwischen den beiden Lichtpunkten ihres Gesichts – ein Zeichen vielleicht von animalischem Gleichmut? Ich spürte, wie sich im Magen ein Wärmeherd bildete und ausbreitete, ein Behagen, ein Leichtsein, es stieg auf in den Kopf, leitete die Gedanken, die Gefühle ohne jeden Widerstand – Übermut erfaßte mich, Leere – eine Stimmung, in der ich mich frei von jeglicher Verantwortung fühlte, ohne Gewicht, ohne Erinnerung und auch ohne jede Erwartung – Worte, die sich ganz von selbst sprachen, abgesunken jede Sorge, für sie jemals zu haften – ein so seltenes Glücksgefühl. Mir war wirklich in diesem zeitverlorenen Augenblick, als müßte ich Awa fragen, jetzt sofort, nein, nicht fragen, ihr eröffnen, mit der Gewißheit unseres Lächelns: Sie solle meine Frau werden – und dabei kannte ich sie noch keine halbe Stunde, und es war auch kein Spiel. Ich war vollkommen ausgefüllt davon.

Natürlich hielt ich meinen Mund. Ob aber die Augen etwas verraten hatten? Awas Lächeln war jedenfalls verschwunden, bis auf eine Spur in den Mundwinkeln, die sie nicht unter Kontrolle hatte. Ernst auf ihrem Gesicht, zart und blaß wie Elfenbein. Die Lippen öffneten sich, als wolle sie mir antworten, zögerten und ... tak, tak, tak.

Klopfen. Es klopfte irgendwer. Frau Kuszlik stand in der Tür, ihre rundliche Gestalt, gedrückt vor lauter Verlegenheit – ein wimpernkurzer prüfender Seitenblick über die Tochter hin –, und streute dann gewundenste Entschuldigungsgirlanden über mich, sie fielen mir wie Dornen in die Haare – Vorsicht, blitzte ein Gedanke auf, Mutter und Tochter, hochexplosives Gemisch. Sie wollte ja nicht, um des Heilands willen, aber sie mußte ... und ihre Bäckchen zuckten nervös.

»Awa, deine Freunde kommen gleich.«

Awa zog die Stirn kraus, sagte kein Wort, rührte sich nicht; nur ihre Augen, eingedunkelt, sollten die Mutter vertreiben und mich am Aufstehen hindern.

Ich aber stand auf.

»Von meinem Zimmer aus können Sie die Gräber sehen, hinter der Synagoge«, sagte sie zu mir, ohne es für die Mutter zu übersetzen. »Wenn Sie wollen, meine ich ...«

Frau Kuszlik stand daneben, ratlos, zwei tiefe Falten über der Brille, angestrengte Höflichkeit gegenüber einem Gast.

»Für einen kurzen Augenblick, ja gerne ...«, sagte ich, zuerst auf deutsch, dann auf englisch. Frau Kuszlik trat beiseite.

Awas Zimmer jenseits des finsteren Flurs: Mansarde, um die Ecke gebaut, voller Winkel, zwei Räume in einem.

»Meine Mutter, wissen Sie, sie ist ein bißchen ... bestimmend.« Wieder die Härte in Awas Gesicht, wie ein fremder Zug – oder bildete ich mir nur ein, daß er fremd sei? »Ich muß mich ab und zu ein bißchen wehren gegen sie, gegen ihre ganzen Ansprüche und Aktivitäten und all das ...«

»Sie haben eine sehr tüchtige Mutter, Awa«, widersprach ich ihr. »Wie sie sich engagiert für Sie mit ihren Übersetzungen, und nebenbei backt sie noch Plätzchen – so etwas Köstliches habe ich lange schon nicht mehr ...«

»Wollen Sie sie haben?« Schön ihr Gesicht, Grübchen in den Wangen, wenn sie böse wurde. »Bitte ...«

Fahrig, wie sie war, dauerte es eine ganze Weile, bis Awa den Platz vor dem einen Gaubenfenster freigeräumt hatte. Der fremde Eindringling machte ihr spürbar zu schaffen.

»Oh, schauen Sie sich bitte hier nicht um«, bat sie mich, »es ist ein bißchen unordentlich bei mir... Und die Decke – sehen Sie, der Riß da oben, von dort rieselt der Putz runter, wir haben erst im letzten Jahr die ganze Wohnung geweißt, aber es hält nicht lange, das Dach ist nicht mehr dicht, und dann die Luft hier in Krakau...«

Schnell sprach sie, wollte ihrer Verlegenheit entkommen. Erst jetzt fiel mir auf, daß das Zimmer wirklich so eingegraut war, als hätte es seit Jahren keinen Pinsel mehr gesehen. Auch das Fenster, an dem Awa rüttelte und zerrte, war trüb vor Schmutz.

»Das kommt alles von dieser Luft hier, der Wind bringt den ganzen Dreck von Nowa Huta rüber. Auch so ein Glanzstück dieser Kommunisten damals.«

Wir standen nebeneinander, in der engen Fensternische, Awa so zierlich und wenig in ihrem Jungmädchenkleid mit dem runden Kragen am Hals. Ihre nackte Schulter streifte meinen Arm. Rieseln über den Rücken, eine kalte Hitze. Streicheln – sollte ich sie streicheln, vorsichtig, wie aus Versehen vielleicht? Doch Awa war schon wieder weg, zurückgewichen, geflohen aus dieser Nähe unserer Körper, ließ mich allein mit dem Blick auf den Friedhof. Ich sah in den verwilderten Park hinab vor seiner hohen Mauer, lehnte mich weit hinaus – Gräber aber sah ich keine.

Awa mußte lachen. Worüber? Über mich? Nein: das falsche Fenster. Sie hatte das falsche Fenster erwischt.

»Dann hier vielleicht«, meinte sie. »Bestimmt, hier. Ich mache das Fenster so selten auf, wegen dem Dreck von draußen, wissen Sie. Deshalb...«

Wir gingen in die andere Ecke des Zimmers hinüber, zum zweiten Gaubenfenster. Daneben ein Waschbecken, ein Spiegel.

»Damit ich nicht immer das Bad mit Mutter teilen muß«, erklärte mir Awa und blieb diesmal gleich stehen und überließ es mir, an dem sperrigen Fenster zu reißen. Es kostete einige Kraft. Erst als ich mir einen Hocker beiholte und, den Kopf eingezogen, mich so weit hinauslehnte, daß ich mich auf dem Dach abstützen mußte, sah ich sie: Stein an Stein, die schönen Stelen der Renaissance, die jahrhundertelang unter der Erde gelegen und nur so sich erhalten hatten, bei all dem Temperament der Menschen, die seither durch Kazimierz hindurchgegangen waren.

»Hängen Sie sich nicht so weit hinaus, sonst ...«, warnte mich Awa, die sich hinter mir in sicherer Entfernung hielt. »Zumindest meine Mutter würde – sie hat Sie wirklich ein bißchen ...« Und brach ab, ihr spöttisches Lächeln, schaute weg von mir, ins Zimmer hinein.

Leise: »Ich glaube, Sie müssen jetzt gehen.«

Und ging, ging weite Wege, um nicht so bald anzukommen bei mir. Und stand dann doch zu Hause, es war Nacht geworden, eine warme Sommernacht. Zu Hause in der Gästewohnung der Stadtbibliothek von Krakau, ja: Gast! Verließ die Zimmer sofort wieder, viel zu eng, setzte mich, direkt gegenüber, auf die Bank in den Planten, den Platz des Fremden vor mir – wie lange war das her, seit ich ihm hier begegnet war? Ließ die Menschen an mir vorbeigehen, einzelne, viel zu wenige Liebespaare, hatte die Wärme der Nacht auf der Haut, holte mir aus der Wohnung ein Blatt Papier und einen Stift und drei Flaschen Bier, polnisches Bier, kehrte zu der Bank zurück, meine Bank jetzt, atmete diese Sommernacht und trank das Bier und wurde schnell berauscht, das war keine Kunst zu dieser Stunde, und fing an zu schreiben, das Papier auf dem Knie, es ging sehr rasch und ohne Hemmungen, es floß dahin, die Hand so rund, kam ihr kaum nach, ich trank und schrieb und jubelte, vollkommen inwärts, das versteht sich, kein Parkbummler mußte nach mir den Kopf umdrehen, und nannte es hernach, mit einem kühnen Schwung, der mir fast schon entglitt, »Besoffene Klage an die Nacht«.

Ein bißchen amüsiere ich mich heute natürlich auch über die Tricks, die ein mehrfach trunkener Kopf in diesen Versen sich einfallen ließ – wie die Einsamkeit gefeiert wurde von einem, der gerade seinen ersten Heiratsantrag abgeleistet hatte – beinahe!

Julian Kornhauser

# Das Haus in der Rybnicka-Straße

Es ist ein sonniger, heißer Tag. Auf einer Wiese, die sanft in einen Obstgarten übergeht, liegt der kleine, gerade ein paar Jahre alte J. zusammen mit seinem Cousin auf einer Decke und schaut in den Himmel, der so klar und unschuldig ist wie der kleine J. selbst. Der Obstgarten erscheint ihm riesig und voller Geheimnisse. Der hohe Birnbaum berührt mit seiner Krone das Dachfenster des alten Einfamilienhauses. Das Haus mit seinen roten Dachziegeln lärmte schon seit dem frühen Morgen, eigentlich sogar seit immer schon. Es knarzte der Boden, es knallten die nicht fest verschlossenen Fenster, und drinnen, in der Küche, stellte jemand Teller auf einen Tisch. Auf der steinernen Treppe, die zum Eingang führte, räkelte sich ständig gähnend der kleine, schwarze Bari. Nicht so sehr der Hund, ein sanftmütiger Mischling, interessierte den kleinen J., sondern viel eher der exotische Name, über dessen Bedeutung J. sich noch nicht im klaren war.

An eine moosbewachsene Garage, die aussieht, als hätte man sie aus einer anderen Welt hierher versetzt, und in der einstmals eine Werkstatt untergebracht war, stößt das langgestreckte Gebäude einer Schlachterei. Als J. auf die Welt kam, ein Jahr nach dem Krieg, war das Gebäude schon leer. Über die Schlachterei hatte ihm Mama erzählt, aber widerwillig und sparsam. Vielleicht, weil der Besitzer, der Mann ihrer verstorbenen Schwester, damals schon in Deutschland lebte und kein Lebenszeichen von sich gab. Bald darauf schon stellte sich dann heraus, daß er Arbeit in seinem Beruf gefunden hatte, und es ihm recht gut ging. J.'s Cousin, eben der da auf der Decke, der sein schmales, elendes Gesichtchen in die Sonne streckt, weiß noch nicht, daß er schon bald, vielleicht in zwei Jahren, zusammen mit seinen strohblonden Schwesterchen Elżunia an der Seite des Vaters in einem kleinen westdeutschen Städchen leben und ganz im Sinne der Familientradition in einer Schlachterei arbeiten wird. In das Haus des Onkels führte nur eine einzige schmale Tür. Die kleinen, vergitterten Fenster ziemlich weit oben ließen kaum einen Sonnenstrahl durch. Die Tür war ständig verschlossen. J. kann sich nicht erinnern, daß seine Eltern je in dieses Gebäude gegangen wären. Einerseits lockte es ihn, Vater zu fragen, warum man da nicht hineingehen konnte, andererseits aber fürchtete er sich davor, über dieses Thema zu sprechen. Warum? Warum wollte der kleine J. eines der größten Geheimnisse seiner Kindheit nicht entschleiern? Warum streichelte er, vor der Holztür verharrend, nur die Messingklinke und starrte unverwandt auf ihren goldenen Glanz. Ja, er schaute ganz gern manchmal durch das Schlüsselloch, als glaube er, dann etwas wirklich Aufregendes und Sonderbares zu erspähen, doch statt dessen sah er nur einen Wattebausch oder einfach ein Stück Papier, das dort mit Bedacht und rücksichtslos hineingestopft war.

J. liegt jetzt auf der Decke und schaut sich die prallen Apfelbäume an. Noch vor kurzem hat er Maikäfer in leeren Streichholzschachteln gesammelt und bewundernd dem unheimlichen Geraschel gelauscht, das von da drinnen zu vernehmen war. Jetzt lachen ihm die mit Kalk geweißten Bäume zu. Auf der Olchowa-Straße gehen Mädchen in bunten Röcken, während auf der Rybnicka-Straße, von der aus man das Haus und den Laden betrat, den die Eltern noch ein paar Jahre nach dem Krieg führten, nur ab und an ein Fuhrwerk vorbeifährt. Aus dem Laden hatte es immer süß und verlockend geduftet. J. war oft dort gewesen, und Mutter hatte ihn immer verscheucht, indem sie ihm ein paar karamelisierte Nußbonbons in die Hand gedrückt hatte, die sie mit einem weißen Kunststofflöffel aus einem gesprungenen Glas holte. Der Hosenmatz starrte immer voller Bewunderung auf die übermütige Reihe durchsichtiger Gläser und reckte sich dabei auf die Zehenspitzen, um mit seinem Fingerchen diese unglaubliche Welt verschiedenartig geformten Naschwerks zu berühren. Doch trotz aller Versuche bildete die hohe, glatte Theke eine nicht zu überwindende Barriere. So blieben noch die Wände. Die Wände waren mit Hunderten von weißen, glatten Kacheln bedeckt. Auch der Boden war gekachelt, und da und dort an den Wänden schreckten spitze, lange Haken. Erst später erfuhr J., daß an ihnen, zu Zeiten, als hier der Onkel Regiment geführt hatte, die Wurst aufgehängt wurde. Von diesen Schinken und Würsten der Vorkriegszeit war längst keine Spur mehr da, auch der Geruch des Fleischerladens hatte sich verflüchtigt und war für alle Zeit vergangen. Die jetzt fast klinisch weißen Räume erfüllten andere Gerüche, die von Kolonialwaren. Sie lockten die Kinder aus der Nachbarschaft herbei, die zwischen den weißen Mehlsäcken und den märchenhaft bunten Kakaodosen hindurchschlüpften, deren Vorhandensein der Laden der Großzügigkeit und Fürsorge der UNRRA verdankte, sowie, wie sich denken läßt, einem »Joint«. Ein ständiger Gast vor allem, und eben Gast, nicht etwa Kunde, war Hans, J.'s Altersgenosse aus dem Nachbarhaus. Immer verschmiert und zerzaust, in kurzen Lederhosen, kam er wie aufgezogen in den Laden gerannt, steckte seine schwarzen Finger in eines der Gläser und fischte sich mit bettelndem Blick zu J.'s erboster Mutter hin ein paar klebrige Bonbons heraus.

»Daß ich dich hier nicht mehr seh, du vermaledeiter Hansel«, schrie sie ihn mit einem unüberhörbar freundlichen Ton in der Stimme an.

Der vermaledeite Hansel machte sich natürlich nichts aus dieser Warnung, den Schnabel voller Bonbons lief er raus auf den Gehweg und dachte sich schon die nächste Lausbüberei aus. Hans mochte J. gerne und schlug ihm oft ein gemeinsames Spiel vor. Meistens bestand das darin, auf das niedrige Dach der Garage zu springen, Kirschen bei Nachbars zu pflücken oder im besten Fall auf der Aschetonne mit den Beinen zu schaukeln, die hinter der Schlachterei am Rande des Obstgartens stand. Die Aschetonne hatte auf der Oberseite zwei eiserne Türchen, war immer zum Überlaufen voll und ein idealer Platz zum Springen. J. und Hans machten von diesem privilegierten Platz nach Kräften Gebrauch und sprangen stundenlang wie toll. Erschöpft und von ihren Müttern zum Mittag- oder Abendessen gerufen, verabschiedeten sie sich dann, wie an ihren Gesichtern unzweideutig abzulesen war, nur widerwillig und flüchtig voneinander, um sich am nächsten Tag zur selben Stunde wieder zu diesem verrückten, schwer zu verstehenden Zeitvertreib zu treffen.

Die Gerüche, die aus dem blitzweißen Laden drangen, unterschieden sich von den Gerüchen der nahen Bäckerei, zu der J.'s Mutter und die Nachbarinnen vor wichtigen Feiertagen, aber auch samstags, Streuselkuchen trugen, der sich gemütlich auf dem mit Margarine eingefetteten Blech rekelte. Diese Bleche wanderten dann in einen Riesenofen und kehrten nachher mit hoch aufgeplusterten Streuselkugeln nach Hause zurück. Die Frauen trugen sie unter dem Arm, wobei sie dicke Geschirrtücher oder auch Handtücher benutzten, um sich vor Verbrennungen zu schützen. Die Hefekuchensamstage und -sonntage gehörten zu den Lieblingstagen des kleinen J. Er konnte es nie erwarten, bis Mama endlich das lange Messer mit dem schwarzen Griff nahm und die ersten Stücke aus dem Kuchen schnitt. Der Teig zerging einem auf der Zunge, und das Kauen der Streusel erfüllte einen mit Wonne.

Das Regiment im Hause führte Fräulein Herischek, die sich, wenn die Eltern nicht zu Hause waren, anfangs nur um J. und später dann auch um dessen kleine Schwester kümmerte. Sie war eine Deutsche, die seit langem in Gleiwitz wohnte. So eigenartig das klingt, aber sie konnte kein einziges Wort Polnisch. Aus welchen Gründen sie kein Polnisch oder zumindest die schlesische Mundart lernen wollte, wußte niemand, und was noch eigenartiger ist, niemand stellte ihr eine solche Frage. Wahrscheinlich war es etwas ganz Natürliches, hier, in Schlesien, wo deutsche und schlesische Autochthonen nebeneinander lebten, zwischen denen eine fließende Grenze bestand, schwer zu fassen zwar, doch sichtbar und für die Beteiligten selbst wichtig und immer respektiert. Fräulein Herischek verständigte sich auch mit J. auf deutsch, obwohl der Junge diese Sprache nie gelernt hatte. Aber er verstand alles und wunderte sich über gar nichts, selbst dann, wenn Fräulein Herischek Stunden darauf verschwendete, ihm mit dem heimlichen Einverständnis der Mutter, aber ohne Wissen des Vaters, das deutsche Vaterunser beizubringen. Der arme J. sprach seiner Mentorin die schweren und verdächtig klingenden Wörter kurz vor dem Einschlafen nach und starrte dabei auf ein großes, kitschiges Bild, das den Schutzengel zeigte, der zwei verängstigte Kinder über eine altersschwache, schwankende Flußbrücke geleitete.

Dieser Schutzengel gehörte zu den größten Helden in J.'s Kindheit. Die übernatürliche Größe der Flügel, die ihm aus dem Rücken hervorwuchsen, ließ den Engel trotz seines unschuldigen, bleichen Gesichts und seinem sanften Blick monströs und bedrohlich erscheinen. Das Schlagen dieser Flügel hörte der keine J. viele Male im Traum. Er lauschte diesem Lärm und versuchte gleichzeitig zu verstehen, welchen Platz der Engel im Leben dieser zwei auf der Brücke verlorenen Kinder einnahm, die seine Altersgenossen waren. Warum waren sie allein auf der Brücke? Warum reichte ihnen der Engel auf eine so selbstverständliche und gleichzeitig unvermittelte Art die Hand? Ob J. an Stelle dieser Kinder sein wollte und die kalte Hand des Engels berühren? Der am zerklüfteten Ufer reißende Fluß verschwand in einem silbrigen Schlund, der die Schreie des Jungen und des Mädchens in sich einsog.

Fräulein Herischek reiste zu Beginn der fünfziger Jahre nach Deutschland aus, doch der Kontakt zu J.'s Familie riß nicht ab. Sie stand bis zu ihrem Tod mit J.'s Mutter in Briefwechsel. Offen bleibt, was sie mehr vermißte: Gleiwitz, in dem sie die besten Jahre ihres Lebens verbracht hatte, das Haus in der Rybnicka-Straße, wo sie Unterschlupf und Arbeit gefunden hatte, oder J., den sie mit Zwiebelsaft gefüttert hatte, wenn die Zeit der Herbstgrippen kam. Diese Korrespondenz, die in deutscher Sprache geführt wurde, dauerte nicht nur viele Jahre, sondern sie zeugte auch von der tiefen Verbundenheit der beiden Frauen zueinander. J.'s Mutter wußte, wieviel sie dieser bescheidenen, stillen Frau verdankte, die nach all den Jahren zu ihrem Bruder nach Bad Kissingen gezogen war. Fräulein Herischek wiederum erinnerte das Gleiwitzer Haus an ihre idyllische Jugend und an die dankbare Aufgabe, Kinder fremder Leute aufzuziehen.

Aber der kleine J. hat noch keine solchen Gedanken im Kopf, als er jetz auf der Decke liegt und die Wolken zählt. Er weiß nichts über seine Zukunft und hat keine Ahnung, was Fräulein Herischek einmal zustoßen wird, die ihn jetzt zum Mittagessen ruft. J. möchte sich lieber Gedanken über eine Radfahrt zum Sportflughafen machen, der gar nicht so weit von seinem Haus entfernt ist. Ausflüge zum Flughafen sind bei J. und seinen Spielkameraden sehr beliebt. Herrliche Ausflüge voller Überraschungen, immer aufregend wie ein Abenteuer. Allein schon die Fahrt über die Landstraße war ein Abenteuer. Die Häuser, an denen man unterwegs vorbeikam, strahlten die herrliche Macht des Fremden aus, im Gebüsch scharrten kleine Rebhühner, der heiße Asphalt trieb die Räder von alleine an, so jedenfalls kam es einem vor.

Und auf dem weitläufigen, mit Gras bewachsenem Flugplatz standen behäbig die mächtigen russischen Doppeldecker, und neben ihnen, zerbrechlich wie Kinderspielzeug, Segelflugzeuge. Von den großen Flugzeugen hinaufkatapultiert, kreisten die Segelflieger, kaum daß sie vom Haken gelassen wurden, über den Köpfen der Kinder, die unbelastet ihren Träumen über die allernächste Zukunft nachhingen. Und der unheimliche Wind, der über den Flugplatz fegte, zerzauste die hellen, üppigen Haare, schlug einem unbarmherzig ins Gesicht und ließ einem seine Kraft und Unabhängigkeit spüren. Danach stiegen die Jungen auf die Fahrräder, und dieselbe Strecke nach Hause radelnd bewunderten sie die ländliche, von Gleiwitz so unterschiedliche Szenerie, die sich zu beiden Seiten der schmalen Landstraße hinzog.

Die Ausflüge zum Flughafen waren also ein erster Versuch zu entfliehen. Es war nicht so sehr eine Flucht von zu Hause, das J.'s Eltern im übrigen kurz darauf verließen, um in die Innenstadt zu ziehen, als vielmehr vor einer gewissen Unzulänglichkeit, etwas Beengendem und in hohem Maße Fremdem. Ja, Fremdem. Es ging dabei beileibe nicht um die schlesische Landschaft und die von Schlesiern, Deutschen, Lembergern und all den Neuankömmlingen bevölkerte Stadt. Das gerade störte nicht. Vielleicht, weil er sich als kleiner Junge darüber keine Gedanken machte. Hier, in diesem Haus in der Rybnicka-Straße kam J. eines Septembertages ein Jahr nach dem Krieg zur Welt. Und auch wenn das Haus nicht seinen Eltern gehörte – Mutter war hier eingezogen, nachdem sie nach dem unerwarteten Tod ihrer jüngeren Schwester aus Königshütte gekommen war, während Vater, der sich fürchtete, ins heimatliche Krakau weiterzufahren, wo er alle seine Angehörigen verloren hatte, nach seiner Rückkehr aus dem Lager Dachau sich hier niedergelassen hatte –, so war es doch weitgehend sein Eigentum. Sein Rätselhaus. Hier waren allerlei Geheimnisse begraben. Geheimnisse der Vergangenheit, die niemand vor ihm ans Licht gebracht hatte. Geheimnisse, die mit dem Gebäude selbst zusammenhingen, das ihn umgab. Der Dachboden und eine kleine, enge Mansarde, in der ein großes Bett aus Holz stand. Einmal hatte J. dort zwei Nächte verbracht, zum ersten Mal von den Eltern getrennt. Dieses Erlebnis ist ihm für immer in Erinnerung geblieben. Durch das kleine Fenster hatte er die nahe Wiese und den Garten von Frau Wieczorek gesehen. Die Mansarde war eine eigene Welt und zu einem guten Teile nur erdacht. Der mit Stroh gefüllte Schlafsack roch nach etwas Unbekanntem, und der Schrank, der sich nicht schließen ließ und ziemlich verstaubt war, erschien J., obwohl er nichts Besonderes enthielt, wie der Vorhof zum Großen Geheimnis, ähnlich wie der Koffer seiner Königshütter Großmutter, den er bei seinen Besuchen in der Zjednoczenia-Straße viele Male in Augenschein genommen hatte.

Im Koffer, oder eigentlich in der Truhe, wie Oma Elżbieta zu sagen pflegte, fanden sich entgegen den Erwartungen des kleinen Jungen keine Münzen oder blutigen Säbel, sondern herrlich bestickte und mit Spitzen besetzte Röcke und Kleider, vermutlich noch aus Omas Jugendjahren. Manchmal legte Großmutter diese Kleider an, aber nur in Königshütte, nie bei ihren Besuchen in Gleiwitz. Die Truhe stand in der Kammer, wohlverschlossen, damit, Gott behüte, niemand diese großmütterlichen Schätze wegtragen würde, besonders nicht ihre jeweiligen Untermieter, junge, schwerblütige Bergleute, die das größte, immer vor Sauberkeit glänzende Zimmer belegten. Großmutter achtete wie jede Schlesierin auf Sauberkeit, besonders hier im dreckigen, verrauchten Königshütte. Täglich putzte sie die Fenster, wusch die Gardinen, wischte die mit Ruß bedeckten Simse und scheuerte auf den Knien den Boden der geräumigen Küche, die mit lackierten Bohlen ausgelegt war. Die Bewegung der Reisbürste, alle Augenblicke in einen Eimer mit Wasser und Seifenlauge getaucht, erinnerte den kleinen J. an die hurtigen Sprünge einer Katze, weshalb er die Arbeit seiner Großmutter mit großer Bewunderung verfolgte. Am meisten jedoch gefiel ihm der großmächtige Ofen, auf dem die Töpfe mit simmernden Deckeln standen. Der Ofen sprach in einer unbekannten Sprache zu ihm. Er schmeichelte sich mit seinen weißen Kacheln ein und verlockte durch sein rotglühendes Blech. Niemand konnte Wassersuppen kochen wie Oma! Die in dem Wasser schwimmenden Kartoffeln und Grieben schmeckten nach Abenteuern aus Bergwerksstollen und der Kościuszki-Hütte, die sich aggressiv in das Haus eines jeden Einwohners von Königshütte drängte. Mit der Hütte kämpften die weißen Gardinen und die blankgeputzten Fenstersimse, die Geranien in den Töpfen und die auf Hochglanz gewachsten Fußböden. Es war ein Kampf auf Leben und Tod! Rauch und Ruß tanzten in der Wohnung einen verrückten Reigen, die Reisbürste scheuerte ihnen jedoch die ganze Wahrheit einer Welt voller Würde und Schlichtheit entgegen.

So wie Großmutters Truhe den in der Mansarde eingeschlossenen J. in dieser von Asche bedeckten Niederung an die Existenz der Farbenwelt erinnerte, so sangen die Truhen, die auf dem Dachboden standen und nur teilweise mit Deckeln verschlossen waren, ein anderes Lied. Ein Lied von einer unverständlichen und bedrohlichen Welt. Das Lied drang aus deutschen, nach Moder riechenden Büchern und Zeitschriften und aus zerfallenden Alben mit vergilbten Seiten. Wenn J. diese gefährlichen Seiten berührte, wenn er vorsichtig die mit altdeutscher Schrift bedruckten Seiten wendete, war er ein verlorenes und von der Zeit besiegtes Kind.

*Aus dem Polnischen von Albrecht Lempp*

Henryk Bereska

# Mein Großvater

trug einen weißen Schnauzer
und hatte eine kantige Glatze.
Klein war er, gedrungen
und kräftig wie die Wisente
von Pszczyna. Zur Schicht
nahm er einen Flachmann,
stemmte als Häuer was weg
und trank hinterher beim Danziger
im Kiez Wilhelmina zwischen
Janow und Helgoland,
zwischen Fördertürmen und Halden –
den fälligen halben Liter.
Spät tappte er heim und singend,
zwölf Jungs warteten auf die Mahlzeit
und das Erwachsensein: das vierzehnte Lebensjahr –
reif für Untertage.
Vor Kaiser Wilhelm fiel Großvater
bei einer Parade vom Pferd –
war nur an Grubenpferde gewöhnt.

Altgeworden, schaukelte er zur Lehmkuhle,
neben dem Friedhof zu Nikisch,
dem pyramidenpappelumsäumten,
mit einer Ziege, die keine Milch gab,
und einer Angel, die Fische ablehnte,
und einer Buddel, die hielt, was sie versprach.
Er fluchte auf polnisch und deutsch, krähte:
Pieronje, zum Donner und Psiakrew.
Zärtlich war er zu mir: Er quetschte mir
lachend die Hand, zerrte an meinem Ohr,
ließ mich den Ofen lieb haben, der glühte,
und malte Männlein mit sichelförmigen Schnapsnasen.
Seine Söhne waren kleine Bären
und zeigten fröhlich vom Ochsenziemer die Narben.

Er starb eines natürlichen Todes um die Achtzig.
Eine Bergmannskapelle brachte ihn zum Friedhof
in Nikisch.
Die Pappeln raunten verhalten, der Tümpel trug Trauer,
die zwölf Söhne besoffen sich mächtig.
Der Danziger spendierte
kein Freibier: Er schwebte über Treblinka als Asche.

## Warschau

Nach langer Zeit wieder in Warschau
suche ich die Gefährten früher Jahre
vergebens
Stachura
Grochowiak
Iredynski
Nowak
tot

An der Weichsel wandernd
wo ich öfter mit Jan Josef
Bier trank in einer Schenke
wo ich mit den Dichtern
entlangging
zum östlichen Ufer Praga blickend
wo einst die Sowjetarmee zusah
wie die Hauptstadt gemordet wurde
von meinen Landsleuten

an dem siechen Fluß wandern
sein Sterben beklagend
beklage ich die toten Gefährten
und die verheerende Wirkung
der Zeit.

Werner Heiduczek

# Zabrze

## I

Ich suche keine Kindheitsmuster, kein Land Karalautschi. Niemand findet am Ende sich selbst, nur Bruchstücke von sich, und aus dem Ganzen wächst die Legende, der er lebt.

Zabrze verfolgt mich. Und wenn ich sagen sollte, ob mir die Stadt mit dem Weitergehen der Jahre näherkommt oder ob sie sich von mir entfernt, so muß ich gestehen, ich weiß es nicht. Da sich das Alter nicht nach der Zukunft sehnen kann, im günstigsten Fall nach dem Tod, der allein den wirklichen Frieden bringt, dessentwegen angeblich die Menschheit immer zerstörerische Kriege führt – in Wirklichkeit sind es Gier, Machtverlangen und Unvernunft –, da es nun mal so ist, träumt sich der Alternde in die Kindheit zurück. Dabei geschieht es nicht selten, daß sich eine bittere Wirklichkeit, wenn auch nicht in eine goldene, so doch in eine frohere Zeit verklärt als die gegenwärtige, die es zu ertragen gilt. Mir sind Menschen begegnet, die sich mit traurigem Glanz in den Augen nach dem Konzentrationslager zurücksehnten. Das hört sich schrecklich an oder zynisch. Aber die Wahrheit hat immer etwas Erschreckendes. Niemandem bleibt eine zunehmende Vereinsamung erspart. Der Unterschied ist allein der, daß die einen darauf vorbereitet sind, die anderen nicht.

Zabrze – zwischen der Stadt und mir liegt einmal ein Gebirge und einmal eine Steppe. Die Entfernung ist unverändert. Nur die Vorstellung von ihr verändert sich mit dem jeweiligen Zustand meines Gemüts. Fremdheit und Nähe, Dornröschenschloß und verlorene Illusionen, Vergessen und Erinnern, Nostalgie und ironische Selbstbetrachtung. Wieso sollte es Zabrze anders ergehen, als es der Liebe ergeht, den großen Plänen und allem, von dem wir glauben, daß es ewig dauert. Die Stadt, zusammengemengt aus vielen Dörfern, wurde Stadt, und als diese erhielt sie ihren ersten

Namen, Hindenburg, vier Jahre, bevor ich geboren wurde, also 1922. Wenn auch Zaborze-Poremba und Zaborze B, Biskupitz und Dorotheendorf, Mikultschütz und Zabrze, das dem allem heut seinen Namen gibt, Jahrhunderte alt sind, so lagen die Stadt und ich nahezu im gleichen Kindbett. Vielleicht rührt daher unsere Ähnlichkeit, einmal die Unfähigkeit, einem Apparat zu gehorchen, und als zweites ein gewisses Barbarentum, sollen unsere Urväter doch Silingen und als solche den Vandalen zugehörig gewesen sein, welche die zivilisierten Römer das Fürchten lehrten.

Auch Städte können heimatlos sein wie Menschen. Und keine großen Sprüche geben ihnen, was die Geschichte ihnen vorenthalten hat oder ein Schicksal, von dem niemand weiß, was es ist. Im Mai 1968 besuchte der große de Gaulle Warschau. Von dort aus reiste er, gefeiert wie ein römischer Triumphator, auch nach Oberschlesien, dem ursprünglichen Wirkungsgebiet des großen Edward Gierek, der später wie so manch anderer der zeitweilig Unantastbaren in Schande davongejagt wurde. De Gaulle kam auch nach Zabrze, und er nannte es die ›polnischste aller polnischen Städte‹. Dann eilte er zurück nach Paris, denn dort probten die Studenten seinen Sturz und eröffneten das, was in die westeuropäische Geschichte als die 68er Bewegung eingegangen ist und letztendlich nicht ganz ohne Einfluß auf Osteuropa blieb, nur daß es hier von den einen ›Prager Frühling‹, von den anderen ›Konterrevolution‹ geheißen wurde.

Der Satz de Gaulles erregte damals nicht nur bei Journalisten und Politikern einiges Aufsehen. Ganz unvermittelt sah auch ich mich mit ihm konfrontiert. Gleichfalls aus Warschau kommend, fuhr ich nach München. Der bundesdeutsche Grenzschutzbeamte prüfte meinen Paß, stellte fest, daß ich in Hindenburg geboren bin, sah mich lächelnd an und fragte: »Was sagen Sie zu de Gaulle?« Ich lächelte zurück, denn ich wußte keine gescheitere Antwort, wenigstens keine, die sich auf einen Satz bringen ließ, und zu mehr blieb keine Zeit.

Franzosen sind Franzosen. Sie hatten ihren Ludwig XIV. und ihren Robespierre. Voltaire und die Guillotine. Ihre noch heute nirgendwo in der uns bekannten Welt verwirklichte Losung: Freiheit, Gleichheit, Brüderlichkeit und ihren Rußlandfeldzug. Ihren Maquis und ihren Petain. Und wenn Cäsar schrieb: Gallia est omnis devisa in partres tres, so sagte ein französischer Dichter und Politiker: Ich liebe Deutschland so sehr, daß ich es am liebsten zweimal haben möchte. Kurz, Deutschland ist ihr Trauma. Und niemand kann es ihnen verdenken. Frankreich ist bekannt ob seiner Bildung. Aber Oberschlesien ist ihm ein Berg Sesam. Als nach dem Ersten Weltkrieg Polen und Deutsche dieses Gebiets wegen einander umbrachten, war die Alliance gefordert. Frankreich wurde Hauptschutzmacht. Durch den Namen Ober-Schlesien verleitet und in völliger Unkenntnis der geographischen Lage, schickte seine Heerführung Alpenjäger nach Hindenburg und Gleiwitz und Beuthen. Nun gut, die Weltgeschichte kennt größere Witze, und de Gaulle war ein gerissener Politiker, kein Alpenjäger wie etwa Präsident Wilson, der Galizien mit Schlesien und Irak mit Iran verwechselte – das zumindest hielt ihm sein republikanischer Gegner White vor. De Gaulles Formulierung, möchte ich meinen, war eine Demonstration für die Anerkennung der neu gezogenen Grenzen nach dem Zweiten Weltkrieg. Hätte er seine Rede in Bytom gehalten, wäre Bytom die polnischste aller polnischen Städte geworden.

Noch einmal. Zabrze/Hindenburg zieht mich an und stößt mich fort, gemäß dem Spruch: Der Weg aufwärts und der Weg abwärts ist ein und derselbe. Aus amerikanischer Gefangenschaft geflohen, in russische geraten und wieder freigelassen, wollte ich nach Hause. Meine Eltern wohnten noch in einem der beiden Werkshäuser auf dem Gelände der Donnersmarck-Hütte, die heute Huta Zabrze heißt. Meine Großmutter war da, in jenem nach Katzenkot und faulem Fleisch stinkenden Hinterhof der Stallmachstraße gleich gegenüber dem Admiralspalast. Und Pfarrer Thomeczek war da und trauerte um die Zerstörung der kleinen Hl. Geist-Kirche, in ihrer Art dem Barock nachempfunden und als eine ›Perle‹ in der schmucklosen Sandkolonie. Ein sowjetischer Offizier hatte den Befehl gegeben, sie niederzubrennen, denn aus ihr war geschossen worden. »Unsere Befreier«, sagt der jetzige Pfarrer zu mir, als er mich durch die wieder aufgebaute Ducha Swietego führt. Und natürlich ist das Kirchlein keine ›Perle‹ mehr, nur ein geschliffener Kieselstein, weil ja alles Schöne, wurde es erst einmal ruiniert, von keinem noch so guten Willen gleich schön zurückgeholt werden kann. Tot bleibt tot, und das Neue ist nicht besser, lediglich anders.

Als ich im August 45 am Ufer der Oder stand, habe ich nicht gewußt, daß meine Reise nach Zabrze vierundvierzig Jahre dauern würde und daß Gräber am Ende einer untergehenden Zeit weit verstreut liegen. Das meiner Großmutter ist mir ganz und gar verlorengegangen. Dabei stand mir die gute Alte einmal sehr nah. Haldenstraße – Stallmachstraße, das war, wie man so sagt, nur ein Katzensprung weit voneinander entfernt, und man lief vorbei an kleinen Holzställen, in denen Kohle lagerte, Tauben nisteten, Hühner gackerten, Kaninchen gefüttert und in der Vorweihnachtszeit Gänse gestopft wurden, was zwar verboten war, aber kaum jemanden bekümmerte. Ob in Oberschlesien der Alkoholverbrauch überdurchschnittlich hoch ist, weil dort so viel fettes Fleisch gegessen wird, oder ob Schweine gemästet und Gänse gestopft werden eben des überdurchschnittlichen Alkoholgenusses wegen, das ist auch heute noch nicht von Soziologen, Ethnologen, Psychologen und Politologen entschlüsselt worden. In der Schneiderstube meiner Großmutter, die wir alle nur Omama riefen, lernte ich Fliegen mit der Hand fangen. Von mir lernte es meine Tochter, von der mein Enkelsohn. So etwas nenne ich Tradition, oder wie es im Sprachgebrauch gehobener politischer Kreise unseres Landes heißt: Übergabe des Stafettenstabes. Felder werden Gräber, Gräber Felder. Auch das ist Kontinuität.

## II

Korfanty kam geritten
auf einem Ziegenbock,
da dachten die Polacken,
es ist der liebe Gott.

Dieser Schimpfvers fällt mir ein, als der Zug, von Leipzig kommend und nach Krakau fahrend, sich Zabrze nähert. Nicht Eichendorff, nicht die schlesische Dichterschule, exakt diese vier Zeilen. Man könnte versucht sein, einen verdrängten Nationalismus in mir zu vermuten. Aber ich fühle mich weder als Deutscher noch als Pole. Früher nannte man solche Heimatgebundenen ohne Heimat ›vaterlandslose Gesellen‹. Vielleicht kann ein eventuell vereinigtes Europa, von dem viele wenn schon nicht einen ewigen, so doch einen länger währenden Frieden erhoffen, nur von eben denen zustande gebracht werden, die durch die Länder streunen, ohne einen Platz zu finden, der ihnen Ausruhen gibt oder das, was man ›Heimat‹ heißt oder ›zu Hause‹. Nicht nur die Juden haben ihren Ahasver.

Ich hatte das Abteil verlassen, um mit niemandem reden zu müssen. Als ich durchs Zugfenster den Bahnhofsplatz sah – die Post stand, wo sie immer stand, die Stufen zur Dorotheenstraße hatten kein anderes Aussehen, die Bahnhofsstraße führte immer noch zum Peter-Paul-Platz (in meinem Hirn waren noch die alten Namen gespeichert), da klopften meine Finger die ungehörigen Jamben gegen die schmutzige Scheibe. Ich weiß nicht, was ihnen den Befehl dazu gab. Womöglich eine aufsteigende Sentimentalität, denn als Sechsjähriger hatte ich mit anderen Kindern den Vers auf der Straße gegrölt mit dem gleichen Unwissen und Vergnügen, wie ich in dem von Nonnen geleiteten Kindergarten während des Spaziergangs in Reih und Glied, die Gartenstraße hinunter, die Bismarckstraße hinauf, aus Herzensgrund das Lied schrie:

> Wenn die Soldaten durch die Stadt marschieren,
> öffnen die Mädchen die Fenster und die Türen,
> ei warum, ei darum,
> ei bloß weg'n dem Tschingdarassa
> Tschingdarassa Bum.

Korfanty und die Kuh, die er jedem versprach, der seine Stimme dem Mutterland Polen gibt, die Insurgenten und die Schlacht um den Annaberg, das war für mich nichts anderes als die schaurig schönen Märchen vom Wassermann Utopietz und dem Räuberhauptmann Pistulka. Der allerdings, das galt mir damals als ebenso unumstößlich wie die mich begleitenden Schutzengel – zwei zu meiner rechten, zwei zu meiner linken –, Pistulka hatte am Heiligen Annaberg den Djobok* in Gestalt des Korfanty besiegt, und wenn ich groß sein würde, wollte ich kein Duppaleja** sein und kein Ciulik und kein Sknyra, sondern auch ein Räuberhauptmann Pistulka im Guidowald. Dieses Gehölz im Südwesten der Stadt schien mir unermeßlich weit. Ein Friedhof ist dort, und mein Bruder liegt da begraben, und sein Tod ist für mich ebenso ein schauriges Märchen wie das von Korfanty und dem Räuberhauptmann Pistulka.

Nostalgie der Rückkehr. Ebenso Ratlosigkeit. Vielleicht war es gut, daß der Zug nach zwei Minuten Aufenthalt wieder anfuhr und mir noch weitere fünf Tage Zeit gegeben waren, bevor ich in Krakau ein Auto mietete und nun von Katowice und Bytom her Zabrze erreichte...

## III

...
Aus der Offenbarung am Horeb: Auf jeden Fall hüte dich und nimm dich sehr in acht, daß du die Dinge, welche du mit eigenen Augen gesehen hast, nicht vergessest und sie dir Zeit deines Lebens nie aus dem Sinne kommen, tue sie vielmehr deinen Kindern und Kindeskindern kund...

Einen Tag Krakau–Zabrze–Krakau mit Lada nebst Fahrer kaufe ich für 50 DM, inklusive ein bißchen Elegie, aber aus diesem Brunnen trinken wir das Wasser des Nicht-Vergessen-Könnens.

---

* Teufel

** Oberschlesische Schimpfnamen: Duppaleja – Arschloch, Trottel; Ciulik – Schwanz, männliches Geschlechtsteil; Sknyra – Geizhals

Bogda fährt, sehr zerstreut, sehr nervös. Vor unserem Treffen im Hotel mußte sie noch ihren Mann zum Zug bringen, dann den siebenjährigen Sohn versorgen – den Abend zuvor hatte er Tinte getrunken, was wird er nun schon wieder anstellen. Zu alldem kam auch noch ein jugoslawischer Freund. Es mußte Zeit bleiben für eine Tasse Kaffee. Jetzt der Deutsche. Sie floriert, die Emanzipation...

Krakaus Einbahnstraßen liegen hinter uns, da sagt Bogda: »Fünfzig D-Mark sind zu viel.« Dazu fühlt sie sich verpflichtet.

»Um Zabrze kann ich nicht feilschen wie um einen Sari oder alten Käse«, gab ich zur Antwort.

Das leuchtet ihr ein.

Ich will über Biskupitz nach Zabrze, exakt auf der Straße, die ich oft mit dem Fahrrad entlanggefahren bin. Aber Bogda ist nicht zu bewegen, auf die Karte zu sehen, sie meint den Weg zu kennen. Und natürlich verfehlen wir Biskupitz, kommen plötzlich die Straße von Mikultschütz herab, die geradenwegs zur Huta Zabrze führt. Und da bin ich sehr erregt.

Manchmal geschieht es in der Nacht,
daß der Wind wie ein Kind erwacht,
und er kommt die Allee allein,
leise, leise ins Dorf herein.
Und tastet bis an den Teich,
und dann horcht er herum:
Und die Häuser sind alle bleich,
und die Eichen sind alle stumm.

*Rilke: Heimatsehnsucht*

»Gefühl ist Luxus«, sagte mein Bruder zu mir. Wir saßen in seinem Haus in Spanien, und die Sonne war untergegangen, und wir hörten das Meer in der Bucht. Und er sagte es so aufgebracht, daß er mir leid tat. Und wenn ich jetzt hinschreibe, ›Heimat ist Luxus‹, tu ich mir auch leid, denn ich bin mir des Selbstbetrugs bewußt. Der Zweite Weltkrieg kostete fünfzig bis sechzig Millionen Menschen das Leben. Viele starben, ohne zu wissen, warum und wofür. Aber nicht weniger viele meinten für die Heimat zu sterben. Was für eine Fehlleistung der Gefühle. Was für ein Luxus. Spieglein, Spieglein an der Wand, wer ist die schönste Heimat im ganzen Land.

Bei der Donnersmarck-Hütte gab es noch nie einen Rilkeschen Teich, nur das Beuthener Wasser, in welches das Werk, sich reinigend, seine Kloake ergoß. Heute ist es ebenso. Lediglich die Namen haben sich geändert. Huta Zabrze und Bytomka. Und wenn ich, meinen Weg durch Zeiten und Ortschaften betrachtend, feststellen muß, mein ganzes Leben habe ich an dreckigen Flüssen zugebracht, so schließt das nicht die Sehnsucht nach Rilkeschen Teichen und Alleen aus. Auch ohne Krieg wäre ich aus Hindenburg fortgelaufen. Auch ohne neue Grenzziehung hätte ich mir anderes gesucht. Was also läßt mich zurückkommen? Manche kehren im Alter an den Ort ihrer Kindheit zurück, um da zu sterben. Nein, Anna-Friedhof und Andreas-Friedhof sind nicht letztes Ziel meiner Sehnsucht. Dann also Neugier? Neugier triebe mich woanders hin. Womöglich also doch ›Kindheitsmuster‹, ›Land Karalautschi‹, das ich suche, selbst wenn ich nur Bruchstücke finde oder eine schöne Lüge.

Natürlich habe ich in der Deutschen Bücherei die Jahrgänge des Heimatblattes ›Oberschlesischer Kurier‹ durchgeblättert und fünf Bände ›Oberschlesien im Bild‹ – Erscheinen eingestellt 1936. Und natürlich durfte ›Hindenburg O/S‹ nicht fehlen, das mit Unterstützung der Patenstadt Essen in erster und erweiterter zweiter Auflage erschienen ist und demnächst in einer dritten, abermals erweiterten Ausgabe herausgebracht wird. Horst Bieneks ›Letzte Polka› soll ebensowenig vergessen sein wie der Anruf aus Solingen, zu dem es einen ehemaligen Luftwaffenhelfer der Batterie 252 auf dem Rudaer Berg drängte, einzig aus dem Grund, mir zu sagen, er müsse eine Beleidigungsklage gegen mich anstrengen, denn niemals hätten sich sechs Luftwaffenhelfer in einer Baracke dort nacheinander über eine Straßenbahnschnaffnerin hergemacht, wie ich es in einem meiner Bücher geschrieben hätte. Sie seien sauber gewesen, Mädchen unter die Röcke fassen und in die Blusen … Er müsse alles tun, daß seine Kinder das Buch nicht in die Hände bekämen (nachgerechnet: die Kinder sind wohl dreißig und darüber). Außerdem seien nicht drei russische Gefangene geflohen, nur zwei, dazu nicht an einem kalten Tag, vielmehr an einem warmen im Sommer. Der Spieß, der allerdings sei wirklich ein fieser Kerl gewesen, jedoch Küchenfrauen hätte er nicht ins Bett gezogen. Eine Wanda gab es schon gar nicht, könne also auch niemals in Ruda erhängt worden sein. Der Mann beschimpfte mich eine halbe Stunde, es war ihm die Telefongebühr zum Hochtarif wert.

Als ich fragte, welcher Tätigkeit er nachginge, erfuhr ich, er sei im öffentlichen Dienst beschäftigt und dort speziell für den Umweltschutz zuständig. Auch ein kleiner Witz der Weltgeschichte. Alpenjäger, Präsident Wilson, de Gaulle und Herr Twardawa aus Solingen. Hindenburg verfolgt mich.

## IV

Bogda ist Zabrze nicht so vertraut wie mir, dem Leipziger auf Widerruf. Ich leite sie zum Bahnhofsplatz. Dort finden wir eine Parklücke. Parkuhren gab es zu ›meiner Zeit‹ nicht. Auch das Bahnhofsgebäude ist neu. Ich kenne noch die Zweiteilung: Polnischer Bahnhof und Hauptbahnhof. Von dem einen fuhren die Züge nach Kattowitz, von dem anderen nach Breslau, Heidebreck und Glatz. Aber sonst ist alles so anders nicht. Und wiederum doch. Nicht auf dem Bahnhofsplatz grüble ich darüber nach, warum der Admiralspalast, obwohl er wie eh und je dasteht, grau und klotzig und in einem konischen Halbrund, nicht mehr der Admiralspalast ist, in dem meine Großmutter noch als Siebzigjährige halbnackten Tänzerinnen zuschaute, ich tue es jetzt, da ich, längst nach Sachsen zurückgekehrt, auf eine Waldwiese sehe, auf Margeriten, Hahnenfuß, Männertreu und Sauerampfer. Das Anderssein kann doch wohl nicht daher rühren, weil dieses architektonische Monstrum – 1927 eröffnet, Ausdruck wachsenden Stadtbewußtseins und zu erwartender Prosperität – nun ›Hotel des Bestarbeiters‹ heißt. So wenigstens übersetzt Bogda mir die neue Aufschrift. Die in Stein gehauenen Matrosenköpfe – Asiaten, Europäer, Afrikaner – blickten immer noch von hoch oben auf die Kronprinzenstraße, die jetzige ulica Wolnosci, Straße der Freiheit. Merkwürdig, denke ich – wieder erst jetzt –, das Kosmopolitikum der Rassen paßte ebensowenig zu den darunterhängenden Hakenkreuzfahnen, wie sich der Name vom erstrangigen Arbeiter zu den Seeräuberköpfen fügen will. Aber der Oberschlesier war schon immer international. Er hat den Polen gehört, den Österreichern, den Böhmen, den Ungarn, den Preußen, den Hunnen und noch früher – ich sagte es – den Vandalen. Gut zu wissen, daß mein Flickwerk von Seele sich historisch erklärt. In Zabrzes Gassen und Hinterhöfen lernte ich die Weisheit, zu der Adam gelangte, nachdem er vom Apfel der Schlange gekostet hatte: Du mußt Gott eine Kerze weihen, dem Teufel aber zwei. Und wenn mir auch das nicht weiterhilft, richte ich mich an Sefflik Klappidudeks beachtenswertem Spruch auf:

> Wenn dir bese Menschen kränken
> muß du dich nichs Schlimmes denken
> sonnern bei Gelegenheit
> sei zur edles Tat bereit

Ieberschrift: Die Bakfeife

Sommer 1989

Olav Münzberg

# Das gesuchte Haus – Eine Rückkehr 1968

Warschau-Katowice-Budapest-Sofia-Expreß. Es ist morgens sieben Uhr, Sonnenschein. Ich fahre über Tschenstochau. Die Bahnhöfe sind mit kleinen rotweißen Flaggen bestückt. Kleine Bahnhöfe, wenig Bevölkerung. Der Zug hält nicht, fährt, fährt durch. Auf den Nebengleisen Güterzüge, immer mehr Güterzüge, die entgegenkommen, Halden, das Industriegebiet. Der Himmel ist verwaschen, weiß verzogen, Gleise, Türme, Schlote, Rauch, alles schwarz-grau, zehn Uhr dreißig und doch noch Dämmerung. Die leicht hügelige Erdoberfläche raucht, dampft, zieht sich zusammen. Kohlenwaggons, Gesichter von Arbeitern, Fabrikmauern, kleine Gärten dazwischen: Katowice. Es ist elf Uhr fünfundzwanzig. Ich habe eine knappe Stunde bis zum Anschluß Zeit. Ich verlasse den Bahnhof, versuche einen Film zu kaufen. Leichte Schützenwagen rollen durch die Stadt, an der Ecke zwei Soldaten mit einer Maschinenpistole, wohl Manöver. Ich bekomme meinen Film, verliere wenige Blicke an die etwas glanzlosen Straßen, die dahinhastenden Menschen. Zurück zum Bahnhof. Der Zug ist überfüllt, ein typischer Vorortzug. Wieder zieht die Industrielandschaft vorüber, überzogen von Rauch. Doch zwischen die Schornsteine schieben sich jetzt häufiger Wiesen, öffnet sich langsam wieder etwas Landschaft. Vierzehn Uhr. Ich bin da. *Gleiwitz,* heute Gliwice. Ein kleiner Bahnhof, am Flaggenstoff zerrt der Wind, die Leute drängen. Vor dem Bahnhof erinnere ich mich irgendwie an die seltsame, massig-plumpe Form. Taxen stehen auf dem kleinen Vorplatz. Ich schaue mich um. Fünfzig Meter vor dem Bahnhof kreuzt eine breite Straße, rechts und links. Ich gehe geradeaus, im Kopf – der Abstecher war nicht geplant; das Visum galt nur für Warschau – suche ich meine Erinnerungen zusammen, um ein Haus in einer kleinen Seitenstraße in einer einhunderttausend Einwohner fassenden Stadt nach fünfundzwanzigjähriger Abwesenheit wiederzufinden – ein Junge von vier Jahren damals –, dürftig: ... eine große, langansteigende Straße namens Gustav-Freytag-Allee, eine kleine Seitenstraße in der oberen Hälfte auf der linken Seite, in der Hälfte der großen langansteigenden Straße ein Gemüsegeschäft, am Anfang dieser langansteigenden Straße eine Kurve, rechts eine sich langhinziehende Mauer..., Erinnerungen an einen Zahnarzt, an eine große und an eine kleine Kirche..., daran, daß das Haus am Rande der Stadt lag, daß hinter den letzten Häusern noch ein Dorf lag. Fistersdorf. An dem ersten Kiosk sind Ansichtskarten: eine Luftaufnahme, der Bahnhof. Ich habe fünf Stunden Zeit. Um neunzehn Uhr fährt der Zug. Ich kaufe Karten, gehe weiter. Die Straße biegt nach rechts. Ich sehe weit hinauf, etwa zweihundert Meter, auf den Gehsteigen Betrieb. Ich frage einen Arbeiter vor einem Wagen, ob er deutsch spricht. Vor fünfundzwanzig Jahren wäre diese Frage ohne Sinn gewesen. Er spricht. Ich frage nach einem Buchladen, einen Stadtplan brauche ich. Ob er die ehemalige Gustav-Freytag-Allee, den polnischen Namen kennt? Er schickt mich zum Chauffeur, der spreche gutes Deutsch. Der Chauffeur blickt mich erstaunt an, oder meinte ich das nur? Ich danke. Ich bin ganz froh, daß der Wagen wegfährt, – die Blicke im Rücken auf mich, den Fremden. Ich gehe in das Schreibwarengeschäft. Die Kassiererin im Hintergrund des Ladens spricht deutsch. Nein, kein Stadtplan. Ich gehe weiter, irgendwo liegt diese kleine Seitenstraße, diese große, langansteigende Straße mit dem ehemaligen Namen Gustav-Freytag-Allee und der großen Kirche. Ich schwenke nach links, an einem Bach entlang, eine kleine Kirche hinter Bäumen, betrete die Kirche. Einen nachfolgenden Polen frage ich auf englisch, auf französisch, dann erst auf deutsch nach dem Namen, er versteht nicht. Ich nenne wahllos einige Heilige in lateinischer Sprache. Er begreift: Ah, Barbara, Sankt Barbara. Ich stoße wieder auf die Hauptstraße, die vom Bahnhof herzieht. An einem Kiosk halte ich. Ich kaufe erst zwei Ansichtskarten, frage dann die Verkäuferin sofort auf deutsch. Sie tuschelt mit einem älteren Mann, er am Rockaufschlag ein Abzeichen, ein kleines Kreuz an weißrotem Band. *»Wen suchen Sie?«* fragt er in einem etwas kurz angebundenen Ton. Suche ich jemanden? Mich selbst? »Nein, nein, niemand, die Gustav-Freytag-Allee.« »Einen

Augenblick.« Der Mann verläßt den Kiosk, verschwindet in einem Geschäft, kehrt zurück. »Nach rechts und dann die zweite Querstraße links.« Die Gustav-Freytag-Allee? Nein. Ich gehe bis zur Ecke, schaue heimlich zurück... Der Mann rudert an der Seite des Kiosks mit den Armen, nicht zu mir, es müssen Leute in einiger Entfernung hinter dem Kiosk sein. Ich gehe in entgegengesetzter Richtung, das Ganze ist mir nicht geheuer. Ich gehe schneller. Die Straße steigt an. Alles ist mir fremd. Ist das überhaupt die Stadt? Es hat nur noch Sinn, ganz alte Leute zu fragen. Ganz alte Leute wissen wahrscheinlich Bescheid. Auf einer Bank sitzen zwei Greise. Gustav-Freytag-Allee? Der eine blickt nur düster, schaut gar nicht erst von seinem Stock auf, auf den er sich mit den beiden Händen stützt. Der andere reagiert, erwidert auf deutsch: »Nein.« Er ist erst seit zwanzig Jahren hier; der andere ist schon seit vierzig Jahren in dieser Stadt, doch er weiß es nicht. Hört er nicht? Oder hat er vergessen? Oder weiß er, aber spricht er nicht? Nicht mit mir? Er blickt nur einmal kurz auf, seine Augen bleiben starr und leer. Der andere spricht auf ihn ein. Nein. Nichts. Ich frage nach Fistersdorf. Ich muß endlich wenigstens die Richtung wissen. Es ist schon drei Uhr. Der Alte macht eine Bewegung mit dem Arm, nennt eine Trambahn. Ich ging, wartete, fragte erneut..., nichts. Die Trambahn kam nicht. Endlich ein älterer Herr, der sich auskennt: Zum Ring, dann die große Kirche, von der Tram Nummer vier zwei Stationen, hinter einer kleinen Kirche die Gustav-Freytag-Allee und irgendwo in der oberen Hälfte links eine kleine tiefe Seitenstraße, und das Haus dreiundzwanzig. Er schrieb mir die polnischen Namen zur weiteren Orientierung auf. Endlich habe ich wenigstens die Richtung. Ich stoße auf den Ring, polnisch *rynek*. Am Ring ist ein kleiner Gemüsemarkt. Ich bin hungrig, kaufe einige Tomaten. Auf der einen Seite des quadratischen Platzes steht ein Haus mit einem vorspringenden Treppenaufgang – das Rathaus? Ich habe keine Zeit, gehe unter Kolonaden in der angegebenen Richtung. Dort hinter den Dächern eine große Kirche, ich werde schneller, die Gasse ist eng, nur wenige Menschen sind auf der Straße. Der Kirchplatz, die große Kirche. Ja, das ist sie, ein Backsteinbau, ohnmächtig zwischen den Häusern, die eng aneinanderstehen. Ich trete ein, betrachte das Innere: Barock, Prozessionsfahnen rechts und links, die Decke türkis, alles dunkel, die damals riesigen Säulen, das damals kaum zu sehende mächtige Dach ... Kindheitsängste brechen in mir auf, der Beichtstuhl aus Holz, Licht fällt durch das Fenster, die Größe ist verschwunden, die Erinnerung wie eine Haut zerrissen, alles ist durchschaut, das Spiel, die Kerzen, die Sünde, das Dunkel, die Fliesen sind klar und sichtbar, alles ist deutlich, bestimmt und ohne Hintergründe. Ich habe meine alten Gegenstände verloren, sie selbst zerstört, ich fühle die ganze Zerstörung, während ich im Gang stehe. Der Altar ist mehrstöckig, von blauweißen Tüchern überzogen, auf ihnen steht geschrieben *Laski Petna*. Darauf eine Figur. Die Gesichter der Mutter und des Kindes sind schwarz. Eine Frau reinigt den Seitenaltar. Ich frage auf deutsch nach einem Bild der Kirche, Innenansicht. Die Frau bittet mich, ihr zu folgen. Ich folge nach außen, sie fürchtet den Verkehr, ist ängstlich beim Überqueren der Straße, obwohl ich weder von der einen noch der anderen Seite ein Auto herankommen sehe. Gegenüber liegt das Pfarrhaus. Erst in einer Viertelstunde ist Verkaufszeit. Ich kann nicht warten, gehe über einen Rasenplatz zur Trambahn Nummer vier. Hinter der Haltestelle erstreckt sich ein weiter Platz. In der Nähe steht ein Denkmal, ein neues, der polnische Nationaldichter Mickiewicz, Sänger der polnischen Revolution im 19. Jahrhundert, hinter dem Denkmal eine dichte Gruppe von Bäumen, die die Sicht versperren. Die Tram biegt um die Ecke. Zwei Stationen also. Nach der ersten gabelt sich die Straße, im Vorbeifahren sehe ich eine kleine Kirche, über mehrere Treppen zu erreichen. Ich stehe außen auf dem Trittbrett, fahre weiter nach links, die Straße steigt an, rechts bleibt die Kirche zurück, die Tram zieht an einer langen Mauer hoch, ich blicke zurück, mir dämmert, das muß die Mauer, das muß die kleine Kirche sein. Ich erinnere mich, eine lange, ansteigende Straße, eine lange Mauer. Die Tram hält. Ich springe ab, ich bin richtig, muß richtig sein, stehe an der Kreuzung, in halber Höhe einer ansteigenden Straße, blicke zurück, sehe unten die Mauer, die Kurve, blicke nach oben, links und rechts Bäume, die Straße verliert sich in einer Rechtskurve. An der Kreuzung ist ein Kiosk. Ich dränge mich mit anderen von der Tram abgesprungenen Passanten am Stand, zeige mit dem Finger auf eine Postkarte, lege stumm einige Złoty auf den Teller. Die kleine Seitenstraße, Ulica Gorkina, muß höher liegen. Auf der rechten Seite hatte früher die Gemüsefrau ihren Laden. Einige Leute kommen mir entgegen: ein junges Liebespaar, ein Soldat; eine ältere Frau – soll ich fragen? Ich gehe vorüber, links muß es sein, die erste kleine Seitenstraße biegt gewunden ab, nein, ich gehe weiter... An der dritten Seitenstraße stutze ich, sie führt gradlinig in die Tiefe, an ihrer rechten Seite fügt sich Vorgarten an Vorgarten. Die Straße ist klein und schmal, ich suche nach ihrem Namen, an der Ecke ist ein Geschäft, vor dem Geschäft steht ein alter Mann, soll ich fragen? Soll ich in das Geschäft gehen? Eine junge Frau kommt mir entgegen, ich frage auf deutsch, ich zeige auf meinen Block, auf die aufgeschriebenen Straßennamen. Sie spricht deutsch, kennt, so scheint es, die Straße, gibt mir ein Zeichen, ihr zu folgen. Wir gehen jedoch nicht die schmale, tiefe kleine Straße hinunter, sondern auf einem Pfad durch die Gärten. Ich erzähle. Wir gehen etwa fünf Minuten. Ich beginne zu zweifeln, ich konstruiere. Meine Erinnerungen streiten mit den Angaben des alten Herrn, seine Angaben mit den Straßen, die wir jetzt überqueren. Ich bitte zu fragen. An einer Kreuzung treffen wir zwei ältere Frauen, sie sprechen oberschlesisch, sie wissen genau, diese kleine Seitenstraße ist die Ulica Gorkina. Ich frage nach ihnen, sie nach mir, nur kurz, ich muß weiter. Es ist siebzehn Uhr, mir ist kühl, wir kehren um, gehen zurück, kommen die kleine, tiefe Seitenstraße jetzt von unten herauf. Links muß das Haus liegen. Decken sich die neuen Zahlen mit den alten? 26... 25... 24... 23. Da ist es! Die rechte Hälfte eines größeren Hauses, grau. Im Vorgarten steht ein Baum, verdeckt einen Teil der Fassade. Das Haus ist klein, kleiner als in meiner Erinnerung. Die Straße schmal, schmaler als in meiner Erinnerung. Die Gustav-Freytag-Allee kurz, kürzer als in meiner Erinnerung, überhaupt die Stadt klein, kleiner als meine Erinnerung, alles in Verkleinerung, alles überzogen von Grau, vom Zurückschaudern und vom Neuanfang der Jahre. Die Mächte der Vergangenheit, die Mächte des Faschismus hinterließen nur Hunger und Blut, zerrissene Seelen und Tränen. Ich stehe vor dem Haus, blicke auf die Fenster, aufs Hochpaterre, dann auf den ersten Stock, in dem wir wohnten. Im Hochpaterre ist ein Fenster geöffnet, ein kleiner Junge schaut heraus. Ich gehe zur Vordertür, dort die drei oder vier Treppenstufen, da stand Onkel Arthur, ich denke an das Foto zu Hause und vergleiche. Und ein anderes Foto: Ich selbst stehe auf der Straße auf meinen kleinen Füßen, die kleinen Augen blickten die Straße hinunter, hinter mir stehen riesengroß die Verwandten, sie wollten auch auf das Bild, sie überragen mich ... Doch die Straße ist jetzt leer. Ob ich hineingehen kann, frage ich meine Begleiterin. Im Hochpaterrefenster erscheint eine etwa fünfunddreißigjährige blonde Frau. Meine Begleiterin übersetzt meinen Wunsch, das *Geburtshaus* zu sehen. Über das Gesicht der Polin gleitet ein Lächeln. Ich frage nach Kiselewski. Wohnen Kiselewskis noch hier? Sie schüttelt den Kopf, ganz oben wohnt noch eine alte Frau. Kann ich den Garten sehen? frage ich. Meine Begleiterin übersetzt. Die Polin nickt mit dem Kopf, verschwindet hinter dem Fenster, die Tür öffnet sich, ich öffne die Vordertür, gehe gleich nach rechts: ... der knorrige Apfelbaum um über zwanzig Jahre gealtert, rechts vorne der Birnbaum. Der Kirschbaum ist verschwunden. Ich erzähle Bruchstücke von Geschichten. Frage, ob ich das Haus sehen kann, die Wohnung im ersten Stock. Die Polin nickt. Wir steigen die Treppen hinauf. Die Leute sind zu Hause, ein älteres Ehepaar, fünfundsechzig bis siebzigjährig, er weißgraues Haar, selbst Umsiedler aus dem jetzt zu Rußland gehörenden ehmaligen Ostpolen. Der Mann spricht deutsch, bittet meine Begleiterin und mich herein. Ich erkenne den Flur, rechts am Eingang stand früher ein Schrank mit Eingemachtem, links die Tür zum Wohnzimmer. Wir treten ein, rechts ist die alte Schiebetür, die alte, immer noch gläserne Schiebetür. Wir setzen uns. Es sind alte, violettbeschlagene, samtene Plüschsessel. Ich vermisse beide Klaviere. An der Wand, wenn man hereintritt, links, ein dunkelbraunes Bücherregal. Stehen Bücher darin? *»Was wollen Sie?«* fragte mich der Mann etwas verlegen, ein wenig überrascht und unsicher. Er fragte: »Was wollen Sie?« und nicht: »Was wünschen Sie?« Es klang wie: Was beanspruchen Sie? Was fordern Sie? Offenbar hielt er mich für den früheren Eigentümer. Ich antwortete verwirrt: »Nichts ... Ich bin nur hier, um zu sehen ..., ich bin ..., ich wollte nur ..., ich bin nur hier geboren.« – »Wir haben nichts«, sagte er, obwohl ich gar nichts wollte, »die Russen waren hier, die Wohnung war leer.« Doch dann änderte sich sein Tonfall. »Kommen Sie«, sagte er, »Sie können alles sehen.« Wir gingen in das Kinderzimmer. Dort stand noch ein kleines verwaschenes, hellgrün lackiertes Stühlchen. Hat es mir gehört? Ich setze mich hinein, ging in die Küche, in das Bad. Ich wollte alles anfassen, umdrehen, wieder weglegen, ich wollte anschauen und wieder gehen. Ich fragte nach alten Fotografien. Die Leute wußten von nichts. Nach einiger Zeit kam die junge Frau von unten, offenbar die Schwiegertochter. Sie erzählte von zwei Pianos, die im Zimmer gestanden hätten. Die Wohnung war also doch nicht ganz leer gewesen, als die Alten einzogen, aber ich schwieg, darum ging es ja nicht, das war nicht der Sinn meiner Anwesenheit. Ich fragte noch einmal, drängte, erzählte Erinnerungen aus der Kindheit, um aufzuheitern, zu entkrampfen, Unsicherheiten und Vorbehalte wegzuschwemmen. »Es wäre doch ... und unersetzbar ... Erinnerungswerte ... nichts?« Beide Frauen verschwanden, kehrten nach kurzer Zeit zurück. Die junge Frau legte einige *handgeschriebene Notenblätter* auf den Tisch und ein großes Buch. Handgeschriebene Noten, verschmutzt, aber lesbar, Kompositionen meines Vaters: »Schlittenfahrt«, »Verlassen«, »Anruf«, »Unsterblich duften die Linden« ... Das Buch war eine alte Legende, breit, groß, schwer wie ein Gesetzbuch. Ich fragte nach mehr, ich ging mit der jungen Frau auf den Boden, stöberte, wendete, was gewendet werden konnte, fand noch einige Noten mehr und alte Negativplatten aus Glas aus dem Jahre 1929, nahm, was ich nehmen konnte und durfte. Ich wusch mir die verschmutzten Hände, wechselte letzte Worte, dankte, fotografierte in der Dämmerung noch das Haus, den Garten ... mußte nun aber wirklich gehen, bekam ein Taxi ... erreichte eben noch den Zug.

Wiktor Woroszylski

## Vierzig Jahre später

Mit jemand dem wir im dämmer begegnen
blicken wir uns um
wo sind unsre spuren

Das war doch
dieselbe welt
der gleiche wind
der überm kopf flatternde ziegelstaub
in der kehle aber ein anderes Lachen
ein anderes würgen

Unser grau und unsre müdigkeiten sind gleichaltrig
Unsere morgenröten grüßten einander nicht mit den blicken

Unsere triebe rankten aneinander vorbei

In unserm fluß
zwischen den wellen ein messer steckt

Der gleiche wind
der eine schöpfte atem
dem andern ging der atem aus

Dieselbe welt
aber anderes tasten anderes schmecken

Dem einen die wolken dem andern halseisen
dem einen umarmung dem andern bedrückung
dem einen speise dem andern gift

Dem einen war alles beginn
dem andern weltende

Was war wohl echter
was glücklicher
was schmeckte im dämmer
weniger bitter

# Berichtigung

Im zusammenhang mit
berichtige ich an dieser stelle
nicht damals
nicht dort
nicht ich

Nicht ich tat die hand ins feuer

Nicht ich habe weggesehn

Nicht ich rief aus voller kehle

Nicht jener bergpaß
nicht jene haltestelle
nicht derlei zufälle
nicht diese freunde

Nicht solche worte
nicht mit diesem schweigen
nicht mit diesem dünkel
nicht mit dieser verzweiflung

Nicht dieses pferd
nicht dieser maulesel
nicht dieser teppich
nicht diese messerschneide

Nicht diese rückkehr
nicht diese falle
Ich berichtige den scheelen blick
den buckel
die narben aller niederlagen
und die ungerade lebenslinie
an der amputierten hand

1987

# Frau in der Kantine

Ihr gesicht
ein schlachtfeld
der gestrigen mädchenhaftigkeit
geschunden durch die jahre

Als sie
überm tisch verharrt
den nassen lappen in der hand
und sagt:
»Die herren waren jung
wir waren jung«

begleiten sie
von draußen klänge
der schmetternden märsche
unseres jahres 1950

und für augenblicke
wird es unwichtig
was das für eine zeit war

1990

*Aus dem Polnischen von Henryk Bereska*

Christa Wolf

# Juli 1971 – Ein Besuch in G.

An jenem Abend in G. – früher L. – seid ihr sehr müde gewesen und um halb zehn – vollständig dunkel war es noch immer nicht – ins Bett gegangen. Lenka hat sich gleich, ohne das Buch »Hiob« von Joseph Roth anzurühren, auf die Seite gelegt, der Wand zugedreht. Jedes der Betten stand an einer der Längswände des kleinen Zimmers. Die beiden Nachttische paßten genau in die Lücke zwischen ihnen. Vor jedem Bett lag ein grau gemusterter Läufer aus Bouclé. Zu Füßen der Betten gab es ein Tischchen mit abstehenden Beinen und zwei von jenen unbequemen Stuhlsesseln, die wir in den fünfziger Jahren in unsere östlichen Nachbarländer exportiert haben. Der Schrank rechts neben der Tür. Die Nachttischlampe, wie in allen Hotels Nachttischlampen: klein, unpraktisch und düster.

Bemüht, sowenig wie möglich mit den Blättern zu rascheln, hast du noch ein paar Minuten in der Zeitung gelesen, die ihr von zu Hause mitgebracht hattet. Die Schlagzeilen, die du dir später in der Potsdamer Landesbibliothek aus dem Blatt herausgeschrieben hast, lauteten: Höhere Ansprüche an die Arbeit der Gewerkschaften. – Ostseewoche mit Friedenskonzept. – Den guten Beispielen Massencharakter verleihen. – Soll in Zukunft der Nachwuchs der Arbeiterklasse nur noch aus den Hochschulen kommen? – Weltniveau muß täglich neu erkämpft werden. – Aus Angst krank: 30 Prozent aller Patienten leiden unter neurotischen Fehlhaltungen. – Starben Saurier nach Polwechsel?

(Eine Meldung von heute, dem 26. Juni 1974: Das schwedische Friedensinstitut stellt in einer Studie fest: Der Atomsperrvertrag habe versagt. Es sei nicht gelungen, andere Länder vom Besitz von Atomwaffen auszuschließen. Auch verbrecherische Gruppierungen könnten sich in den Besitz spaltbaren Materials bringen.)

Du machtest die Augen zu und sahst ein deutliches und getreues Bild des Marktplatzes von L., wie Nelly ihn gekannt hat, und es fiel dir schwer, dir den Marktplatz heraufzurufen, wie er jetzt ist und wie du ihn eben gesehen hattest. Lenka, die du schlafend glaubtest, fragte plötzlich, ob du »irgendwelche Heimatgefühle« hättest. Gerührt, daß sie sich um deine Stimmung sorgte, hast du ihr überzeugend versichert: Nein. – Dir fiel ein, daß Lenkas Frage auch ein schonendes Urteil über die Heimat enthielt, die ihr vorgeführt wurde. Sie konnte sie wohl nicht sehr anziehend finden.

Es gelang dir nicht, einzuschlafen, dabei konnte man müder nicht sein. Das Zimmerfenster stand offen. Der Dachrand des niedrigen Hinterhauses begrenzte den immer noch hellen Himmel, an dem tatsächlich, wenn auch für dich nicht sichtbar, der Mond aufgegangen war. Das merk ich mir. Das sind die Sachen, die man sich merken kann. Das andere vergeht.

Heimweh? Nein! – Das hörte sich gut an. Nur daß der Satz schon fertig war, lange ehe Lenka ihn hören wollte. So daß man nicht mehr wußte, ob man log oder die Wahrheit sprach. Da ein anderer als dieser Satz seit vielen Jahren überhaupt nicht in Frage kam.

In dieser Nacht in der fremden Stadt mit ihren fremdsprachigen Geräuschen begreifst du, daß die Gefühle sich rächen, die man sich verbieten muß, und verstehst bis ins einzelne die Strategie, die sie anwenden: Wie sie, indem sie selbst sich scheinbar zurückziehen, benachbarte Empfindungen mit sich nehmen. Nun verbietet sich schon nicht mehr nur die Trauer, das Weh – auch Bedauern ist nicht mehr zugelassen, und, vor allem, die Erinnerung. Erinnerung an Heimweh, Trauer, Bedauern. Die Axt an der Wurzel. Da, wo die Empfindungen sich bilden, in jener Zone, wo sie noch ganz sie selbst, nicht mit Worten verquickt sind, dort herrscht in Zukunft nicht Unmittelbarkeit, sondern – man scheue das Wort nicht – Berechnung.

Und nun, wenn die Worte dazutreten, harmlos, unbefangen, ist alles schon vorbei, die Unschuld verloren. Der Schmerz – vielleicht vergißt man ihn jetzt – ist noch zu benennen, zu fühlen nicht mehr. Dafür, in Nächten wie diesen, der Schmerz über den verlorenen Schmerz ... Zwischen Echos leben, zwischen Echos von Echos ...

Die Linien – Lebenslinien, Arbeitslinien – werden sich nicht kreuzen in dem Punkt, der altmodisch »Wahrheit« heißt. Zu genau weißt du, was dir schwerfallen darf, was nicht. Was du wissen darfst, was nicht. Worüber zu reden ist und in welchem Ton. Und worüber auf immer zu schweigen.

Du stehst auf, ohne Licht zu machen – sehr leise, um Lenka nicht zu wecken –, und nimmst eine Schlaftablette.

Nachts bin ich ein besserer Mensch (ein Zitat). Besser heißt in dieser Zeit: nüchterner, mutiger – eine Verbindung, die bei Tage selten geworden ist. Nüchtern und vorsichtig – ja. Mutig und kopflos – ja. In jener Nacht, bis die Tablette zu wirken begann, bist du nüchtern und mutlos gewesen – was etwas anderes als feige ist – und mit der rasch verfliegenden Fähigkeit begabt, dich zu durchschauen und es zu ertragen.

Das Buch würdest du nicht schreiben können, und du wußtest, warum.

Du kennst die Gegenstände bis heute, sie sind nicht gegenstandslos. Der nicht zu begründende Umschlag kam am nächsten Morgen. Die Hitze schon um sieben. Frisches Erwachen nach wenigen Stunden Schlaf. Alles war anders. Der Luxus vollkommener Aufrichtigkeit – warum sollte er gerade dir ausgesucht sein? Dieses unzeitgemäße, absondernde Glück – das einzige, das diesen Namen verdient? Erleichtert warst du, beinahe los und ledig der Gewissenslast der allzu Glücklichen.

Tun wir nicht alle, was wir eigentlich nicht können, wissen darum und reden nicht davon, weil es unsere einzige Hoffnung ist?

Der Traum jener Nacht hatte mit den Phantasien vor dem Einschlafen scheinbar nichts zu tun; erst später, heute, liegen die Zusammenhänge offen. Du sahst dich als Mann, mit Eigenschaften und Fähigkeiten ausgestattet, die dir in deiner wirklichen Gestalt abgehen. Es schien, du könntest alles, was du wolltest. Drei Frauen verschiedener Lebensalter kamen vor, mit denen du befreundet gewesen bist und die alle an Krebs gestorben waren. Sie schienen auf dich nicht zu achten. Doch fühltest du wohl, daß sie dich auf eine ganz ungehässige, aber intensive Art beneideten, und da wußtest du es selbst mit einem starken Schuldbewußtsein, wie sehr beneidenswert du doch warst.

Montag, der 1. Juli 1974. Ein General Pinochet ernennt sich selbst zum obersten Führer der Nation. Die Namen der vier kürzlich ermordeten Chilenen, die gestern in der Zeitung standen: Jose, Antonio Ruz, Freddy Taberna, Umberto Lisandi. Fast genau vierzig Jahre früher hat der »General-Anzeiger« berichtet, daß vier Kommunisten aus L. vor dem Reichsgericht wegen Zersetzungsarbeit verurteilt worden seien. Fast genau neununddreißig Jahre früher standen Namen im »General-Anzeiger«, deren Trägern man wegen Unwürdigkeit die deutsche Staatsbürgerschaft aberkannt hatte: Bertolt Brecht, Hermann Budzislawski, Erika Mann, Walter Mehring, Friedrich Wolf, Erich Ollenhauer, Kreszentia Mühsam (die, was nicht verschwiegen werden soll, in der Sowjetunion, wohin sie geflohen war, später in ein Lager kam und erst in ihren letzten Lebensjahren die Verwaltung von ihres Mannes literarischem Erbe wieder übernehmen konnte). In anderen Ländern und Erdteilen haben vor vierzig Jahren die Leute, in deren Zeitungen deutsche Namen standen, das Blatt zusammengefaltet und es neben ihre Frühstückstasse gelegt. Dieser sich wiederholende Vorgang steht dir vor Augen, während du die Zeitung von gestern zusammenfaltest und sie in den Zeitungsständer steckst. Gestern ist also in einer Kirche die siebzigjährige Mutter von Martin Luther King ermordet worden.

Auf einer alten, leicht stockfleckigen Karte der »Provinz Brandenburg«, die in die Regierungsbezirke Potsdam und Frankfurt (Oder) zerfällt – einer Karte, die keine Jahreszahl trägt, aber noch nach deutschen und preußischen Meilen mißt und bei C. Flemming in Glogau gedruckt und verlegt wurde –, findet sich südöstlich von Seidlitz und Dechsel der Ort Birkenwerder, dessen Name einem Ortsnamen, den du nur ungenau erinnerst, am nächsten kommt und deshalb hier für diesen stehen soll. Die Karte mag vor der Einführung der norddeutschen Meile im Jahre 1868 gedruckt sein. Birkenwerder bei Schwerin also. Der Ort selbst wird gar nicht in Erscheinung treten. Nur soviel davon: Er muß von Kiefernwäldern umgeben gewesen sein (eine Bedingung, die Birkenwerder gewiß erfüllt). Die Familie von Onkel Alfons Radde, Nelly mit ihr, verbringt eine Woche in einer Art Jagdhütte, die Alfons Raddes Chef, Otto Bohnsack, hier draußen besitzt. Pfifferlinge in unübersehbarer Menge in den Wäldern. Nelly als einzige ist keine passionierte Pilzsucherin. Aber der Wald, Kind, der Wald! Tante Liesbeth geniert sich nicht, »Wer hat dich, du schöner Wald« anzustimmen. Nelly geniert sich, und ihr inzwischen neunjähriger Vetter Manfred geniert sich auch. Nelly entdeckt, daß sie eine Zuneigung zu diesem Vetter nicht mehr vortäuschen muß, sie sondern sich ab, tuscheln und kichern miteinander.

Der Wald duftet stark. Vielleicht hatte es am Vormittag geregnet, der Nachmittag des 20. Juli 1944 war, wie ein Sommertag sein soll. Gab es eine Art Birkenzaun um das einfache, dunkelbraun gebeizte Holzhaus? Wie auch immer: Als sie die Pilze aßen, wußten sie es schon, Onkel Alfons hatte die Nachricht aus dem Dorf mitgebracht, das also vermutlich nahe lag. Am nächsten Morgen würden sie natürlich sofort nach Hause fahren. Auf den Führer war ein Anschlag verübt worden.

Halbe Sätze, die in Nellys Gegenwart keine ganzen Sätze werden können. Man wird vor ihr nicht alles gesagt haben. Vorsicht, man kann nie wissen. Vielleicht hat es Blicke gegeben, die bedeuten sollten: Das ist der Anfang vom Ende. Oder Fragen: Ist das der Anfang vom Ende? Nelly kriegte die Blicke nicht zu sehen, die Fragen nicht zu hören.

Zwei Tage später steht sie auf dem Marktplatz in Reih und Glied angetreten. Nun erst recht! ruft der Bannführer. Und daß der Führer, wie man sieht, unverwundbar ist. Das kommt Nelly allerdings auch so vor. Wochenlang tragen sie alle in der Schule die Hitler-Jugend-Uniform, und das, wie Charlotte nörgelt, in Zeiten, da es keine Bezugsscheine für BDM-Blusen gibt und es schier unmöglich ist, eine der zwei weißen Blusen, die Nelly besitzt, immer einsatzbereit zu haben. Nelly findet es nicht übertrieben, daß man die Treue zum Führer auch äußerlich zeigt. Charlotte meint, man sollte Treue nicht durch Blusen zeigen müssen. Nelly schmerzt es, wenn die Mutter über heilige Gegenstände vom Standpunkt ihrer Waschküche aus urteilt.

Gab es – abgesehen von jenem düsteren Ausruf der Mutter, dem die Gestapo ergebnislos nachging und der Nelly ja verschwiegen wurde – in ihrer Umgebung die leiseste Andeutung, daß manche Menschen den Krieg für verloren hielten? Die Frage ist mit Nein zu beantworten. Nelly hat also zum erstenmal Gelegenheit, am eigenen Leib zu erfahren, wie lange es dauert, bis man bereit ist, Undenkbares für möglich zu halten. Ein für allemal lernt man es nie. Jene Zeiten, in denen sie es nicht wagte, aus dem, was sie mit eigenen Augen sah, zutreffende Schlüsse zu ziehen, erkennst du an einer besonderen Art von Verlust: dem Verlust des inneren Gedächtnisses. Äußere Vorgänge ja: die ersten Flüchtlingstransporte, die in der Stadt ankommen. Aber weit entfernt ist Nelly, den besonderen Ausdruck in den Augen der Flüchtlinge anders zu deuten denn als Zeichen der Erschöpfung nach einer langen anstrengenden Reise. Es ist, als schiebe sich eine Wand zwischen ihre Beobachtungen und den Versuch, sie zu deuten.

Die Müdigkeit, das scheint festzustehen, ist in diesen Monaten so groß, daß sie sich nicht mehr allein durch die nächtlichen Feindanflüge erklären läßt, von denen man sich eine Schädigung der Stadt kaum noch erwartet. Die Bombengeschwader, die Berlin zerstören, wenden über L. und drehen unbehelligt nach Westen ab. Trotzdem weckt Charlotte ihre Kinder gewissenhaft Nacht für Nacht, zwingt sie, sich anzuziehen und in den Keller zu gehen, der alles andere als bombensicher ist. Man soll das Schicksal nicht versuchen.

Andere Szene: Der Vater sitzt in Hemdsärmeln am Eßzimmertisch, ißt seine Suppe und spricht mit der Mutter von den französischen Gefangenen, die in einer alten Fabrik untergebracht sind und für deren Bewachung er seit kurzem verantwortlich ist. Da haben sie den Bock zum Gärtner gemacht, sagt er. Einer, der selbst mal Gefangener war, kann ja Gefangene nicht schikanieren, sagt er. Er kann doch den Franzosen die kleinen Öfchen nicht verbieten, auf denen sie sich abends heimlich etwas brutzeln. Er kann auch keine strenge Leibeskontrolle durchführen, wenn sie von ihren Arbeitsstellen ins Lager einrücken. Obwohl er jedes Versteck eines Gefangenen aus dem Effeff kenne. Aber er wisse eben auch, was einem Gefangenen eine Scheibe Brot ist oder gar ein Stückchen Fleisch. Er kann die Leute nicht wegen Diebstahl bestrafen. Er selbst habe ja – und daran müsse er immer denken – einst in Frankreich seine Madame ans Kartenspiel gefesselt, während die Kameraden in ihre Räucherkammer einstiegen: Oh, monsieur Bruno, un filou!

Aber die Geschichte kennen wir doch, sagte Charlotte Jordan müde.

Schon. Bloß daß er jetzt eben immer daran denken müsse.

Nellys äußeres Gedächtnis bewahrte die Szene auf, so wie der Bernstein Fliegen aufbewahrt: tot. Ihr inneres Gedächtnis, dessen Sache es ist, die Urteile zu überliefern, die man aus Vorkommnissen zieht, konnte sich keine Bewegung mehr leisten. Es blieb stumm. Nichts als mechanische Aufzeichnungen.

Dies müßte Lenka verstehen, um zu glauben, daß Nelly jene Austreibung nie ernstlich hat rückgängig machen wollen. Es zeigte sich übrigens, daß sie insgeheim – obwohl vollkommen ahnungslos – doch darauf vorbereitet gewesen war. Signale, die nicht Worte waren, hatten sie erreicht. Eines der letzten war der Blick eines kleinen Jungen. Er kam, wie seine Mutter, die hochschwanger war, aus Posen – heute Poznań –, und Nelly, die wie alle Mädchen ihrer Klasse nicht mehr zur Schule ging, sondern Flüchtlinge »betreute«, kümmerte sich besonders um diese beiden; sie wollte sich nicht darüber beruhigen, daß eine Frau unterwegs in einer fremden Stadt und womöglich ohne Hilfe ein Kind zur Welt bringen sollte, während sie zugleich nicht aufhören konnte, sich um ihr anderes Kind, eben den kleinen Jungen, zu sorgen. Sie holte die Hebamme zu der Frau. Die musterte sie kurz, aber gründlich, faßte dann ihre Füße an und erklärte: Solange sie so kalte Füße habe, komme die Geburt sowieso nicht in Gang. Da solle sie sich bloß keine Schwachheiten einbilden. Nelly versuchte ihre Mutter dringlich zu überreden, den Jungen zu sich zu nehmen, damit die Frau in aller Ruhe im Krankenhaus entbinden könnte. Charlotte, gewiß nicht ohne Mitgefühl, wich aus. Als letzten Grund für ihre Ablehnung nannte sie, so schonend sie konnte, die Möglichkeit, daß sie vielleicht selber bald aufbrechen müßten. Und wie sollte die Mutter den Jungen dann je wiederfinden?

Darauf konnte Nelly nur grell und verächtlich lachen: grell, weil diese Möglichkeit so absurd war, verächtlich, weil nun auch die Mutter, wie alle Erwachsenen, die abwegigsten Ausreden heranzog, um nur kein Risiko einzugehen, wenn einmal ein Mensch Hilfe wirklich nötig hatte. Die unterlassene Hilfeleistung an dieser Frau und ihrem Jungen ist Nelly lange nachgegangen. Diese zwei ihr unbekannten Leute waren es, an die sie, vierzehn Tage später selbst »auf der Flucht«, öfter denken mußte als an alle ihre Freunde, die ihr plötzlich und – wie sie genau zu wissen glaubte – zumeist auf immer entrissen oder, richtiger gesagt, entschwunden waren. Als sie durch Nachzügler erfuhren, am Krankenhaus, wo sich eine SS-Einheit verschanzt hatte, sei gekämpft worden, dachte sie an die Frau, die inzwischen dort liegen mochte (die Einschläge der Geschosse sind übrigens noch heute in der Fassade des Gebäudes zu sehen; du zeigtest sie Lenka beim Vorbeifahren). Ihr Junge aber konnte mit einem Kindertransport Gott weiß wohin geraten sein, und daß seine Mutter ihn je wiederfand, war nicht so sicher. Heute noch, wenn ein westlicher Sender immer noch Suchmeldungen des Deutschen Roten Kreuzes durchgibt, fragst du dich nach dem Schicksal des Jungen und seiner Mutter, aber eine Gewissenslast ist es dir nach all den Jahren nicht mehr.

Das allerletzte Zeichen dafür, daß sie im Grunde Bescheid wußte, ohne unterrichtet zu sein, kam Nelly aus ihrem eigenen Körper, der sich, da ihr eine andere Sprache durchaus verwehrt war, in seiner Weise ausdrückte. Charlotte Jordan, in gewissen Augenblicken zum Gebrauch ungewöhnlicher Wörter fähig, nannte den Zustand ihrer Tochter bündig einen »Zusammenbruch«. Womit sie verriet, daß sie dem Kamillentee mit Honig, den sie Nelly einflößte, nicht allzuviel zutraute.

Zuerst weinte Nelly bloß, dann kam das Fieber hinzu. »Nervenfieber«, behauptete Charlotte. Es war eben alles ein bißchen zuviel für sie. Aber was denn eigentlich? Diese Arbeit in den Flüchtlingslagern? Nun: Sie übertrieb sie vielleicht ein bißchen, andererseits war sie schließlich kein Hämchen und vertrug einen Puff. Auch an jenem Nachmittag hatte sie im »Weinberg« die Flüchtlingskinder um sich versammelt, nachdem das Geschirr abgewaschen war, hatte ihnen das Märchen vom Fundevogel erzählt, mit ihnen gespielt und gesungen. Julia, Dr. Juliane Strauch, auch hier Herr der Lage, ging mit ihrer großen Roten-Kreuz-Tasche von einer Flüchtlingsfamilie zur anderen, hockte sich zu ihnen ins Stroh und verteilte Medikamente und gute Ratschläge. Es war deutlich, daß sie ein Beispiel gab, und Nelly zögerte nicht, um zu folgen.

Ganz und gar genügte als Anerkennung ihr das Kopfnikken, das sie von Julia empfing, als sie, da ein neuer Treck angekündigt wurde, an der Ausgangstür zusammentrafen. Es war dunkel geworden. Beim Abladen ging es wie immer geschäftig, aber doch nicht eigentlich verzweifelt zu, bis plötzlich durch einen unvorhergesehenen Vorfall die allgemeine Stimmung, besonders aber Nellys Gemütslage umschlug. Der Säugling, ein vermummtes Bündel, das ihr aus einem der Planwagen zugereicht wurde, damit sie es an die Mutter weitergab, war tot: erfroren. Die junge Frau erkannte es an Zeichen, die Nelly nicht bemerkt hatte, ohne das Bündel erst aufschnüren zu müssen. Die Frau schrie sofort los, mit jener Stimme, die man nicht oft zu hören bekommt und die einem – in solchen Augenblicken erlebt man die Wahrheit mancher unerträglicher Redewendungen – »das Blut in den Adern stocken« läßt. So hab ich noch nie jemanden schreien hören, war das letzte, was Nelly dachte, danach dachte sie nichts mehr.

»Black box« hat man derartige Zustände später genannt, ganz zutreffend übrigens. Das Gehirn ein schwarzer Kasten, unfähig, Bilder aufzunehmen, geschweige Worte zu formen. Vermutlich – anders kann es ja nicht gewesen sein – ließ sie fallen, was sie gerade in der Hand hielt, zog sich steifbeinig bis zum Gartentor des Lokals »Weinberg« zurück, machte auf dem Absatz kehrt und lief davon. Nach Hause, wo sie zwar lange nicht reden, am Ende aber doch weinen konnte. Das nächste Bild nach der Erinnerungslücke: Das Eßzimmer, sie selbst auf dem alten Sofa liegend, vor ihr die Mutter mit der großen Teetasse.

Am nächsten Tag hat sich die Formel eingestellt, die jeden befriedigt, als Entschuldigung verwendbar ist und den Vorzug hat, nicht ganz falsch zu sein: Nelly hat sich erkältet und muß das Bett hüten. Ein Schnupfen, Kopfschmerzen, Fieber, das natürlich niemand mehr »Nervenfieber« nennt, wie auch das überspannte Wort »Zusammenbruch« dahin zurückfällt, wohin es gehört: in den Vorrat der unaussprechlichen Wörter. Bis es, wenige Monate später, zu größerer Verwendung und für den allgemeinen Gebrauch daraus hervorgezogen wird und auf einmal geeignet scheint, Zeitalter voneinander zu trennen: Vor dem Zusammenbruch, nach dem Zusammenbruch. Da war der einzelne seines eigenen Zusammenbruchs enthoben.

Nelly bekommt Besuch. Sie, krank »im Kreise« ihrer Freundinnen: Eines der letzten Bilder aus dem Haus an der Soldiner Straße das wir – es kann sich nur noch um Tage handeln – nun aber schleunigst zu verlassen haben, um es nie wieder zu betreten. Julia Strauch, das weiß sie noch nicht, hat sie schon zum letztenmal gesehen. Es beginnen die unwiderruflichen Abschiede der Fünfzehnjährigen. An diesem letzten Nachmittag sind sie ausgelassen. Sie kichern und glucksen, ohne zu wissen, worüber. Nur als Dora von einem Gerücht erzählt, das in Brückenvorstadt umgeht, wo sie wohnt: Russische Panzerspitzen seien über Posen vorgestoßen, ja, südlich von Frankfurt hätten sie schon die Oder erreicht – da weiß man, worüber man lacht. Russische Panzer an der Oder!

Das Gespräch der Freundinnen hat um den 25. Januar herum stattgefunden, etwa zwei Tage nachdem die Armee des Marschalls Konjew zwischen Oppeln und Ohlau (heute Opole und Oława) die Oder erreicht hatte, während die für Nelly und ihre Freundinnen zuständigen Truppenteile unter dem Befehl des Marschalls Shukow – die Stadt L. zunächst nördlich und südlich umgehend – zu ihrer Zangenbewegung auf Küstrin (heute Kostrzyn) angesetzt hatten. Am gleichen Tage übertrug der Führer dem Reichsführer SS Himmler persönlich den Oberbefehl über die zur Verteidigung der uns interessierenden Gebiete aufgestellte »Heeresgruppe Weichsel«; der Tag, an dem Generaloberst Guderian, Chef des Generalstabs des Heeres, den Reichsaußenminister Ribbentrop aufsucht, um ihm – ergebnislos natürlich – »die Augen über die bedrohliche militärische Lage zu öffnen« (Nachkriegsveröffentlichungen Guderians: »Erinnerungen eines alten Soldaten«, 1951; »Kann Westeuropa verteidigt werden?«, 1951); fünf Tage ehe Rüstungsminister Speer in einer Denkschrift an den Führer – folgenlos natürlich – den bevorstehenden vollständigen Zusammenbruch der deutschen Kriegswirtschaft feststellt; sieben Tage ehe sowjetische Truppen nördlich und südlich von Küstrin die Oder überschreiten, auf deren Westufer sie Brückenköpfe bilden. Fünf Tage ehe Bruno Jordan – mit seinen französischen Gefangenen in Richtung Soldin – Stettin in Marsch gesetzt – in dem Dorf Liebenow von der nördlichen Gruppe der sowjetischen Streitkräfte gefangengenommen wird; vier Tage ehe Nelly und – wenn auch für immer voneinander getrennt – ihre Freundinnen in letzter Minute, bevor die Zange sich schloß, in Küstrin über die Oder gehen. Fünfeinhalb Tage ehe Charlotte Jordan als Insassin des letzten Postautos, das von L. nach Westen fuhr, ebenfalls die Oderbrücke passiert und dabei diejenigen Teile von Küstrin noch unzerstört sieht, die später während des Kampfes um die Stadt vollständig vernichtet werden sollen. (Der Genuß, den es macht, endlich einmal die Sprache so einzusetzen wie ein Marschall seine Truppenverbände: logisch, zwingend. Schlag auf Schlag.)

Die Tatsache, daß Charlotte Jordan ihre Kinder, um die sie sich sonst eher übermäßig ängstigte, allein, wenn auch von Verwandten begleitet, ins sogenannte Ungewisse fahren ließ, ist in der jahrelang hin und her gewendeten, längst zur Legende erstarrten Familiengeschichte so gut wie nie erörtert worden. Und doch hätte man sich – wäre es mit rechten Dingen und gesunden Sinnen zugegangen, aber das tat es ja eben nicht – über diese einschneidende Entscheidung der Mutter mehr verwundern sollen als über die Tatsache, daß die Bevölkerung über Drahtfunk aufgefordert wurde, ihre Stadt zu räumen. Natürlich stand kein Transportraum zur Verfügung. Die Szenen, die sich auf dem Bahnhof abgespielt haben, mag der beschreiben, der sie miterlebt hat. Am Abend des gleichen Tages, des 29. Januar 1945, wurde der letzte überfüllte Flüchtlingszug von den sowjetischen Panzerspitzen, welche die Stadt südlich umgangen hatten, vor Vietz in Brand geschossen.

In einem Punkt stimmt die Erzählung der inzwischen in alle Winde verstreuten, um einige ihrer Glieder dezimierten und aus persönlichen und politischen Gründen in sich zerstrittenen Familie überein: Der Geistesgegenwart und Findigkeit des Schwagers Alfons Radde war es zu verdanken, daß man zu rechtzeitiger Flucht die Möglichkeit bekam. Nach telefonischer Verabredung in der Dunkelheit der frühen Morgenstunden fuhr er gegen neun Uhr mit einem Lastzug der Firma Otto Bohnsack, Getreide en gros, vor dem Jordanschen Haus vor, um seine Schwiegereltern Hermann und August Menzel, seine Schwägerin Charlotte Jordan und deren beide Kinder Nelly und Lutz »einzuladen«, wie der Fachausdruck hieß.

Es war seine große Stunde. Alfons Radde, der zeitlebens um eine geachtete Stellung in der Familie seiner Frau zu kämpfen hatte, erwies sich nun als Stab und Stütze der schutzlosen Frauen und Kinder. Alles verlief planmäßig. Das Gepäck der Jordans – Koffer, Kisten, fest gestopfte Bettensäcke, Kartons mit Konserven aus den Jordanschen Lagerbeständen und sogar ein Butterfäßchen, dessen Inhalt natürlich, als der bitterkalte Winter erst vorbei war, der Verderbnis nicht widerstand, aber auch ranzig noch oder als Butterschmalz sowohl die Familie nährte als auch begehrtes Tauschobjekt war – alles wurde aufgeladen.

Man läßt den Auszug aus der Heimat nicht unbeweint. Charlotte hielt sich zurück. Vermutlich waren ihre seelischen Kräfte von dem Entschluß in Anspruch genommen, der sich erst in ihr entwickelte, während sie noch das Gepäck verstaute. Sie hatte zum Weinen keine Zeit. Nelly kam für Tränen »vor versammelter Mannschaft« nicht in Frage.

Schnäuzchen-Oma dagegen ja. Sie weinte auf eine scheue, verstohlene Weise. Anders die Generationen der Tanten: Trudchen Fenske, geschieden, Olga Dunst, deren Mann mit Frau Lude »auf und davon« gegangen war, Liesbeth Radde: Alle sitzen sie im Halbdunkel des Lastwagens – bis auf Tante Lucie, die abgesprungen ist, um beim Aufladen zu helfen – und begleiten jede neue Situation, jeden neuen Abschied mit ihren leicht und reichlich fließenden Tränen.

Heute – wir schreiben den 31. August 1974 –, am fünfunddreißigsten Jahrestag des Beginns des Zweiten Weltkriegs, widmen die Zeitungen ihre diesem Datum zukommenden

Kommentare. Kein neuer Krieg scheint irgendwo in der Welt begonnen zu haben.

Obwohl die verfeindeten Seiten im Nahen Osten weiterrüsten; Zehntausende von Menschen auf Zypern unter den Folgen eines dieser »begrenzten Kriege« leiden, die in Mode gekommen sind (unter ihnen jene alte Griechin, deren Weinen auf dem Bildschirm dich an das Weinen deiner Großmutter erinnert); obwohl in Vietnam gekämpft, in Chile gefoltert wird: Die größten Unglücke dieses Tages sind das Eisenbahnunglück im Bahnhof der jugoslawischen Stadt Zagreb und die Überschwemmungskatastrophe in Bangladesh.

Der heutige Tag ist, wie jeder Tag, auch die Spitze eines Zeitdreiecks, dessen zwei Seiten zu zwei anderen – zu beliebig vielen anderen – Daten führen: 31. August 1939. Von früh um sechs Uhr an wird zurückgeschossen. 29. Januar 1945: Ein Mädchen, Nelly, plump und steif in doppelt und dreifach übereinandergezogenen Sachen (geschichtsplump, falls dieses Wort etwas sagt), wird auf den Lastwagen gezerrt, um die in der deutschen Dichtung und im deutschen Gemüt so tief verankerte Kindheitsstätte zu verlassen.

Heute, an diesem heißen Tag, da durch die offene Balkontür das Geraschel der Pappelblätter, fernes Hundegebell und Motorengeräusch eines einzelnen Motorrades hereinkommt. Heute, da dir – ein seltenes Glück – auch das Unbedeutende nur das Gefühl steigern kann, zu leben: das Essen, der Wein am Mittag, die paar Seiten eines Buches, die Katze, das Schlagen der Uhr aus dem Zimmer, in dem H. über seinen Bildern sitzt, die Sonnenreflexe auf dem Schreibtisch. Der Schlaf nach dem Mittagessen und der zwielichtige Traum. Das Gedicht, das du liest, in dem es heißt: Hüte dich vor der Unschuld / deiner Weggenossen. Vor allem anderen aber die fünf Tagesstunden über diesen Seiten, der feste Kern eines jeden Tages, vom wirklichen Leben das Wirklichste. Ohne die sich alles, Essen und Trinken, Liebe, Schlaf und Traum in rasender, angstvoller Eile entwirklichen würde. Das ist richtig und soll so sein. Heute macht es dir nichts aus, dir jenen bitterkalten Januartag zurückzurufen.

Man will nun also abfahren, macht schnell, beeilt euch, es wird spät. Nelly, schon im Lastauto, streckt den Arm aus, ihrer Mutter noch hereinzuhelfen. Die aber tritt plötzlich zurück, schüttelt den Kopf: Ich kann nicht. Ich bleibe hier. Ich werde doch nicht alles im Stich lassen.

Folgte ein Tumult aus dem Wagen heraus, Rufe, Beschwörungen, Schreie sogar – die Großmutter, die Tanten! –, ein Tumult, an dem Nelly sich nicht beteiligte. Es war ja unglaubhaft, was geschah. Folgte ein kurzer Dialog zwischen Tante Lucie und Charlotte, in dessen Verlauf die Obhut über die Kinder besonders Tante Lucie übertragen wurde – eine vernünftige Wahl! –, wofür Charlotte versprach, sich um ihren Bruder, Lucies Mann, Onkel Walter, zu kümmern, der in seinem Betrieb, Maschinenfabrik Anschütz & Dreißig, »die Stellung hielt«. Folgte gleich darauf das Anrucken des Wagens: Alfons Radde, mit Recht ungehalten, wartete nun keine Minute länger. Sollte zurückbleiben, wer nicht mitwollte. Ein schrilles Aufheulen aus dem Wageninnern, das abebbte, da Charlotte sich schnell aus dem Blickfeld der Davonfahrenden entfernte. Das Haus sah Nelly noch, die Fenster, hinter denen die überaus vertrauten Räume lagen, über den Schaufenstern die roten Buchstaben: Bruno Jordan, Lebensmittel, Feinkost. Zuletzt die Pappel.

Jahre später, als die Betäubung sich aufzulösen begann, hat Nelly sich jede Minute dieses letzten Tages, den ihre Mutter in ihrer Heimatstadt verbrachte, vorzustellen versucht. Der Augenblick, da der Lastwagen ihren Blicken entschwunden ist, sie wie angenagelt steht.

Nun ist es zu spät. Den Gedanken, daß sie ihre Kinder verloren hat, muß sie sich verbieten. Hastig läuft sie die Treppe hoch, zurück in die verwüstete Wohnung. Ordnung schaffen, für alle Fälle erst mal Ordnung schaffen. In Schränke und Fächer zurücklegen, stellen, schichten, was hierbleiben mußte und herumlag. Das Führerbild von der Wand nehmen (auf den Schreibtisch klettern, um heranzukommen), es im Keller stumm mit dem Beil zerschlagen und es im Heizungsofen verbrennen. Plötzlich, als sie in die Wohnung zurückkommt, wie vom Blitz berührt stehenbleiben: Sie hatte ja hier nichts mehr zu tun. Sie war ja ganz und gar verrückt, daß sie hiergeblieben war. Sie wußte ja überhaupt nicht, wohin ihre Kinder fuhren und wie sie sie je wiederfinden sollte.

Rasend schnell verfielen die Gründe, die sie sich eingeredet hatte: Hüter von Haus und Herd sein, dem Mann für Hab und Gut verantwortlich sein, den Kindern ihr Erbe erhalten. Aber das ist ja Wahnsinn, wird sie vor sich hin gesagt haben. Das ist ja kompletter Wahnsinn.

Ihr wurde klar, daß sie Informationen brauchte. Das Telefon war schon tot, die Lage schien ernst zu sein. Ein Einfall: Leo Siegmann, der Buchhändler, Bruno Jordans Freund, ist in der Materialverwaltung der General-von-Strantz-Kaserne. Wenn einer, kann der ihr sagen, wie es steht. Sie dringt, zum Äußersten entschlossen, zu ihm vor. Siegmann, bleich, vernichtet gerade die letzten wichtigen Papiere, danach wird er unverzüglich das Weite suchen: Und wenn er laufen müßte. Die Garnison hat Abmarschbefehl. Ein Blick auf den Kasernenhof überzeugt Charlotte: Alles ist verloren. Sie weiß nun Bescheid. Aus der Traum, sagt sie zu Leo Siegmann. Und wo bleibt euer Endsieg?

Jetzt flieht auch sie.

Lenka tritt ein. Sie muß noch etwas erzählen. Gestern abend, als sie von ihrer Jugend-Tourist-Reise nach Živohošť bei Prag zurückkam, hat sie etwas Wichtiges vergessen: nämlich, welche Lieder unsere Touristen im sozialistischen Ausland singen. Oder ahnst du, was sie singen, wenn sie sich abends mit Prager Bier vollaufen lassen?

Warum ist es am Rhein so schön, vermutest du.

Nein, diesmal nicht. Diesmal zwei andere Lieder. Das erste: Es gibt kein Bier auf Hawaii, es gibt kein Bier.

Kenn ich, sagst du. Und das zweite?

Lenka sagt: In einem Polenstädtchen. Das kennst du nicht?

Nein.

Aber ich. »In einem Polenstädtchen, / da lebte einst ein Mädchen, / die war so schön, so wunderschön, / die war das allerschönste Kind, / das man in Polen findt, / aber nein, aber nein, sprach sie, / ich küsse nie.«

Geht es noch weiter? fragst du. Die Wut und die Lust, in singende Gesichter zu schlagen, die kennst du auch.

Das Lied hat drei Strophen. Von den beiden letzten kannte Lenka nur Bruchstücke. In der zweiten Strophe, wußte sie, passiert »es«. Worauf »das Polenmädchen« sich erhängt, einen Zettel um den Hals, »worauf geschrieben stand: / ich hab's einmal probiert / und bin krepiert.«

Die waren wirklich von uns, Lenka?

Was denkst du denn!

Wie alt?

Zwischen zwanzig und dreißig. – Aber es kommt noch besser. Weißt du, wie die dritte Strophe ausgeht?

Ja?

»Nimm dir ein deutsches Mädchen bloß, / das nicht beim allerersten Stoß / krepieren muß.«

In diesem Frühherbst wird es abends schnell kühl. Heute geht der meteorologische Sommer zu Ende. Du weißt, daß man es sich nicht wünschen darf, schneller alt zu werden. Im Zeit-Sinn leben! Man muß dem Sinn der Zeit eine Chance lassen, daß er sich einem zeige. Heute vor fünfunddreißig Jahren hat mit der Eroberung von Polenstädtchen durch deutsche Soldaten ein großer Krieg begonnen. Mit einmal ist dir das Interesse dafür abhanden gekommen, zu beschreiben, wie einige Leute – Deutsche – das Ende dieses Krieges erlebt haben. Diese Leute können dir gestohlen bleiben. Ein Lied, in diesem Sommer 74 von Deutschen gesungen, hat dir jede Anteilnahme an ihnen genommen.

Was haben denn die Tschechen dazu gesagt, Lenka? – Die haben nur groß geguckt und gegrinst.

Die Sänger werden keine Zeile dieses Buches lesen. Sie haben nicht hingesehen, als, vor nun schon zwei Jahren, drei polnische Frauen, die im deutschen KZ Ravensbrück »medizinischen Experimenten« unterworfen waren, vor der Fernsehkamera aussagten. Die eine war gegen ihren Willen und ohne Notwendigkeit operiert worden. Der anderen hatte man eine Spritze in die Brust gegeben, die danach hart und schwarz geworden ist und abgenommen werden mußte. (»Ich mußte immer daran denken, daß ich nie einen Mann haben würde, keine Kinder, kein Zuhause. Nichts.«) Die dritte war nach gewaltsam verabreichten Injektionen jahrelang über und über von Geschwüren bedeckt. Sie bekam 1950 ein Kind, Jadwiga. Das schrecklich entstellte Gesicht dieses jungen Mädchens erschien plötzlich groß auf dem Bildschirm.

Warum haben Sie sich ein Kind gewünscht! hat die Geburtshelferin, eine Professorin, nach der Entbindung zu Jadwigas Vater gesagt. Es ist doch vollkommen klar, daß diese Verkrüppelung eine Folge des KZ-Aufenthalts Ihrer Frau ist...

Jadwiga sprach selbst. Sie weinte. Die zweiundzwanzig Jahre des Lebens auf dieser Welt seien ihr ein fortwährender Alptraum gewesen. Ihr einziger Trost sei, daß sie lernen könne. Sie studiere Mathematik an der Universität Warschau, gehe aber nicht in die allgemeinen Vorlesungen, das wäre zu schwer für sie. Sie sagte: Ich möchte leben wie alle Menschen und etwas Gutes für die Menschen tun, das ihnen nützt.

Keine Zeile mehr. Abend. Im Fernsehen singt ein Chor schwarzer alter Männer: O when the Saints go marchin' in...

Bach-Musik.

Das Zugunglück in Zagreb ist auf menschliches Versagen zurückzuführen.

In G. (vormals L.), einem Polenstädtchen, habt ihr am Sonntag, dem 11. Juli 1971, früh gegen neun in einer Milchbar am Marktplatz gefrühstückt.

»Ich habe viel aufgeschrieben, um das Gedächtnis zu begründen.« Johann Wolfgang Goethe.

Adam Zagajewski

# Der Verrat

Warum ich das getan habe? Warum ich was getan habe? Warum ich der war, der ich war? Und wer war ich? Ich fange schon an zu bedauern, daß ich bereit war, Ihnen ein Interview zu geben. Seit Jahren habe ich abgelehnt. Sie müssen einen Augenblick der Schwäche, vielleicht auch der Unruhe erwischt haben. Fremde Neugier durch eigenes Leiden zu befriedigen – Sie werden zugeben, darin liegt ein gewisses Mißverhältnis zwischen Appetit und Nahrung.

Wie jene Welt aussah, die Sie nicht kennenlernen konnten? Genauso wie jetzt. Und ganz anders.

Ich weiß nicht, womit wir anfangen sollen. Vermutlich haben Sie viel gelesen: Erinnerungen, Analysen, Archivmaterialien, historische Abhandlungen.

Das war vor so kurzer Zeit. Noch konnte niemand über diese kurze Epoche schreiben, niemand. Sehen Sie, manche Namen, heute kühl und halb vergessen, leuchteten damals wie glühende elektrische Leitungen. Vor allem solche, die mit dem Buchstaben B anfingen. Es reicht nicht, wenn man sagt, daß diese Namen – übrigens sprach man sie selten aus, vorsichtig, mit einem Blick in die Runde – nur Angst erzeugten. Hauptsächlich Angst, natürlich, aber auch eine gewisse Faszination, weil sie eine ungewöhnliche Energie ausstrahlten. Der Vergleich mit der Hochspannung wäre nicht unangemessen. Man hatte den Eindruck, als weilten Götter unter uns. Böse Götter, richtig, aber doch übermenschliche Wesen. Ganz andere. Besucher von einem anderen Planeten. Heute sind diese Leute tot, auch wenn sie noch leben.

Ob ich aus meinem Elternhaus das Wissen um den Kommunismus mitgebracht habe? O ja, aber war das Wissen? Schauen Sie: mein Vater, meine Tanten. Meine Schulkameraden. Hinter jedem von ihnen ihre Eltern, ihre Onkel, wie auf einem gigantischen Familienfoto. Die Tanten meiner Schulkameraden. Der dichte Wald der Vettern, Onkel, Paten, Schwäger, Basen und ihrer Verlobten. Der Urwald der Vettern, die Gärten der Kusinen. Sonntags trafen sich alle bei Tee und Gebäck. Und meine Tanten, nun ja, sie flüsterten, klagten an, hier war jemand geschlagen oder erschlagen worden, dort hatte man jemandem das Haus, das Land weggenommen, jemand hatte sich vor Verzweiflung erschossen. Sie sahen nur die einzelnen Tatsachen, zu einem System verbinden konnten sie das nicht. Drüben, auf der anderen Seite war die geistige Anstrengung, der moderne Thomismus mit seinem Ehrgeiz, die Gesamtheit des Daseins zu erfassen. Hier aber versammelten sich meine Tanten unter dem altersgrauen Lampenschirm, die Köpfe umgeben von den verräterischen Aureolen einer scheinbaren Heiligkeit, lamentierend und manchmal halb erfreut, wenn das Unrecht einen unsympathischen Nachbarn getroffen hatte. O, dann zeigte sich der Kommunismus eine Weile von der besseren Seite. Doch gleich darauf kehrte er an seinen gewöhnlichen Platz zurück, auf die Anklagebank. Und man konnte vermuten, daß es sich um eine neue jüdische Verschwörung handelte. Einer lachte, ein anderer schwieg finster, die Kinder schrien, der Hund bellte, über die Straße fuhr ein Feuerwehrauto. Die Generation, die der Vergangenheit anheimfiel, trank Tee. Sinn, Ordnung, Schwung waren woanders.

Unglaubliche Energien. Das läßt sich nicht rekonstruieren. Wissen Sie, in welcher Lage sich die Historiker befinden? Stellen Sie sich ein großes, festliches Feuerwerk vor. Am Himmel Feuerkaskaden, Mühlräder, Federbüsche, bei Nacht aufblühende künstliche Chrysanthemen, riesengroße zerbrechliche Gebäude, die in nichts zerfallen, schnelle Abstürze und noch schnellere, atemberaubende Höhenflüge des Feuers, als tauchten leuchtende Riesenfinger hinter dem Rand unsichtbarer Wolken auf. Selbst wer künstliches Feuer nicht mag, wer es verachtet und einen ganz bescheidenen Regenbogen dem raffiniertesten Feuerwerk vorzieht, wird unter dem purpurroten Himmel nicht gleichgültig vorbeigehen können.

Gut. Und nun versuchen Sie sich vorzustellen, daß am nächsten Tag das Wetter umschlägt, ein unangenehmer, kühler Regen fällt, vom Feuerwerk ist nichts übriggeblieben, wenn man die aufgeweichten Papphülsen nicht rechnet und die auf der Wiese eingeschlagenen schiefen Pfähle, die nachts als geheimnisvolle Raketenwerfer dienten. Jemand geht über die Wiese, hält einen schwarzen Regenschirm aufgespannt und betrachtet mit einem Lächeln nachsichtiger Überlegenheit die Reste der verflossenen Orgie. Das ist der Historiker – bitte sehr. Er sieht die Installationen, den Schauplatz der Ereignisse, denselben Himmel, dieselbe Wiese, vielleicht sogar dieselben Menschen. Nur den elektrischen Strom sieht er nicht, denn der Strom ist unsichtbar. Und die Wirklichkeit, bitte sehr, ist eine Kombination der unbeweglichen Dinge, also der Wiese und der Pfähle und der Papphülsen, der Energie und des Stroms.

Ich will damit keineswegs sagen, der Stalinismus sei ein großartiges Feuerwerk gewesen. O nein, dabei werden Sie mich nicht ertappen. Nein. Es sei denn, wir stellten uns eine Feuerwerks-Veranstaltung in der Hölle vor. Sehen Sie das? Tribünen, aufgestellt für Luzifer und seine Untergebenen, Massen von Verurteilten in grauen Overalls. Und dann Raketen am niedrigen Himmel der Hölle, das Zischen violetter Raketen. Und Jungen, die die Gelegenheit nutzen, um Eis und Brezeln zu verkaufen. Nein, der Stalinismus hatte mit einem Feuerwerk nichts zu tun. Ich habe den Vergleich nur gebraucht, um Ihnen zu zeigen, was Energien sind, und wie schwierig es ist, sie zu rekonstruieren, wenn es sie nicht mehr gibt.

Die Welt jener Epoche war angefüllt mit Energien. Mit dem Beben der Angst, des Hasses, aber auch mit Ehrgeiz, Neid, Hoffnung auf Karriere. Es gab in ihr viel Entsetzen und ein wenig Zuversicht. Sie hatte ihre Hierarchien. Es schien so, als würden sie lange dauern, sehr lange sogar, als würde es einfach immer so sein. Die Betrachtung der jetzt bereits vergangenen Ära eröffnet eine ganz und gar künstliche Perspektive; es gab keinen unnatürlicheren Gedanken als den an ihre Vernichtung, an das Zusammenbrechen dessen, was gerade herrschte (und sei es noch so verhaßt gewesen!).

[...]

Sie fragen, ob ich von den Torturen weiß, von den grundlos gefangen Gehaltenen. Das fragt Ihr immer. Richtig. Ich wußte und wußte gleichzeitig nicht. Sehen Sie, kürzlich las ich den Artikel eines Ihrer Altersgenossen, vielleicht ist er etwas älter als Sie, und dieser Autor schrieb, der Totalitarismus sei der Tod. Bitteres Lachen. Notieren Sie: ein Lachen voller Bitterkeit. Nun ja, nach Jahren kann man so reden, nach Jahren, wenn das, was Ihr gelehrt Totalitarismus nennt, verschwunden oder mindestens bis zur Unkenntlichkeit abgeschwächt ist. Der Tod war anderswo. Ich vermutete, daß jemand gequält, gefoltert wurde; jemand war plötzlich verschwunden, ein flüchtiger Bekannter, es wurde geflüstert, er komme vielleicht nicht wieder, doch war das nur Geflüster und kein Wissen. Manche Soldaten und Offiziere dienten in sehr speziellen Einheiten, dafür verpflegte man sie in sehr speziellen Kantinen. Ich vermutete etwas. Und dort war wirklich der Tod, dort lauerte die Vernichtung. Ich aber nahm das von der Seite des Lebens. Und selbst diese Soldaten dachten bestimmt häufiger an die Kantinen als an die Foltern.

Der Totalitarismus, um Eure akademische Bezeichnung zu verwenden, das ist Leben, Energie, Ehrgeiz, das sind Belohnungen, Hierarchien, Leidenschaften, blitzschnelle Beförderungen, napoleonische Karrieren, große Möglichkeiten für junge Leute aus kleinen Städten. Auf Kosten des Todes. Darüber durfte man nicht sprechen. Das war ein vom Tod abgeschnittenes Leben. Für Euch anämische, melancholisch gestimmte Wesen ist dieses System der Tod. Aber das ist nicht wahr. Nehmen Sie zum Beispiel die unzähligen Kongresse, Tagungen, Beratungen, die damals pausenlos, Tag für Tag, stattfanden. Regierte dort der Tod? Nein, dort herrschte der Ehrgeiz, eine sehr lebensvolle Leidenschaft. O ja, das war eine vitale Welt.

Selbstverständlich begeisterten mich die Ideen. Nur in der Jugend nimmt man die Philosophie sehr ernst, nur dann sucht man die definitive Lösung, die klare Antwort. Deshalb war ihre Philosophie wie für junge Leute geschaffen. Die Menschheit lebt im allgemeinen ohne Programm, und jetzt gefällt mir das, aber damals empörte und verletzte es mich.

Mehr noch als die Ideen begeisterte mich die Wirklichkeit. Wie soll man es sagen – die Welt existierte damals. Können sie sich das vorstellen? Wissen Sie, daß die Blätter damals genauso rauschten wie heute? Ahnen Sie, daß die alten Frauen, die jetzt langsam durch die Straße gehen und das Wägelchen mit ihren Einkäufen hinter sich herziehen, damals schöne Mädchen waren? Bestimmt haben Sie viele Stunden im Lesesaal der Universitätsbibliothek verbracht, alte Zeitungsjahrgänge studiert und dummes Zeug und Lügen herausgeschrieben. Das brüchige Papier alter Zeitungsjahrgänge. Sie haben kommentiert: die Schädlinge, die Kulturvernichter. Wir aber waren jung. Ehrgeizig, wie Junge stets sind. Oder meinen Sie vielleicht, der Wind sei stalinistisch gewesen, das Wasser des sommerlichen Flusses stalinistisch, der Duft des Heidekrauts stalinistisch? Wissen Sie, daß die Welt damals ebenso königlich existierte wie jetzt und das Kaputte an ihr war nur wie ein kleiner Wurm in einem großen Apfel? Meinen Sie, die Küsse seien stalinistisch gewesen? Die Haut dieser Mädchen sei stalinistisch gewesen?

Ach ja, ein Beispiel, ich erinnere mich, wir fuhren im offenen Lastwagen aufs Land. Wozu? Weiß ich nicht, vergessen. Vielleicht zu einer Kundgebung in Sachen Kollektivierung. Vielleicht. Aber es war Juni, und alles explodierte geradezu vor Freude, die Pappeln an der Chaussee hingen dicht voller Blätter, Zweige, Glanz, Saft, Schatten, und zwei Schritte von mir entfernt stand das Mädchen, das ich liebte, und der Wind war warm, Heuduft hing in der Luft, eine kleine Wolke am Himmel, dunkle Wacholder, von Bächen durchschnittene Wiesen, die Dächer ferner Häuser schimmerten in der Sonne, oben flitzten schnelle Schwalben. Als der Lastwagen in einen Wald kam, wurde es plötzlich kühl, und in dieser Kühle verbarg sich die Furcht, etwas könne zu schnell vergehen. Doch genügte es, wieder ins Freie hinauszufahren, und schon erschien der Eindruck intensiven Glücks von neuem. Abends kehrten wir heim, langsam, und ich spürte ganz deutlich, was Dämmerung ist. Stufenweise verging das Licht, und es lag etwas Sanftes in diesem stundenlang dauernden Sterben des Lichts. Es war, als vergingen Jahre, bis die Dunkelheit herabsank, und es gab viel Gerüche in der Luft und den komischen Flug der Fledermäuse, und die Stimmen klangen anders, als hätte sich etwas verschoben, als hätten die harten Einbanddeckel der Welt sich geöffnet und Platz gemacht. Es gab weniger Licht, aber immer mehr Raum, und wo Häuser standen oder Bäume, gab es nur noch ein dumpfes Echo, dunkle Streifen, die Spuren der Gegenstände. Sie trug eine grüne Bluse, und überall war Begehren. An diesem Tag vermochte ich nicht, zwischen meinem Begehren und dem in der Luft liegenden Begehren zu unterscheiden.

Es geschah mehr, als Sie zu begreifen imstande sind. Da war die sinnliche Welt, und in uns waren die Sinne und die Sehnsucht. Über uns urteilen Kurzsichtige mit dicken Brillen, untaugliche Wissenschaftler. Der Intellekt urteilt über die Sinne. Was ist die Erinnerung? Eure gerechte Welt der Erinnerung ist unmenschlich. Man darf sich nicht irren, weil Ihr kommt, Ihr traurigen Erforscher vergangener Ereignisse.

Es ist wahr, die Kundgebung, die den formalen Grund des Juniausflugs bildete, konnte mir keine Ehre einbringen. Das weiß ich genau. Den Leuten dort wurde Unrecht getan, ihnen drohte das Gefängnis; damals dachte ich nicht daran, heute tue ich es oft. Es geht mir um etwas anderes. Die Welt ist mehr als eine gute oder böse Tat. Nur ein Teil der Wirklichkeit unterliegt der ethischen Wertung. Werfen Sie einen Blick auf jenen Tag, der in mir geblieben ist, in meinem Körper, in meiner tiefsten Erinnerung. Man kann über das Leben nicht urteilen, was sage ich, nicht einmal den einzelnen Tag kann man beurteilen, er ist zu voll dafür. Vielleicht kann das Gott. Man kann die Taten verurteilen, nicht aber die Daten. Darf mir die Tatsache, daß ich meine Freunde liebte und das majestätische Aussehen der Welt bewunderte, genommen werden, nur weil das Ziel der Unternehmung eine Gemeinheit war? Es gibt kein Netz, mit dem man jenen Tag einfangen kann. Es gibt keines. Was Sie nicht verstehen, ist Wirklichkeit.

Nicht immer vermögen wir es auszudrücken, doch nur das ist wichtig. Legen Sie Ihre Hand auf die hölzerne Stuhllehne, berühren Sie das kühle Glas. Man kann wenig aussagen. Das Herrliche und das Grausame läßt sich nicht notieren. Es ist in uns, aber nicht in unseren Worten. Das Leiden ist dazu da, um es zu erfahren, es unterliegt keinen Studien. Es gibt mehr Gedächtnis als Erinnerungen. Wir herrschen nicht über die Vergangenheit. Es gibt in ihr so viel Geheimnisse wie in der Zukunft. Die hohen Pappeln wuchsen am Weg, aber nicht für mich. Ich sah sie nur, ich bewunderte sie nur von ferne. Die Schwalben waren gleichgültig. Der Mond war nicht stalinistisch.

Ich bin schuldig, ja. Doch das Wichtigste weiß ich nicht. Ich weiß nicht, ob ich ein guter Mensch bin oder ein böser. Fragen Sie meine Kollegen danach, bestimmt haben die eine feste Meinung zu diesem Thema. Ähnlich habe ich eine Ansicht über jeden von ihnen. Aber über mich weiß ich am wenigsten. Kann man mit dem Bewußtsein leben, ein böser Mensch zu sein? Bin ich eitler als andere, begieriger auf Ehren, Geld, Lobsprüche, Preise? Ich wollte damals leben, ich wußte nicht, daß es nicht die richtige Zeit war für so übertriebene Ambitionen. Vielleicht wollte ich höher hinaus als andere. Das ist nicht schön, doch in anderen Gesellschaften werden solche Leute nicht verurteilt, im Gegenteil, man zeichnet sie mit der Ehrenlegion aus.

Ich weiß nicht, ob ich nicht wie ein allzu begehrlicher Mensch gehandelt habe. Ob ich gieriger war als andere. Ich weiß nicht, ob ich ekelhaft war bei der Befriedigung meiner Begierden. Ob ich ein größerer Feigling war als andere. Die einen benehmen sich bei Tisch, die anderen nicht, dagegen kann man nichts machen. Was gibt es Trivialeres als die Befriedigung der Bedürfnisse. Sogar in anständigen Ländern ist die Befriedigung der Bedürfnisse unendlich trivial. In der Tyrannei jedoch verwandelt sie sich in etwas Ekelhaftes.

Ich wohnte mit meinen Eltern in Krakau. Die Fenster unserer Wohnung schauten auf die Anlagen. An den Hauswänden sah man noch die Reste der Reklamen und Schilder aus der Vorkriegszeit. Die Straßen waren bereits der neuen Ordnung unterworfen, doch die auf den Höfen wachsenden Fliederbüsche bewahrten ihren Vorkriegsstolz und blühten, ohne sich etwas aus den strengen Sparvorschriften zu machen, üppig und arrogant; ihr betäubender Geruch verteilte sich über die ganze Stadt wie ein aristokratischer Aufruf zur Konterrevolution. In einem Jahr war der Winter so hart, daß sogar im Stadtinneren die stillen Schlitten auftauchten. Das Fell der Pferde dampfte. In unserer Wohnung wurde nur ein Zimmer geheizt. Ich war zwanzig Jahre alt, las Rilke und vertiefte mich in die erste Elegie, während mein Vater sich hinter einem dünnen Paravent wusch und in prometheischer Anstrengung versuchte, die Unvollkommenheit der menschlichen Anatomie zu überwinden und mit seinen Händen den Rücken zu erreichen. Ich aber las: »Denn das Schöne ist nichts als des Schrecklichen Anfang.« Es schneite. Die Schlittenglöckchen zogen schnell und gleichsam immateriell vorüber, weil kein anderer Laut sie begleitete. Man konnte glauben, Ministranten in weißen Chorhemden liefen in der ganzen Stadt herum. Die Pferde bewegten sich in großen Atemwolken wie auf dem Grund des Ozeans. Mein Bruder übte auf der Mundharmonika. Die harten, vom Frost betroffenen Kirchenglocken spornten zum Überdauern an. Bauern, gehüllt in dicke Lammfellmäntel, die, wenn Tauwetter einsetzte, einen strengen, tierischen Geruch ausströmten, verkauften Brennholz. Sie schrien mit heiserer Stimme und wandten sich an die geschlossenen Fenster und zugeschlagenen Haustüren, an die ganze, in ängstliche Reglosigkeit versunkene Stadt. Die schwarzen Kastanienzweige bogen sich unter dicken Polstern zusammengefrorenen Schnees. Manchmal befreite ein Windstoß einen Baum von der schweren Last, und seine Äste kehrten erleichtert ins gewöhnliche sorglose Bestehen zurück, als hätten sie plötzlich Jugend und Ungezwungenheit wiedergewonnen. Die Krähen, die niemand mochte, schritten vorsichtig auf den harten Pfaden und wiegten sich wie ein Gutsherr, der durch seine Wiese schreitet. Über den Hausdächern wuchs die Sonne. Schwarze Rauchfahnen stiegen unsicher in den blassen Himmel. Ich verstand, das Schöne ist etwas Reales, es berührt die Gegenstände und die Menschen.

Im Frühling vergrößerte sich die Stadt, sie wuchs, Klänge und Gerüche kamen hinzu. Messerschleifer zogen von Hof zu Hof, unter ihren Fingern sprühten die Federbüsche der Funken, und gleichzeitig erhob sich der durchdringende, hohe Gesang des Metalls in spitzem Bogen über die Häuser. Die Fenster waren weit geöffnet, in die Wohnungen drang die feuchte Luft, untermischt mit dem sanften Gesang der Vögel. Die Amseln piepsten erst zornig, als wollten sie sich vergewissern, ob der Frühling nahte, und sangen dann im März betörend und endlos wie die schwarzen Blues-Sängerinnen, deren Platten mit Gold aufgewogen wurden. Ich unternahm immer längere Spaziergänge und suchte gierig nach neuen Spuren des Frühlings. Die Erlen standen im tauenden Schnee wie ein in eisiges Wasser getauchtes Thermometer. Die Kirchtürme verschwanden fern in der Wolke, die über dem Marktplatz verhielt. Die Hügel enthüllten immer neue Horizontlinien, zart und hellblau wie chinesisches Porzellan. Große Starenschwärme mit glänzenden Flügeln liefen, erregt von der Rückkehr an ihre vertrauten Orte, über die leeren Felder.

Menschenmengen gingen jetzt durch die Straßen, Kinder sprangen über Pfützen. Plötzlich wurde alles leichter und näher! Gerüche durchdrangen sich. Die offenen Kirchen zogen begierig in großen Schlucken warme Luft ein, dafür gelangte stickiger Kerzengeruch auf die Straße, als hätten die alten, in den Basilika-Mauern beschlossenen und in eifersüchtige, wachsame Fürsorge gehüllten Heiligen Lust bekommen, das schöne Märzwetter zu probieren. Es öffneten sich die Fenster der Büros, Komitees und Ordensseminare; einen Moment lang war der Frühling wichtiger als das politische System, die blassen Gesichter der Mönche und der Parteifunktionäre wandten sich der siegreichen Sonne zu. Die Forsythien brannten im gelben Feuer ihrer einwöchigen Pracht. Auf dem Wochenmarkt erschien das erste junge Frühjahrsgemüse, der unwiderlegliche Beweis für die Existenz des Lebens auf der Erde.

Ich verstand, die Welt war doppelt und geteilt, herrlich zugleich und trivial, schwer und schwungvoll, heldenhaft und feige. Das Schöne wohnt in ihr, ist aber nicht endgültig, ein für allemal bei ihr eingezogen; es hat in der Welt nur seinen pied-à-terre, wie ein auf dem Lande lebender Millionär, der sich selten in die Stadt begibt, anläßlich einer Premiere in der Oper oder einer neuen Gemäldeausstellung, ihm genügt die elegante Wohnung in dem Mietshaus gegenüber dem Theater völlig. Ich wußte auch, daß ich denselben Bruch in mir trug. Ich war fähig, das fast Unsichtbare, nur leicht, mit einem nonchalanten Strich Angedeutete aufzufassen, oder ich verwandelte mich in einen Blinden, sah nichts und verstand nichts, war unempfindlich für den Appell der

Wirklichkeit und entfernte mich von dieser Sphäre auf die Distanz von Lichtjahren.

Ich vermutete, daß die Begeisterung in rätselhafter Weise mit der Existenz verbunden ist und daß auch die gewöhnlichsten Laute, das Rauschen des aus dem Hahn fließenden Wassers, jemandes Schritte auf der Straße in der Abenddämmerung, das leise Gespräch zweier alter Männer, die sich an die Epoche vor beiden Weltkriegen erinnern und in diesem Augenblick – so scheint es – gerade noch eine bescheidene Hilfsfunktion des Kalenders ausüben, daß all dies schön ist, weil es existiert und weil es mit angehört wurde ohne geheime Absichten, unschuldig. Jemand, der wirklich ein Dichter ist, vermag jeden Laut, jedes Bild, jede Situation, jede Freude und manchen Schmerz aufzunehmen; und aufnehmen, das heißt die Anwesenheit, die einmalige, freche Anwesenheit unserer Brüder in der Existenz anzuerkennen, gleichgültig, ob sich ein Löffel kundtut, der vom Tisch fällt, oder ob der Flügel einer Meise aufleuchtet.

Ich ahnte voraus, daß gerade darin mein Mut bestehen würde, der ganz anders ist als die Tapferkeit des Soldaten, des Richters oder des Politikers; eben darin, die verschiedenen Stimmen ganz schlicht, konzentriert, genau und gerecht zu begrüßen. Nie habe ich gedacht, Lyrik könne etwas Pathetisches, Unklares, Exaltiertes sein. Und genau hier ist meine Niederlage am größten. Habe ich doch diesen stillen, fundamentalen Mut verleugnet, dessen Sinn ich auf den langen Spaziergängen außerhalb der Stadt kennengelernt hatte. Daß ich eines Tages begann, Oden zu Ehren des Tyrannen zu schreiben, bedeutet, daß ich nicht nur meine Nation, meine Familie, mich selbst verriet, sondern auch die Natur der Arbeit und der Denkweise, die ich gewählt hatte.

Wir wissen doch genau, daß nicht jeder ein Dichter sein muß. Aber es gibt ein ewiges Gesetz: Wenn sich im Augenblick schmerzhafter Erleuchtung vor jemandem das wehrlose Gewebe der Wirklichkeit enthüllt, kann dieser Jemand, gleichzeitig vom Schicksal auserwählt und vom Schicksal verdammt, seine Berufung nicht mehr verfehlen. Er bemerkt die Spur dessen, was göttlich ist in der Welt, und diese Entdekkung kennzeichnet ihn ein für allemal. O ja, er kann monate-, sogar jahrelang in allerlei Städten oder Ländern umherirren, ohne etwas zu hören oder zu sehen, wenn er nur auf die Möglichkeit der Gesundung nicht verzichtet. In seinem Leben ist keine Rede mehr von der Freiheit oder dem Suchen. Das Suchen kann nur einem Ziel gelten, der Rückkehr an den fruchtbaren Ort, in die Fülle des Sehens. Das ist die elementare Treue des Dichters. Entsprechendes könnte man in jedem anderen Beruf, jeder Berufung finden.

Ich habe vom Frühling gesprochen. Die Tage wurden immer länger. Die ersten Hitzewellen kamen völlig überraschend, unverhofft. Niemand erinnert sich an die aufdringliche Wärme eines Apriltages, ehe sie nicht eintritt, ehe die prallen Blumenstengel nicht fast ersticken am Übermaß der Säfte. Die Limonadenverkäufer wischten sich ihre verschwitzten Stirnen, die Fliegen erstanden von der Qual des Winters, im Park dufteten Unkräuter und Brennesseln, und ihr Duft legte sich auf die Lippen der Mädchen, auf die Haut meiner Hände. Sogar im Schatten wurde es warm. Die Spuren des Winters verschwanden schneller als die Zerstörungen des Krieges. Die Barockkirchen nahmen wie geräumige Bahnhöfe bereitwillig jeden Vorübergehenden auf; jetzt änderte sich die Energiebilanz, die Kirchen verwandelten sich in Lagerhäuser der Kühle, das Holz der Beichtstühle knarrte, als wollten die in seinen Maserungen verborgenen, von Generationen beichtender Frauen und Männer bekannten Sünden ins Freie gelangen.

Was ist Verrat? Haben Sie bemerkt, daß wir uns schon im Mai, Juni an den Glanz des Sommers gewöhnen, an den weiten Himmel, daran, daß die Luft weich ist und erfüllt von der leichten Baumwolle der Pappelblüten?

Verstehen Sie den Sinn der Bezeichnung, die wir immer auf andere beziehen – man sagt: »Dieser Mensch ist zerbrochen.« Gewöhnlich spricht man so von anderen, ich aber denke so über mich selbst. Nie habe ich mich daraus erhoben, das heißt, es ist mir nie gelungen, etwas zu schreiben nach dem Maß jener Berufung, nach dem Maß jener Erleuchtung.

Ich lief durch die Straßen Krakaus, berauscht von der Gegenwart der Mauern, der Häuser, der Holztore, hinter denen sich Gärten verbargen; der schmelzende Schnee enthüllte die rauhe Oberfläche der Dinge, die unendlich komplizierte Haut der Welt, und es kam mir vor, als fielen mir Schuppen von den Augen, als sähe ich zum ersten Mal. Es genügt, genau hinzuschauen, um das Schöne wahrzunehmen. Die schwarzen Kastanienzweige, an denen große, feuchte Knospen kleben. Ein siebzehnjähriger Junge, ein Tischerlehrling – sein lockiges Haar ist voller Holzstaub – sitzt auf dem Prellstein und ißt eine dicke Scheibe Brot.

Was ich gemacht habe? Einige Artikel. Vielleicht vier nicht üble, etwas später geschriebene Gedichte. Übersetzungen englischer Poeten. Ein Buch über Keats' Lyrik und Leben. Einen Roman, na ja. Eine mißglückte Ehe. Einige Unterschriften auf oppositionellen Manifesten, in späteren Jahren. Irgendwann ein Interview für *Le Monde*. Von jener Erleuchtung nur soviel. Eine Zeitlang gehörte mir die Welt, ich besaß sogar unzugängliche Gärten und unterirdische Gänge. Ich befürchtete, wenn ich nur wollte, stürzte der Turm der Kathedrale ein. Wenn ich nur ein Wort sagte. Wenn ich die Augen schloß, bedeckte Finsternis die Erde. Und danach nichts. Nichts.

Entschuldigung, was sagen Sie? Ich habe es nicht verstanden. Können Sie das bitte wiederholen? Was? Sie trösten mich? Unerhört. Sie erkühnen sich, mir Trost anzubieten. Sie meinen, die Bücher, die ich nach dem Jahr 1956 veröffentlicht habe, waren sehr wichtig. Wichtig. Wichtig sind Zöllner an der Grenze und Polizisten an den Straßenkreuzungen. Meine Gedichte. Sie sagen, sie hätten Ihnen viel bedeutet. Mindestens einige davon. Sie glauben, im Grunde hätte ich mich durch meine spätere Tätigkeit völlig rehabilitiert, hätte ich Opferbereitschaft und Mut bewiesen. Ich hätte die Fehler meiner Jugend gesühnt und christliche Vergebung verdient.

Das ist komisch, komödienhaft. Sie sind doch gekommen, um mich in die Enge zu treiben, um ein Schuldbekenntnis von mir zu erhalten. Bitte sehr, da ist es, Sie haben es schon. Sie sind doch – vielleicht ohne sich selbst darüber völlig im klaren zu sein – von der öffentlichen Meinung abgesandt worden, von den anonymen Lesern, Ingenieuren, Advokaten, Lehrern, von den provinziellen verkannten Genies, von den

Polonisten, Romanisten, Germanisten. Die rachgierige öffentliche Meinung hat Sie zu mir geschickt, die braven Intellektuellen, die dank ihrer behaglichen Anonymität ihre Bosheit auf mich konzentrieren können, weil ihre universale Feigheit keine Spuren hinterlassen hat. Daß sie jahrelang hingingen, um für einen verhaßten Herrscher zu stimmen, daß sie unterschrieben, was man ihnen vorlegte, jeden Appell, egal ob er Krieg, Frieden oder Exekution forderte, jede Erklärung, jedes Pamphlet, daß sie zu jeder Kundgebung erschienen, daß sie verdammten, wen man ihnen zu verdammen befahl, die Exilregierung in London oder die Regierung Australiens, die Trotzkisten oder die Juden, die Marsbewohner oder die Bewohner von Paris, daß sie in besorgtem Schweigen und unter dem Deckmantel ihrer tugendhaften Kleinmütigkeit alles gebilligt haben, was in ihrer Stadt, ihrem Land geschah – das zählt jetzt nicht, das haben sie vergessen. Nur von mir fordern sie Rechenschaft. Sie selbst waren vorsichtig, unterschrieben unleserlich und kehrten schnellen Schrittes in ihre gemütlichen Wohnungen zurück, man wird sie bei nichts ertappen, und ihre Gedanken und emporgestreckten Arme haben sie glücklich vergessen. Und nun beginnen Sie, der Abgesandte dieser zornigen und unehrlichen Masse Mensch, nachdem sie erreicht haben, worum es Ihnen von Anfang an ging, nämlich mein Bekenntnis, nun beginnen Sie, mich zu trösten.

Sie sprechen von meiner Freiheit, von der Freiheit jedes Menschen. Sie sagen, es sei mir gelungen, der Falle zu entkommen. Was können Sie wissen von meiner Freiheit? Was können Sie wissen von meinen Fallen? Ihr wollt mir sogar das nehmen, meinen Verrat. Ihr wollt mir meine Niederlage nehmen, ihr wollt sie mir wegnehmen und in eurem Museum staatsbürgerlicher Tugenden aufstellen. Ich habe Ihnen doch eben gesagt, daß es keine Freiheit gibt von dem Augenblick an, da man das innere Bild der Welt wahrnimmt. Daraus resultiert das Mißverständnis. Sie sind weiter davon überzeugt, daß mein Verrat in der äußeren Welt stattfand, vielleicht beim Aufmarsch zum 1. Mai, bei einer Versammlung der Parteiorganisation, in einem Artikel, den die Zeitung der Hauptstadt druckte. Das ist falsch. Es geschah anders, leise, listig, ich weiß nicht, vielleicht auf einem Spaziergang an der Weichsel oder in meinem Zimmer, im Augenblick des Zweifels, im Augenblick, als ich leugnete, was ich gesehen hatte, als ich an die Stelle der kleinen, deutlichen, scharf abgegrenzten Dinge die großen Zahlen rückte, die gigantischen Objekte, die unklaren und triumphalen Formeln, die Namen von Personen, denen ich nie begegnet war und die sich sehr bald als Verbrecher entpuppten. Ich hatte das Einfachste geleugnet, um mich für den Lärm, die Stärke, die Lüge zu entscheiden.

Wie kann man das noch anders sagen? Ich denke, aus meinen Jugenderlebnisse ergab sich für mich eine Lektion: Ich sollte ein Vergrößerungsglas für scheinbar kleine Beobachtungen sein, ich sollte das Leise vergrößern und bewirken, daß es den ihm gebührenden Rang wiedergewann. Was in uns und in den Gegenständen das Wesentlichste ist, springt durchaus nicht in die Augen. Eine Art kommerzielle Ungerechtigkeit der Ontologie hat zur Folge, daß in der täglichen Wahrnehmung eher die Eigenschaften in den Vordergrund treten, die – wie soll man das sagen – mit dem Tauschhandel verbunden sind, mit dem Nutzen, den wir aus uns selbst und aus den Dingen ziehen. Ich sollte diese Ungerechtigkeit korrigieren und den verborgenen königlichen Eigenschaften die ihnen zukommende Bedeutung wiedergeben. Dazu war ich aufgerufen. Ich sollte auf diese Weise mir und meinen Altersgenossen bewußt machen, daß wir in einer echten Wirklichkeit voller Säfte, Farben und Sinngehalte lebten, und wenn sie uns grau und abgegriffen vorkam wie ein zu lange im Umlauf befindlicher Geldschein, dann lag die Schuld auf unserer Seite, auf der Seite unserer Erschöpfung, unserer Unaufmerksamkeit, unserer Farblosigkeit.

Statt dessen wurde es anders. Wissen Sie, in was ich mich verwandelte? Ich verwandelte mich in ein schäbiges Verkleinerungsglas. Statt von der durch triviale Alltäglichkeit beeinträchtigten Wahrheit auszugehen, statt ihr zu helfen, ihr zu huldigen, drehte ich die Reihenfolge der Dinge um, wandte mich den Mächten zu, den lauten und allgemein beklatschten Parolen, und verkleinerte sie, so daß sie im Gedicht Platz fanden. Zudem erweisen sich diese Mächte als falsch. Verstehen Sie? Zudem waren sie falsch. Auch wenn sie ehrlicher gewesen wären, als sie waren, auch wenn man sie hätte verfechten können, wäre ich doch ein Verräter gewesen, mindestens vor mir selber; nicht vor Ihnen oder vor dem, was Sie die Gesellschaft nennen, sondern nur vor meiner Einsamkeit.

Wissen Sie, wer ich hätte werden können? Wissen Sie, mit welcher Klarheit ich Dinge und Menschen sah, die Blüten, die aus den klebrigen Knospen hervordrangen, die samtene Macht des Todes, die wilde Stärke der in jedem Leben stekkenden Konflikte? Ich war nicht zum Autor von Idyllen geschaffen, meine Erleuchtung sprach zu mir auch von der Vernichtung, vom Tod; ich betrachtete Menschen und Bäume so ruhig, weil ihre Existenz eingerahmt war von der deutlichen Kontur des Nichts, und jede Amsel, die ich bewunderte, sang von der Zerstörung, freudig, ohne Wehmut. Wissen Sie, was ich hätte tun können, ahnen Sie den Geschmack der Werke, die ich nicht geschrieben habe? Wenn ich dort geblieben wäre, in dieser nicht sehr großen Stadt, wenn ich schon gewußt hätte, daß ich sonst nichts brauchte, als still immer wieder dieselben Straßen zu gehen, immer wieder dieselben Menschen zu betrachten, wie sie altern, ihre Güte und ihre Gemeinheit zu sehen und nachts das Gesehene, das Verstandene aufzuschreiben. Wenn ich das gewußt hätte. Sie verzeihen mir meine unbewußte Sünde, meinen Irrtum, mein staatsbürgerliches Vergehen. Das ich bedaure, so ist es. Aber Sie bemerken nicht meinen wahren Verrat, der Welt und nicht den Staatsbürgern gegenüber. Spricht aus meinem Munde die Eitelkeit? Ich bin ein alter, mittelmäßiger Literat und hätte ein Petrarca sein können. Ich habe das Feuer gesehen. Nicht nur mich bedaure ich, ich bedaure die Welt, die ein Lied verlor. Ich bedaure die Welt.

Ich bedaure Sie – Sie konnten meine Vision nicht kennenlernen. Sie sind ärmer um mein nicht existentes Werk. Und auch deshalb sind Sie nicht imstande, das Ausmaß meines Verrats zu beurteilen. Erst wenn meine Werke – was unmöglich ist – gleichzeitig entstanden und nicht entstanden wären, wenn sie zugänglich und gleichzeitig nicht existent wären, wenn Sie das, was ich geschrieben habe, vergleichen könnten mit dem, was ich nicht geschrieben habe, erst dann hätten

Sie einen Begriff von meinem Verrat. Ich sah die Stadt, die mittelalterliche Stadt mit den schmalen Gassen und den zahlreichen, langsam von den Eindringlingen eroberten Kirchen. Die Stadt wurde belagert, aber so, daß die Eroberer schon seit langem innerhalb der Mauern waren, die Kämpfe tobten in den Wohnungen, in den Treppenhäusern. Durch die Alleen der Anlagen schritten Nonnen in ihren braunen Ordenskleidern und begegneten Gruppen junger Agitatoren, deren Aufgabe darin bestand, die alte Welt zu zerstören. Doch von dieser alten Welt gab es so viel in der Stadt! Fast alles war alt, Mauern, Bäume, Kapellen, Menschen. Der alte Bischof in der Kathedrale.

Das war die eine Belagerung; der zweite Angreifer waren die Jahreszeiten, Schnee, Wind, Dunkelheit, Regen, Zeit. Nachts erschienen am Himmel die hungrigen Sterne. Ich ging auf die Friedhöfe, ich sah alte Frauen in Schwarz jeden Verstorbenen beweinen, sie schlossen sich jedem Leichenzug an. Hinter dem Sarg schritt der Priester. Die Priester machten den Eindruck zufriedener Leute, heiterer Funktionäre einer großen Versicherungsfirma. Ein Stadtteil war leer und verwüstet, der, wo vordem die Juden gewohnt hatten. Der Regen spülte die hebräischen Schriftzeichen von den Mauern der Synagogen. Verwilderte Hunde und Katzen strichen durch Kazimierz, Juden gab es nicht mehr. Eine Weide mit schmalen Blättern weinte jedes Frühjahr. Im Juli waren die verwaisten Häuser genauso erhitzt und träge wie die Wohngebäude der Innenstadt. Niemand erinnerte sich an die Juden, sogar ihre Häuser blieben gleichgültig. Neue Bedrohungen kamen, neue Plakate sprachen von den Litfaßsäulen herab, der Kleister diente jeder Macht.

Ich sah das Feuer. Ich sah, wie der Tod meine Stadt belagerte. In manchen Wohnungen herrschte Ruhe und Ordnung; die Wanduhren beeilten sich keineswegs, ihre Pendel verbanden wie Fähren auf einem stillen Fluß beide Ufer. In silbernen Körbchen lagen Schokoladenplätzchen. Die Teppiche ruhten wie Verbände auf dem Fußboden. Doch in anderen Zimmern wohnten zusammengedrängt Flüchtlinge aus Warschau. Woanders konnte man in einer engen Wohnung die Familie eines Fürsten antreffen, die vor kurzem noch über Tausende von Hektar Ackerland geboten hatte. Jetzt mußte der Schrank aus Eschenholz das alte Palais ersetzen, und die auf ihm gestapelten Koffer erinnerten an die Vorkriegsreisen nach Biaritz.

Die Hausmeister verfolgten aufmerksam die Schritte der Fürsten und ihrer Kinder. Würdevolle Advokaten mit gepuderten Gesichtern gingen morgens zur Arbeit. Ich wußte, daß niemand zu retten war. Bei Nacht las das Käuzchen die Namen der Verurteilten, undeutlich, ein wenig Hoffnung übriglassend in den Herzen der künftigen Opfer. Immer mehr Bewohner der Stadt betraten das Parteigebäude. Die Ministranten rauchten Zigaretten, während sie auf den Priester warteten. Von den Dächern fielen Schneelawinen.

Manchmal setzte ich mich auf eine Bank und betrachtete die Menge, die an mir vorbeiglitt wie ein frühlingshaft angeschwollener Bergbach. Frauen mit dörflichen Kopftüchern trugen Brotlaibe. Junge Männer gingen mit schnellen, militärischen Schritten, und genauso energisch marschierten Männer mittleren Alters; Soldaten in Zivil, Soldaten verschiedener Armeen, die Jacketts und Mäntel über die Schulter warfen, aber nicht fähig waren, den Rhythmus ihrer Schritte zu ändern, nicht in der Lage, sich die Annehmlichkeiten des Marschierens zu versagen. Geheime Armeen liefen durch die Straßen, man erkannte sie leicht. Andere Männer gingen eher katzenhaft und blickten neugierig herum; auch bei ihnen spürte man eine Maskerade – es waren die Funktionäre der Geheimpolizei, damit beauftragt, die Geheimarmee zu verfolgen. Zwischen Soldaten und Polizisten huschten auch Priester in gewöhnlichen Anzügen vorüber. Frauen in bunten Kleidern bemühten sich verzweifelt, wenigstens gewisse Elemente der Pariser Mode beizubehalten, ein Band, einen Hut oder ein triumphierendes, siegreiches Lächeln. Nur die gebeugten Greise, die sich langsamer bewegten als die Zeit, täuschten nichts mehr vor, sie atmeten gierig und sogen die Aprilluft in ihre Lungen.

Sehen Sie die Stadt im Frühling, scheinbar gewöhnlich und ruhig, eine Stadt, nicht nur verbrannt von Mißgunst und Mißtrauen, nicht nur zerstört vom Zahn der Zeit wie alle Städte der Welt, sondern – als ob das nicht genügte – dazu noch verzehrt von einem wütenden, aber geheimen Bürgerkrieg? Sehen Sie die alten Adligen mit den sonnenbraunen Gesichtern? Und dicht neben ihnen die Burschen vom Lande mit den noch ungeformten Zügen, mit weicher Nase und hartem Kinn; das sind die Verkünder der neuen Philosophie, die Diener der Utopie, die verschlagenen bolschewistischen Kommissare. Sehen Sie die Aristokraten in den engen Zimmern der ihnen zugewiesenen Wohnungen hin- und hergehen, während sie vor kurzem noch durch die weiten Felder der Ukraine schritten? Und über ihnen kreist der Habicht der Zeit. Zwei Zerstörungen. Das war mein Thema. Ich kannte jede Straße gut. Meine Tanten nahmen mich mit zu ihren Bekannten, dadurch lernte ich die Wohnungen der enterbten Fürsten und der bescheidenen Provinzpriester kennen, Leute, die aus Sibirien zurückgekehrt waren und nie jemandes Hand kräftig drücken konnten, weil sie erfrorene Finger hatten, und Flüchtlinge aus dem Warschauer Aufstand, Umsiedler aus Lemberg und Wilna, die wenigen überlebenden Auschwitz-Häftlinge. Ich betrachtete sie voller Zärtlichkeit, denn ich ahnte in ihnen die Helden meiner künftigen Bücher. Doch diese Bücher gibt es nicht, der Scheiterhaufen ist abgebrannt, und nur der Rauch hat die Buchstaben meiner Gedichte und Erzählungen an den Himmel geschrieben.

Das ist mein Verrat. Das Schweigen. Ich habe nicht von dem gesprochen, was nur ich erklären konnte.

*Aus dem Polnischen von Klaus Staemmler*

Joachim Walther

# Zwei polnische Miniaturen

## Warschau, Allerheiligen

alles wird wieder werden
nur ich vergesse so langsam
*Tadeusz Różewicz*

Diese ungeheuer beharrliche Bewegung Lebender und Überlebender hin zu den Gräbern, Schritt für Schritt auf hauchdünnem Beton. Dieses Knistern! Dieses Knacken! Diese unruhigen Kerzen vor den Exekutionsstätten, aufreißend die glatte Gegenwart! Diese Zahlen in den Durchbrüchen, schwarz, starr: 111111111111111111111111..., und kein Ende (schon die 2 wäre eine unzulässige Abstraktion), Zahlen-Wälder, Echo-Wälder: Wennichfürjesiebenerschossene Polen ein Plakataushängenlassenwollte dannwürdendie WälderPolensnichtausreichen dasPapierdafürherzustellen, unüberhörbar in der Vater-Mörder-Muttersprache.

Nachgeboren zwar, nachweislich unschuldig und von niemandem hier beschuldigt, gelingt es trotz allem nicht, Vergangenheit aufzuheben, diesen Tag sogenannt unbelastet zu erleben (allgemeine Verneigung vor dem natürlichen Phänomen Tod), noch existieren Familienalben: Der Vater zur Taufe mit dem Zeichen am Arm, nein, kein Krieger, kein Mörder – Beamter nur, beschäftigt mit Zahlen, harmlosen zufällig, gefolgschaftstreu bis in den Tod, den natürlichen, im weichen Bett noch vor dem Ende. Das weht kalt herauf, ich liege quer, eingebrochen, die Babyzehen in die Hänge des wegrutschenden Erzgebirges, die Fingernägel in die Erde der Weichselebene gekrallt, unter mir das schwarze Loch, über mir Menschen: Schatten zwischen den Kreuzen, kniende Engel, Nationalfarben, Kerzen, Blattfinger, hell gegen dämmrige Wolken, Gerüche: feuchtmoderndes Laub, schwelendes Reisig, Weihrauch, rußende Kerzen. Ich ziehe mich hinüber, deute wortlos auf eine Kerzenschale, lege sorgfältig abgezähltes Geld dazu, tauche, gottlob ungefragt, ein in die Körperwärme und werde getragen, treibe, gehe zunehmend hinein in den rötlichen Nebel. – Als ich, danach, die Vater-Zeichen auf der Karosserie sehe, rede ich mir gut zu: Kinder..., vergebens, beschämt und bitter wische ich sie ab mit bloßer Hand.

## Łódź

Die Stadt, weithin steingewordener Gründer-Kapitalismus, häßlich wie er. Neubarock, Neugotik, Neurenaissance, letzteres frei übersetzt: Nachgeburt der Wiedergeburt der Geburt. Die gegenwärtige Stilrichtung heißt: Neubau. Frühere Herren hatten Namen wie Scheibler, Poznański, Kindermann; das Proletariat taufte sich selbst: Weberaufstand 1861, Aufstand 1892, 1905. Silberstein, solcherart gewarnt, ließ seine Spinnerei 1894 als Wehrbau errichten: vergebens. Der Poznański-Palast erfreulich zweckentfremdet als Museum der Kunst: unten internationales Kulturerbe, oben polnische Gegenwart. Auch hier, wie überall im Land: unverdauter Import (der Zyklus namens Großer Hunger mit einem Fotomädchen, das so überaus feinsinnige Metaphern wie Wiener Würstchen und Bananen oral bearbeitet) neben – Schneemensch, hast zu früh gelacht! – polonisierter Moderne (unter anderen: Jerzy Bereś mit seinen beweglichen Holz-Objekten, eins davon mit einem Hebel, der drei Paar Hände zum Klatschen bringt, eine einzelne, davon unbewegt, trägt Handschellen). Im Restaurant Peszt bezeichnet sich ein Kellner als alter Litzmannstädter. Als ich frage, wo das liegt, wird er korrekt. Tut mir leid, meine geographische Unkenntnis weist mich aus als Belehrten. Im freundlichen Privatquartier, vom Kopfkissen her, Blick aufs Haus der Partei gegenüber, unter dem Fenster das Etablissement Europa, Striptease darin zur Schlafenszeit, Gratisbeschallung mit schlafstörenden Entblößungsmelodien. Strip in Łodź? Ein wenig merkwürdig schon, etwa wie Subbotnik in Manhattan. Erklärlich nur so: Łódź – bekanntlich ein Zentrum der Textilindustrie, werktagsüber also vorwiegend Fasern und Stoff, feierabends gibt es Haut, vermutlich vom Werkarzt verordnet, Ausgleichssport fürs

Auge, Eintritt nur mit Attest. Morgens eine Lesung im Germanistischen Institut, anschließend Diskussion. Ein gastdozierender Landsmann legt Rüstung an, klappt rostig-klirrend das Visier, steigt auf, das alte Schlachtroß wiehert; ich geb mich schon verloren, da spür ich hinter mir die Polen, hör, wie sie argumentgeschmückt Attacke reiten, seh, wie friedlicher Übermacht erliegt der kriegerische Don Myope, der Riesen wähnt in Feindesland, wo Mühlen stehen in Freundesland. Am Abend ist Festival. In ganz Polen, scheint's, ist Festival non stop. Diesmal Studententheater, vier an einem Abend, sehr gute, gute und weniger gute, logisch, wichtig ist die Fülle: der Boden locker, luftig, belebt, Bodengare mithin hervorragend, Humus für die empfindliche Kulturpflanze Kunst.

1977

Ryszard Krynicki

## Um niemanden zu verletzen

Nicht aus Scham,
sondern um niemanden zu verletzen,
verberge ich manchmal mein Elend. So
tun wir es oft

mit der Wahrheit.

1984

## Hoch hinauf

Hoch hinauf bist du gekommen,
meine kleine Schnecke,
bis zum höchsten Blatt
des schwarzen Flieders!

Aber vergiß nicht:
Es ist Ende September.

1984

## Niemandselegie

Schrei nicht. Sag nichts. Schlaf.
Was soll das Beten und Unken.
Wein nicht. Über der Stadt,
über der Stadt herrscht Dunkel.

Wer kommt davon, wer um,
wer weiß, der Nebel vielleicht.

Wen der Erinnyen Spruch
– und wen die Schande erreicht.

Beschwör nicht unentwegt,
schrei nicht: Der Überfall naht.
Zu spät. Die Stunde schlägt.
Kassandra, sie sind schon da.

Kassandra, sie treten ein,
laß mich, in Gram versunken.
Die Stadt liegt im Feuerschein

und wir im Dunkel.

1988

*Aus dem Polnischen von Karl Dedecius*

Rolf Schneider

# Anmerkungen zu einem Aufstand

## 1

Kriege sind Zeiten von Innovation. Sie weisen aus, daß der *homo faber* besonders tüchtig wird, wenn er sich mit seiner Selbstzerstörung befaßt. Die antike Redewendung vom Krieg als dem Maß aller Dinge hat seine Berechtigung, zumal in Bezirken von Ingenieurkunst und Logistik.

Eine folgenreiche Erfindung des Ersten Weltkrieges war, neben dem Einsatz fliegender Apparate, die militärische Anwendung von Giftgas. Eine folgenreiche Erfindung des Zweiten Weltkrieges war, neben dem Einsatz von Bomben aus nuklearem Spaltmaterial, die Aufhebung des bis dahin respektierten Unterschieds zwischen Front und Hinterland.

Der Angriff deutscher Bombenflugzeuge auf die britische Industriestadt Coventry brachte deren fast völlige Zerstörung. Unzählige Zivilisten waren betroffen. Coventry gab den Topos vor, an den zu halten die eine wie die andere kriegführende Seite sich in der Folgezeit sehr viel Mühe gab. In Deutschland würden die Namen lauten, unter anderem: Nürnberg und Dresden. Außerhalb Deutschlands würden die Namen lauten, unter anderem: Lidice und Warschau.

Die polnische Kapitale sollte nach dem Willen der deutschen Militärführung sein, was der Dichter Brecht vom abschließenden Zustand des Großen Carthago sagte: nicht mehr auffindbar. Unter den vielen zerstörten Stadtlandschaften des Zweiten Weltkrieges wurde Warschau die zerstörteste. Diese sollte die grausige Antwort bedeuten auf zwei heroische, am Ende gescheiterte militärische Erhebungen: jene der Juden im Warschauer Getto und jene der polnischen Heimatarmee des General Bór-Komorowski in den nichtjüdischen Quartieren der Stadt.

Dem Bewußtsein der Zeitgeschichte hat sich der zweite Aufstand stärker mitgeteilt. Er hat länger gedauert, zudem verhieß er bei seinem Beginn einige Aussicht auf Erfolg: Die

Rote Armee Josef Stalins stand bereits am jenseitigen Weichselufer. Als der Aufstand losbrach, hielt sie in ihrem Vormarsch freilich inne. Der ihr verhaßte polnische Nationalismus, dessen von ihr geschlachtete Repräsentanten seit vier Jahren bei Katyń in ihren Gräbern lagen, und der verhaßte deutsche Nationalsozialismus, der ihre sowjetische Heimat mit soviel Leid überzogen hatte, sollten sich gegenseitig vernichten. Wie immer, wenn es sich um Blut und Grausamkeit handelte, ging auch hier Josef Stalins Rechnung auf.

Nach dem Getto-Aufstand hatte Hitler befohlen, das Judenviertel zu schleifen. Nach dem Warschauer Aufstand befahl er die Vernichtung der gesamten Stadt. Die Resultate sind heute nicht mehr vorstellbar. Die düsteren Bilder des Photographen Heydecker vermitteln nurmehr einen Eindruck von Archäologie.

2

Ich habe Warschau erstmals im Jahre 1957 besucht. Die von Deutschen geschaffene Ödnis der gnadenlosen Destruktion war noch vielfach zu besichtigen. Der von den Sowjets errichtete Kulturpalast stand wie ein brutaler höhnischer Zeigefinger in häuserloser Umgebung. Die Marszalkowska verlief eng und ängstlich zwischen Ruinen. Nowy Świat war bloß erst Fragment.

Der Stadt fehlte ihre Heiterkeit. Sie besaß Witz, aber der war böse und tiefschwarz: gespenstische Reflexe jener ausgelöschten jüdischen Geistigkeit, die eben noch hier gewohnt hatte. Der Geruch, der über Straßen und Plätzen hing, nicht sehr nachdrücklich, dennoch nicht zu verlieren, war der von Moder und kalter Asche.

Ich blättere in meinem Notizbuch von damals und lese:

*Das Hotelpersonal behandelt mich mit einer Art zurückhaltender Mißbilligung. Steinerne Gesichter. Die psychische Attacke funktioniert. Ich gewöhne mir an, meine Zimmernummer, wenn ich an der Reception den Schlüssel verlange, auf englisch zu nennen. Ich sage mir, ich sei bei Kriegsende noch ein Kind gewesen. Ich habe etwas gegen die Formulierung und Verordnung einer nationalen Kollektivschuld. Ich verrate schlechten Gewissens meine sprachliche Herkunft, um bei der Vergabe eines Hotelzimmerschlüssels in den flachen Genuß kommerzieller Freundlichkeit zu gelangen.*

*Ich betrete eine Agentur, um Theaterkarten zu kaufen. Eine ältere Frau, dunkelhaarig und dunkeläugig, schickt mir düstere Blicke entgegen. Sie scheint meine deutsche Herkunft zu wittern, noch ehe ich den Mund aufgetan habe. In meiner Verwirrung spreche ich französisch. Ganz offenbar erkennt sie meinen Akzent. Sie bedient mich, reicht mir die dünnen dunkelroten Papierscheine und empfängt Geldnoten dafür. In ihrem Gesicht ist ein bitterer und höhnischer Triumph.*

*Ich sehe in einer der Vorstädte einen zerlumpten Mann. Er humpelt. Er tritt mir in den Weg. Auch er hat sofort erkannt, daß ich ein Deutscher bin. Er deutet an sich herab und weist auf seinen rechten Fuß, der in einem unförmigen Schuh steckt. Er spricht deutsch. Er sagt mir auf deutsch, er sei während des Krieges Fremdarbeiter in Deutschland gewesen. Man habe ihn mißhandelt, man habe ihn hinausgejagt, mit bloßen Füßen, in einen bitterkalten Wintertag, seine Zehen seien dabei abgefroren, seither hinke er. Die Situation ist schrecklich. Ich halte den Mann für einen Bettler. Vielleicht ist er es, vielleicht ist er es nicht. Ich habe kein Geld bei mir, nicht einen einzigen Zloty, ich habe meine Brieftasche im Hotel vergessen. Ich versuche dem Mann meine Misere darzutun. Er hört mit geduldig zu. Er beschreibt mit der rechten Hand eine Geste, die zu sagen scheint: Was macht es schon, was müssen Sie reden, ich wollte Ihnen nur meine Geschichten erzählen.*

*Er nickt und humpelt weiter. Er ist wohl ein Bettler, und wenn er es ist, so von einer Art, daß er unter allen Bettlern der Welt ein Fürst ist. Er humpelt den Ruinen entgegen, denen ich nicht widersprechen kann, vor denen ich nicht in andere Sprachen ausweichen kann, ich kann nur noch schweigen. Das Schweigen der Stadt ist stärker.*

3

Bei jedem meiner späteren Besuche zeigten sich die Trümmer weiter abgetragen. Die Ruinen verwandelten sich zurück in die Gebäude, für die sie standen. Warschau formulierte jetzt andere Dramen, deren Daten sehr viel jünger waren. Ihre Anlässe trugen nicht zuerst deutsche Namen.

Heute zeigen die sorgsam rekonstruierten Bauwerke, Altstädter Markt, Zitadelle, selbst das Königsschloß, längst wieder Anzeichen eines zarten Verfalls: Spuren des Gebrauchs, der Jahre, der Vergänglichkeit, gleichsam eine imitierte Patina, die der echten zum Verwechseln ähnelt und der nachgemachten Historie die Aura der Originalität verleiht.

Wer denkt noch, wenn er es nicht weiß, wenn er es sich nicht ständig vorsagt, an die überaus grauenhaften Zustände des Jahres 1945?

4

Ich den letzten Jahren ist eine neue Kunst der Denkmalschöpfung entstanden. Der Bildhauer Gerz ließ in Hamburg-Harburg einen Eisenpfeiler errichten gegen das Vergessen der jüngsten deutschen Geschichte. Passanten sollten und konnten sich mit der Hilfe bereitliegender Metallstifte auf seinen Flächen eintragen. Wenn die Flächen ausreichend beschriftet waren, wurde der Pfeiler ein Stück in den Boden gesenkt, um derart Platz zu schaffen für weitere Notizen.

Der Pfeiler wurde siebenmal in fünf Jahren abgesenkt. Seit November 1993 ist er gänzlich verschwunden. Bloß ein Sehschlitz gestattet Einblick in eine Vertiefung, deren Halbdunkel das sonderbare Monument mit seinen Graffiti mehr ahnen als erkennen läßt.

Es entstand so ein melancholisches Symbol für die Techniken und die Folgen der menschlichen Erinnerung. Der Eisenpfeiler des Bildhauers Jochen Gerz könnte vielerorts stehen. In Warschau ist dieser Pfeiler die Stadt.

1994

Tadeusz Różewicz

## Denkmal aus der Besatzungszeit

Unsere Denkmäler
sind zweideutig
sie haben die Form einer Grube
unsere Denkmäler
haben die Form
einer Träne

unsere Denkmäler
baute unterirdisch
der Maulwurf

unsere Denkmäler
haben die Form von Rauch
Sie steigen bis an den Himmel.

## Wie gut…

Wie gut    Ich kann
Beeren pflücken im Wald
ich dachte
Wald gibt es keinen und keine Beeren

Wie gut    Ich kann ausruhen
im Schatten des Baumes
ich dachte Bäume
geben nie wieder Schatten

Wie gut    Ich bin bei dir
da schlägt mein Herz
und ich dachte der Mensch
hat kein Herz mehr

*Aus dem Polnischen von Günter Kunert*

## poesie hat nicht immer...

poesie hat nicht immer
die form
eines gedichts

nach fünfzig Jahren
des schreibens
kann sich dem dichter
poesie
in form eines baumes
eines davonfliegenden
vogels
eines lichts
offenbaren

sie nimmt die form
des mundes an
die farbe des auges den klang der
stimme
sie nistet im schweigen

oder sie lebt im dichter
formlos

13. Oktober 1988 – 10. März 1989

*Aus dem Polnischen von Karl Dedecius*

Liz Wieskerstrauch

# Erfindet man solche Geschichten?

*Menschen, die man nie gekannt hat, sind wie Romanfiguren. Es genügen ein oder zwei Motive, schon leben sie in der Imagination. Sie sind realer als wirkliche Personen: Man kann sie besitzen und wird sie wieder los, sie lassen sich greifen oder im Gedächtnis ablagern, je nach Belieben. Sie verflüchtigen sich nicht, wenn man es nicht wünscht. Sie sind Tote und leben in der Überlieferung. In der Phantasie kann man eigenwillig über sie bestimmen. Sie können einen nicht täuschen.*

Malu stellt sich einen Toten vor, *Omamas Bruder.* Sie dichtet ihm eine Geschichte an, die nur ungefähr der Wirklichkeit entspricht. *Doch ist sie nicht weniger wahr deshalb. Immerhin sind es die Projektionen, die in der Erinnerung die Toten am Leben erhalten.* Für sie besteht Lex aus nur einem Motiv, das sich in zwei Geschichten wiederholt. *Beinahe hätte ich Jelena vergessen, seine Geliebte.* Sie ist aus Andeutungen geboren worden und hat sich zu einer dritten Geschichte entwickelt, die über Lex' Tod hinaus Bestand hat. Das alle drei Geschichten verbindende Motiv ist ein Schrei. Ein wilder Schrei, nicht dieses kümmerliche Weinen bei seiner Geburt, über das seine Schwester, *meine Großmutter,* so erstaunt war. *Das ist absurd: In meiner Vorstellung ist dieser wilde, lockende, überzeugende Schrei Lex' Todesschrei.* Keine Angst drückt er aus, eher Hoffnung. *Ich habe ihn gehört.* Trotz liegt darin und Widerstehen. *Ich habe ihn geträumt, wollte womöglich selbst unbeherrscht laut schreien.* Dieser Schrei ist die Freiheit. Lex ist unlösbar mit dem Versprechen von Freiheit gekoppelt. *Dabei hat mir niemand berichtet, daß er je laut gewesen wäre.*

Emanuels Gerede vom autoritären Staat betraf Lex nicht, auch nicht dessen Wunsch nach Unabhängigkeit. Der Autorität entzog er sich, sie hinderte ihn nicht. Unabhängigkeit war ihm ein zu großes Wort, frei fühlte er sich eh, dafür sorgte er unentwegt. Als er wieder mal in Scholsnowitz zu Gast war und den Erörterungen zwischen Emanuel und seinem engsten Freund Franschl zuhörte, begriff er die politische Lage überhaupt nicht. Für Lex war der Machtwechsel ein Versehen, ein Irrtum womöglich. Er fuhr nach Rosnion zurück und bekam vom weiteren Geschehen nichts mit.

Vor Franz Lscheks Amtsgebäude in Oppeln hängte man eine Hakenkreuzfahne. Prompt entfernte er sie. Dann verlangte man von ihm, die katholische Zeitung der Oberschlesier zu verbieten. Franschl weigerte sich. Er wurde vom Dienst suspendiert und suchte Unterschlupf im Scholsnowitzer Schlößchen. Ein anderer hißte die Flagge und verbot die Zeitung.

Emanuel war froh, Lschek bei sich zu wissen. Mit ihm konnte er sich über alles beraten. Auf Franschls Empfehlung hin verließ er den Stahlhelm, gerade noch rechtzeitig, bevor sich die gesamte Organisation dem Befehl der obersten SA-Führung unterordnete. Sonst hätte er bei der SA mitmachen müssen! Damit stellte er seine Unabhängigkeit unter Beweis. Über seine Enttäuschung schwieg er sich sogar dem Freund gegenüber aus. Sein Gewissen quälte ihn, weil er sich fragte, ob er seinen Schwur den Kameraden gegenüber gebrochen hatte. Er wollte Buße tun, wußte nicht, wie. Er hätte gern gebeichtet, doch die Pfarrer waren entweder Verfolgte des Nazi-Regimes oder NSDAP-Angehörige. Die hätten seine Gewissensnot ausgenutzt oder ihn verraten. Zu solchen Zeiten wurde das priesterliche Schweigegebot genauso gebrochen wie der erzwungene Soldateneid.

Franschl wurde schon bald mit zahlreichen Inhaftierungen konfrontiert. Nachdem die Schlesier herausgefunden hatten, wo er sich verbarg, kamen andauernd Frauen nach Scholsnowitz, die Franz Lschek um Hilfe baten, weil man ihre Väter, Männer, Brüder oder Söhne gefangengenommen hatte. Ständig fuhren Autos auf den Hof, Menschen mit verzweifelter Angst stiegen aus, sie besprachen sich mit dem Anwalt, der ihnen nur selten Trost spenden konnte. Es waren Kommunisten und Sozialisten, Juden und Polen, oft auch Priester. Liv sorgte für diese Frauen und Kinder, wie sich eine Baronin um Hilfesuchende zu bemühen hatte, insgeheim konnte sie einen Rest von Abscheu nicht überwinden.

Emanuel mußte zwei trächtige Trakehnerstuten verkaufen, damit Franschls Klienten auch materiell geholfen werden konnte. Das, fand Liv, sei zuviel des Guten. Bei einem ihrer Telefonate mit Schloß Frohnau klagte sie ihrer Cousine Samira den Leichtsinn ihres Gatten. Emanuel tat es gegen den Willen seiner Frau. Ihm fiel es nicht schwer, die Pferde wegzugeben. Vor seinem Gewissen deklarierte er es als Buße. Darüber sprach er mit niemandem. Den besten Preis erzielte er ausgerechnet beim Oppelner Kreisbauernführer. Die trugen dort alle schon das Hakenkreuz am Revers. Schließlich ließ Franz Lschek sich als Rechtsanwalt in Breslau nieder und leistete denen Beistand, die vom Regime verfolgt wurden.

Lex blieb unbekümmert wie zuvor. Er half selbstverständlich den Polen im Dorf. Das Gutshaus von Rosnion war groß genug, da konnte unterschlüpfen, wer wollte. Die politische Entwicklung aber schien ihm unwirklich. Für ihn galten das Land, der Wald, die Tiere.

Dann eines Tages kam Jelena nach Rosnion.

Der Stellmacher Milan hatte Jelena im Polnischen drüben getroffen, in Trebnotzia, und wollte sie heiraten. Dort war sie als Tochter des Revierförsters bei den Hofeleuten der Geschins aufgewachsen. Der Vater war strikt dagegen, daß sie vom polnischen ins deutsche Oberschlesien ging. Wozu hatte er gekämpft damals, als Jelena und ihre Brüder klein waren, fragte er, wozu all das Blutvergießen, wenn sie keinen Wert auf ihre polnische Unabhängigkeit legten? Sollte Milan doch nach Trebnotzia kommen, forderte er und zitierte den Wahlspruch, den sie damals unter Korfantys Führung immer wieder gebrüllt hatten: »Stimmst du für Deutschland, bleibst du ›Polack und Schwein‹, Mensch wirst du bei Polen allein.«

Milan wollte nicht ins Polnische, er war deutschtreu, wie er betonte, hatte sich bei den Kämpfen zwischen Polen und Deutschen weitgehend herausgehalten, hatte nicht wie sein Vater gegen seine Herrschaften, auch nicht gegen die eigenen Leute antreten wollen, aber die junge Jelena wollte er trotzdem für sich gewinnen. Er wußte, daß die Grafen Manowski und die Geschins schon Ende des vergangenen Jahrhunderts geschäftliche Beziehungen gepflegt hatten. Damals war ein Eisenwerk verkauft worden. Als Trebnotzia nach der Abstimmungszeit polnisch geworden war und die Geschins es zum völligen Unverständnis der Grafen Manowski dort ausgehalten hatten, brachen die Verbindungen ab. Fünfzehn Jahre später müßten die Beziehungen doch wieder aufzunehmen sein, dachte Milan und fragte die Grafen Mauritz und Alexander, ob sie Natalie Geschinova, wie sie dort genannt wurde, bitten könnten, bei dem Revierförster ein Wort für ihn einzulegen.

Das war eine schwierige Angelegenheit. Ihnen war zu gut bekannt, daß sich der Einfluß der Herrschaften auf die unterwürfigen Polen beschränkte. Solche wie Jelenas Vater, die die Deutschen haßten, waren im allgemeinen nicht zu überzeugen. Mautz nahm sich der Sache an. Das war er Milan seit dem Tod seines Vaters in den Mohnfeldern des Annabergs schuldig. Dem polnischen Förster ließ er durch Natalie Geschin zusichern, Milan und Jelena immer Arbeit und Unterkunft zu geben und ihren Kindern polnischen Unterricht zu ermöglichen. Das war allerhand zu Zeiten, in denen alle Ortsnamen eingedeutscht wurden! Jawrnizno hieß seit der Umbenennung offiziell Jagenau, Rosnion Rosengraben, Scholsnowitz Schulzwitz und Lubinietz Lubatal, doch selbstverständlich hielt sich niemand daran. Zusätzlich ließ Mauritz dem Polen eines seiner wertvollen Jagdgewehre als Geschenk überbringen. Jelenas Vater triumphierte. Er behandelte die Flinte wie eine Trophäe vom Annaberg und überließ seine Tochter den Deutschen.

Jelena wurde Magd auf Gut Rosnion. Von Anfang an war sie beliebt bei den Dörflern, sie verhielt sich in keiner Weise devot. Als sie Lex das erste Mal anlachte, konnte er in ihrem Blick schmeichelnde Untertänigkeit nicht feststellen. Sie hatte ihm, obwohl gerade mit Milan verlobt, einfach wegen seiner hellen Augen angestrahlt.

Mit diesem stillen Lachen begann seine Neugier. Er erwiderte es nicht, hätte keine Antwort darauf gewußt. Er sah sie nur an. Wie viele Polinnen hatte sie halblanges, dunkles Haar. Was viele Polinnen nicht hatten, war der asiatische Schnitt ihrer Augen, die beinahe schwarz waren und bei Sonnenlicht ins Dunkelblaue changierten. Tollkirschen, dachte er. Die Augenbrauen waren schmal, zumindest wirkten sie so im Vergleich zu den dunkel leuchtenden Augen. Die Nase war zierlich, auch der Mund sah eher klein aus, obwohl

Jelena lachte. Wie sehr die Lippen im Kuß voller würden, sah man ihnen nicht an.

Zur Hochzeit schenkte er Milan einen neuen Hut. Für Jelena hatte Lex ein zu wertvolles und obendrein unsinniges Geschenk, eine antike Kette aus geschliffenem Kristallglas. Bei der Feier hatte er einen Tanz mit der Braut frei, das war, seit er wieder in Rosnion lebte, bei jeder Hochzeit der Fall. Jemand bediente das Grammophon mit südamerikanischen Tänzen. Noch nie hatte er im Dorf gewagt, Tango zu tanzen. Jelena war aufmerksam, so daß er sie leicht in Schritte führen konnte, die sie nicht kannte. Sie lehnte sich bereitwillig in seinen Arm. Er variierte die Figuren, führte Jelena in Pirouetten und holte sie wieder nahe an sich heran. Die Männer pfiffen begeistert, Milan klatschte. Lex verneigte sich.

Jelena lief zu ihrem Bräutigam, nahm ihn bei der Hand und rief: »Komm Milanko, jetzt tanzen wir.«

Eine Polka wurde aufgelegt. Lex betrachtete Jelena noch eine Weile und stellte fest, daß sie für eine Magd sehr kleine Hände hatte.

Danach beobachtete er sie gelegentlich, wie sie im dünnen Baumwollkleid ihre Arbeit verrichtete. Sie war ernst geworden, abwartend. Lex sah ihren Körper, der trotz ausgesprochener Schlankheit rund war. Bisher hatte er entweder Frauen gekannt, die dünn und straff und streng aussahen, oder welche, die in ihrer Weichheit ausladend waren. Jelena hatte dieses Schmale und doch Runde, das sich kaum beschreiben ließ. Auch ihre Schultern waren schmal. Im Vergleich dazu schienen ihre Brüste groß, er konnte die Konturen klar erkennen. Das Becken war schmal und kurz, die Beine lang und gerade. Wie kam nur dieser Eindruck von etwas Rundem zustande, fragte er sich. Es machte ihn begierig.

Monate vergingen, bis er erfuhr, was es war: der Bauch, der durch die schmale Taille und die schlanken, geraden Beine etwas scheibenförmig Rundes bekam. Er liebte diesen festen, strammen Bauch, auf den er seinen Kopf legen mochte, von wo er die Brüste betrachten und gleichzeitig mit der Hand die langen Beine hinabwandern konnte. Er liebte Jelena, und immer wenn er sich in ihr ergoß, schrie er.

Dieser vielmals wiederholte Schrei ist der Schrei tausend kleiner Tode. *Ein schöner Tod jedesmal. Auch für die Frau.* Jelena hält ihn in den Armen, spürt, wie der Strom seines Schreis langsam versiegt. Je näher der Mann dem Sterben ist, desto mehr fühlt sie sich leben.

Aber Milanko! Den liebt sie doch auch. Sie liebt beide. – Bis Milan ins Reich zwangsverpflichtet wird. Dabei hat er Glück, daß er nicht zu Anfang des Krieges umkommt, wie so viele der polnischen Männer. – Bis Lex eingezogen wird. *Sie hat Glück, daß sie als Magd auf Gut Rosnion bleiben darf.* Sie bekommt einen Sohn und denkt an zwei Männer.

Wenn Milan noch lebt, dann irgendwo im Reich als Zwangsarbeiter. Nicht einmal Mauritz hat dies verhindern können, Befehl ist Befehl, *er gehört nicht zu denen, die einen Befehl verweigern. Da gilt das Ehrenwort gegenüber Jelenas Vater nicht viel.* Dabei wäre es Mautz weitaus lieber, die Magd von ihrem Mann behütet zu wissen.

Lex wird nach Polen geschickt. Daß er gegen die Polen kämpfen soll, nimmt er hin *wie ein Machtwort von Onkel Mautz.* Wieder schreit er leise nach innen, das befreit ihn, beseitigt Gewissensnöte, *es ist ja nicht sein Wille, dem er gehorcht.* Gehorchen muß er, *da hilft nichts, so einfach ist das.* So schwer ist das, daß er von Anfang an fast taub in den Krieg hineintreibt.

*In Warschau geschieht Seltsames.* Es ist schon kalt. Ein paar Soldaten streifen durch die nächtliche Stadt. Die Laternen sind mit Petroleum gefüllt, das ganze Viertel ohne Strom. Der Wind fegt Laub über die Straßen, daß es im Lichtschein tanzt. Ein geisterhaftes Wirbeln von Staub auf dem Trottoir. *Was für eine Übereinkunft von Schmutz und Asphalt!* Schillernde Pfützen schlängeln den Ritzen der Gullys entgegen, versickern im Dunkel. Die Männer schlagen die Kragen ihrer Uniformmäntel hoch, verbergen die Hände in den Taschen. Die Stiefelabsätze klacken. Aus einem Lokal klingen vertraute Tangorhythmen. Die Soldaten sehnen sich nach der Musik, die sie leicht macht, wenn sie Wodka trinken, die auch die Schwermut zuläßt. Sie sehnen sich nach Frauen. Sie betreten das Lokal. Ein Windhauch strömt in den Raum. Die Kerzen auf den Tischen erlöschen. Das Bandoneon reißt augenblicklich ab. Die Violine gibt noch ein paar Töne. Der Mann am Piano legt seine Hände in den Schoß. Die tanzenden Paare halten an. Sie blicken zu den Deutschen, die am Eingang stehen. Einen Moment ist es still, *still und kalt in dem rauchigen, hitzigen Lokal.* Streichhölzer werden an Zündholzschachteln angerissen, auf den Dochten züngeln wieder kleine Flammen. Jemand nimmt eine Wodkaflasche und gießt sein Glas und die Gläser seiner Tischkameraden randvoll. Auch die Musiker bekommen zu trinken. Die Deutschen knöpfen ihre Mäntel auf und gehen an die Bar, fragen nach Wodka. Sie bekommen jeder ein Glas mit einer Zitronenscheibe. Die Kapelle spielt wieder auf, ein bekanntes Lied, Caminito. Der Sänger kann Spanisch. Ein Gast persifliert den Text auf deutsch. Spöttelnd singt er: »Bald schon wirst du ein Schatten sein, ein Schatten wie ich. Ich wünsche, die Zeit brächte uns um.« Niemand mag jetzt tanzen. Sie trinken. Der, der deutsch kann, ruft: »Der letzte Tango.« Er schaut zu den Deutschen hinüber. El ultimo Tango.

So in etwa stellt Malu sich das vor.

Ein alter Mann verwickelt sie in ein Gespräch. Er hört Tangos und erinnert sich an Warschau. *Ob Lex dabei war?* Daß er jung gewesen ist damals, zu Kriegsbeginn. *Keiner kennt den Alten.* wie sehr ihn die tangosingenden und -tanzenden Polen beeindruckt haben. *Er ist zum Tangoabend ins Fidelio gekommen.* Wie wenig sie damals ahnten. *Er schwelgt in Vergangenem und trinkt Wodka.* Daß er gehörigen Respekt empfand. *Was Lex empfunden hätte?* Wie sehr sich dieses Ereignis in sein Gedächtnis eingegraben hat. *Welches Ereignis?* Er ruft: El ultimo Tango. *Der letzte Tango.* Und erzählt weiter:

Sechs polnische Offiziere stehen auf, sie sind nicht mehr jung. *Man könnte meinen, sie hätten schon für Korfanty gekämpft.* Sie sehen stattlich aus in ihren Ausgehuniformen. *Man möchte glauben, sie hätten nach einem Krieg und vielen Bürgerkriegen genug vom Schlagen und Töten und Besiegtwerden.* Ihre Frauen bleiben an den Tischen. Das Piano spielt ein melancholisches Lied an. Das Bandoneon und die Geige setzen ebenfalls ein. Silencio heißt das Stück. Das Bandoneon wird gebeugt, entfaltet sich wie ein Fächer. Der Sänger ahmt Carlos Gardel nach. *Er singt, als wolle er den legendären Interpreten zum Leben erwecken.* Silencio en la noche. Die Offiziere tanzen, jeder für sich. Die Hände in die Hüften gelegt, wiegen sie sich im Schritt, kreisen mit den Füßen auf dem Parkett, schlagen manchmal mit den Absätzen und drehen sich, als wendeten sie einer imaginären Tanzpartnerin ihr Profil zu. »Stille in der Nacht« singt der, der deutsch kann. Er unterbricht den Sänger. »Eine kleine Strophe für unsere deutschen Gäste«, ruft er höhnisch. Das Bandoneon heult weiter. Er singt: »Das Vaterland ist in Gefahr. Die Männer töten einander beim Kriegsgeschrei, beflecken die Felder Frankreichs mit Blut. Heute ist alles lange vorbei.« Die Strophe wird auf spanisch wiederholt, Peligra la patria. Am Ende singen sie parallel, Silencio en las almas, »Stille in den Seelen«. Das Bandoneon zieht die Töne lang, begleitet die letzte Silbe. Sechs Offiziere erschießen sich. Noch während der eine zu Boden sackt, drückt der nächste den Abzug. *Die toten Augen des einen sehen dem anderen beim Fall zu.* Zwei stürzen übereinander. Einer hat sich in den Mund geschossen, ein Blutrinnsal zieht eine Spur über das Parkett. Die Frauen springen auf, halten sich am Tisch fest. Der Sänger singt ohne Begleitung Adios muchachos.

Malu ist irritiert. *Welch grandiose Inszenierung!* Sie hört dem Mann aufmerksam zu.

»Sie haben gewußt, was auf sie zukommt, wir nicht.« Er bestellt noch einen Wodka. »Nein, sie ließen nicht mit sich geschehen. Sie handelten selbst.« Einen Moment schweigt er. »Und wie sie uns besiegten, indem sie sich uns entzogen. Sie blieben Herren bis in den Tod!« *Tango riecht nach Leben und schmeckt nach Tod, steht auf dem Plakat, das für den Tanzabend wirbt.* »Der Tod als letzte Würde«, sagt der Mann feierlich.

»Ist das alles wahr?« fragt Malu.

»Erfindet man solche Geschichten?«

*Lex könnte in Warschau dabeigewesen sein.* Er hört dem traurigen Lied zu und trinkt. Er denkt an das Blut seines Vaters in Frankreich. Er sehnt sich nach Jelena und erschrickt vor Scham, wenn die Offiziere sich töten.

Danach wird er nach Rußland geschickt. Ab und zu bekommt er Fronturlaub. *Er hat noch einen Schrei gut. Doch das hat Zeit, viel Zeit.* Der Krieg dauert lang. Er schreit in den Träumen gegen die Angst, die Kälte an. Im Traum wird noch immer sein Schrei erstickt. Er schreit leise träumend die Sehnsucht herbei. Er träumt seine tausend kleinen Todesschreie und daß er sich in Jelenas Schoß ergießt.

Richard Pietraß

# Nike nachts

Im Lichtkreis der Lampen
allein blieb Nike, kopfüber
das blutgedunkelte Schwert.

Wie die Toten den Feldschrei
der Lippen trinken! Die leben
schlafen, den Rücken gekehrt.

Nike schämt sich ihrer Gestalt;
zu grob ihr Brustkorb, vom bronznen
Relief der Muskeln beschwert.

Und wäre, Stoerin, heimgekehrt
zum Bettdienst unters stumpfe Schwert
des Mannes sich zu werfen.

Ihr loser Zopf, nicht Nackenschild
diente schläfernd als ihr Netz
....................................

Nike bleibt starr. Den Arm zu senken
will ihr nicht glücken, wie weibliche
Demut sie auch verzehrt.

Tagträumend, stark zu sein u n d
schön, verharrt sie
von keinem Feuer versehrt.

1978

## Die vereiste Oder

Der Strom vereist, es kreißt die Wachsamkeit.
Wo Strudel trieben, steht ein Posten breit-

beinig auf den Pontons der Schollenbrücke
die Leute schützend so vor ihrer kalten Tücke

wie jene armen Teufel, die ummauert bleiben
vom Ufer abgelöst durch blindgestrichne Scheiben.

Mehr sehen die, die auch am Ende sind
und sich am Schädel kratzen ob des Flusses Grind

der sie zum Feiern zwingt, die jahrum fuhren
auf ihren Ziegel-, Sand- und Kohletouren.

Sie starren auf die Quarzuhr, gehen zum Friseur
zum verengten Übergang, dem geputzten Öhr.

Vermummter jene, die hier öfters müßiggehn
und vespernd nach dem ferngerückten Sandstreif sehn.

Herrfrau, Hundkind rochieren vorm Geländer
und meinen, meinen nicht, daß manches sich bald änder.

Geblendet von der Lichtflut heben sie die Hand
und mustern schmalen Auges das umstrittne Land.

1986

Harald Gerlach

# Tomisław oder anderswo

Es geht los, sagt Koprowski und läßt die Klinke nicht aus der Hand. Da steht er zwischen Flur und Stube, ein Bein auf der Schwelle, das andre gut handbreit dahinter, so steht er dem Mielke gegenüber, richtig Aug in Aug, denn er lehnt auf dem Sofa zwischen den Fenstern, Blick auf die Tür, im Mundwinkel die kalte Pfeife, dort eingehängt mittels Dichtungsring eines Bierflaschenverschlusses. Wer wortlos im Polster sitzt mit nichts untern Händen, pflegt schwere Gedanken zu bewegen, wenn nicht gar trübe. Aber dazu weiß Koprowski wenig zu sagen, denn er hat nur ein Gesicht, kein zweites oder gar drittes, und auch dieses eine Gesicht ist zu verlieren, wer wird sich da hinreißen lassen! Außerdem sind das doch deutsche Gedanken, die der Mielke bewegt, was soll man da reden.

Es geht los, hat Koprowski also nur gesagt, auf polnisch, aber der Mielke hat das schon verstanden. Und müßte nun aufstehen von seinen müden Sprungfedern, den Hut vom Vertiko nehmen, diesen Überrest aus verwegenen Wilddiebszeiten, verbogen die Krempe: rechts Sturm, links Regen, müßte den Weidenknüppel hinter der Tür hervorholen und angemessenen Schritts neben Koprowski das Dorf hinabgehn. Angemessen wäre hier eilig, jedoch nicht ohne Würde, man ist im Dienst, aber in einem freiwilligen, Menschlichkeit, könnte man denken, ging es nicht um Tiere. Doch der Mielke tut nichts dergleichen. Statt dessen sitzt er und zieht ein Gesicht: was ausgerechnet wollt ihr von mir!

Als aber der Koprowski weiterhin auf der Schwelle verhält, einbeinig wie ein Storch, und nicht muff und maff sagt, wendet Mielke den düsteren Blick auf Bruder Kurt.

Hier scheint es nun an der Zeit, die Frage zu stellen: wer ist dieser Mielke?

Ein Deutscher in Deutschland, das jetzt polnisch ist, sagt er von sich.

Ein Deutscher in Polen, das mal deutsch war, würde Koprowski sagen.

Zwei Ansichten also ein und derselben Sache, unterschiedliche, doch an der Wirklichkeit ändern sie nichts. Und die bedeutet für Mielke, daß er aus dem Marktflecken Tommendorf in den Krieg hinauszog und sechs Jahre später in den Marktflecken Tomisław zurückkehrte. Daß er bei Nacht zum Direktor der Tomisławer Quarzsandwerke ernannt wurde, ohne darum gefragt zu sein, dieser Arbeit nachging mit deutlich gerümpfter Nase, einiger Gründlichkeit und mühsam erlernten polnischen Fluchformeln. Daß er anfangs zwei Funktionäre hinter sich, alle Arbeiter gegen sich und zählebige Schwierigkeiten vor sich wußte. Und daß trotzdem über Jahr und Tag die Tomisławer Quarzsandwerke mit Gewinn und für den Export arbeiteten.

Für den Koprowski freilich zählt das jetzt wenig. Der sieht den Abend durchs Fenster hereinkommen und die Zeit davonlaufen unter den Händen – verstummt ist das Scheppern der Melkeimer, das Dorf rasselt träge mit Hundeketten. Es ist die Stunde der beräumten Tische, der abgenagten Knochen, der Friedfertigkeit.

Mielke auf dem Sofa schweigt noch immer. Und sollte jetzt vielleicht lieber reden. Denn zu seiner Wirklichkeit gehört auch, daß er nach der Pensionierung einsame Wege ging, nur noch den eignen Dreck beroch und selten den Hof verließ. Freitags vergaß er den Weg zum Dorfkrug, und abends lehnte er nicht mehr an fremden Torsteinen, um die Frage zu erörtern: jaka pogoda będzie jutro – wie wird morgen das Wetter sein? Mit verbissenem Eifer zimmerte er hinterm Haus ein Gatter und zog handzahme Rehe, stolze Tiere, die an die Kindheit des Waldhüterjungen Gustav Mielke erinnerten – zugegeben, ein schönes Bild, aber reicht das zum Leben? Jedenfalls, seit Mielke sich aufs Altenteil zurückzog, fiel ihm das Atmen in Tomisław schwer. Es begann damit, daß er nicht mehr pan dyrektor genannt wurde, sondern hinterrücks baran, und das heißt ungefähr Schafskopf. Über zwei Jahrzehnte hatten sie miteinander gearbeitet, er und die Polen, hatten ihre Sorgen geteilt und die guten Tage. Das war mit einem Schlag vorbei. Seit für ihn die Tiere zählten und nicht mehr die Leute, wurden sie einander fremd. Und eines Tages, als er am Schulhof vorüberkam, riefen die Kinder ihm nach: Hitler kapuut!

Der Mohr hat seine Schuldigkeit getan, dachte Mielke. Aber nicht das sagte er laut, sondern den saftigsten Fluch, der ihm eben zur Hand war, und mit Flüchen ging Mielke zu keiner Zeit abwägend um. Doch was war damit zu gewinnen?

Bruder Kurt, der inzwischen fern am Rhein ein Haus gebaut, einen Baum gepflanzt und ein Kind gezeugt hatte, schrieb einen Brief: lieber Gustav, stand da in steiler gotischer Handschrift, komm zu uns.

Eine Schwalbe, schrieb Mielke zurück an den Rhein, eine Schwalbe fliegt um die halbe Welt, daß sie leben kann, wo ihre Wiege stand. Lieber Bruder, ich bleibe hier.

Auf diesem Bruder Kurt, der über ihm hängt, fotografisch abgenommen, gerahmt und verstaubt, in schneidiger Uniform, die anstößigen Runenzeichen mit Zigarrenbanderolen überklebt, ruht jetzt Mielkes Blick. Und fragt, einen familiären Rat erwartend: wer gibt sechs Rehe um ein Kuhkalb?

Das also ist die Formel, auf die Mielke an diesem Abend sein Problem zu bringen weiß: kann ich nicht leben, wie ich lustig bin auf diese meine alten Tage, muß ich mich bis zum letzten Sargnagel scheren um fremden Scheiß und trächtige Kühe? Reicht nicht das Dritteil meines Lebens, wo ich hier mehr gezeigt hab als bloß guten Willen?

Da plinkert Bruder Kurt mit dem linken Auge, das rechte bleibt starr, es ist ein gläsernes, und verzieht den Mund zu einem wissenden Lächeln: lieber Gustav, komm zu uns.

Mielke nimmt die Pfeife aus dem Mundwinkel und dreht sie unentschlossen in den Händen.

Der Koprowski steht unterdes noch immer auf der Schwelle, hat schon zweimal das Standbein gewechselt und wäre wohl längst gegangen, wenn nicht diese unausgesprochenen Drohungen hinter ihm ständen: Kälberlähme und Kälberruhr, die in Tomisław eine Rolle spielen, und vom Abkalben versteht im Dorf und im Kirchspiel keiner halb soviel wie der Mielke, dieser baran. Der hat seine Kräutergeheimnisse für den Nabelrest und Erfahrungen mit allen verqueren Lagen. Dafür wartet man schon geduldig zwischen Tür und Angel.

Mielke verläßt jetzt das durchgesessene Sofa und geht langsam zum Fenster. Sieht draußen im Gatter rehbraun die Erinnerung äsen; Kuban, dieser rauflustige Bock, der zwei ausgewachsenen Männern das Laufen beibrachte, als sie ihn nächtlich abschlachten wollten, verhält an den Derbstangen und dreht die Lauscher. Gegen die Abendröte, die über dem Heidewald schwimmt, steht dunkel sein starkes Gehörn.

Mielke benagt schweigend die Unterlippe. Hinter ihm der Koprowski räuspert sich vorsichtig: ich bin noch da, soll das heißen, ich warte.

Komm zu uns, sagt Bruder Kurt und lächelt aus dem verstaubten Rahmen: ich habe am Rhein ein Haus gebaut, einen Baum gepflanzt und ein Kind gezeugt.

Vorm Fenster der Bock Kuban wendet sich ab und trabt in schöner Anmut den Schmalrehen nach.

Und da beginnt Mielke eine gegenläufige Bewegung, dreht sich zur Tür und nickt dem Koprowski zu. Wo kein Ziel ist, ist kein Bleiben, sagt Mielke. Oder er denkt es nur. Aber er tut danach. Langt also den Hut vom Haken, rechts Sturm, links Regen, den vom Gebärschweiß geglätteten Knüppel aus dem Türeck, das Bleiben wird einen Sinn haben, nicht nur für ihn, auch für den Koprowski, an diesem Abend jedenfalls.

Und dann gehen sie das Dorf hinab, eilig, aber nicht ohne Würde, grüßen hier und da über die Zäune.

Krowa? wird gefragt: die Kuh?

Tak! Koprowski nickt und nicht ohne Stolz. Und Mielke legt einen kleinen Schritt zu.

So gehen sie nebeneinander, ein Pole, ein Deutscher, die hier bald das dreißigste Jahr gemeinsam leben mit ihren Mühen, mit ihren Ansprüchen. So vielleicht läßt sich Vergangenes widerlegen, Tag für Tag, ein redlich Beginnen. Menschlichkeit möchte man sagen, ginge es nicht um ein Kuhkalb.

Krzysztof Ćwikliński

## Fortinbras an Hamlet

Stets zieht's nach leeren Orten mich ... Gutnacht,
mein Prinz.
Alles ist schon vollbracht. Was Du gewollt, ist Dein.
Stets zieht's nach leeren Orten Dich, ins Bandgespinst,
Dein Kopf neigt sich zum Tisch herab, beschwert
vom Wein.

Du ohne Degen, ohne ... nicht den Frauen nach?
Mit Recht – kein Körper hilft, hat man danach Begier.
Mein ist jetzt noch das Wort, Dein – was Du durchgemacht,
Und doch verwerfe ich das Wort ... und geh zu Dir ...

20. XII. 1982

## Der alte Baudelaire

Das Nachtlicht ist Sonne, der Stillstand gestischer Brauch.
Bewußtsein geschieht immer bewußtlos im Geschrei.
Baudelaire ist sehr alt, ich bin es wohl auch,
Denn alles auf dieser Welt fließt an mir nur vorbei ...

1983

*Aus dem Polnischen von Karl Dedecius*

Jerzy Pilch

# Die Rindsknödel

Als im Jahre des Herrn 1990 Paweł Kohoutek aus dem Fenster schaute und seine derzeitige Freundin durch den Garten kommen sah, dachte er mit dem ihm eigenen überheblichen Fatalismus, daß ihm ein Abenteuer widerfahren sei, das jedermann zur Warnung gereichen sollte.

Kohouteks derzeitige Freundin trug einen dunkelblauen Mantel, ihr göttliches Haupt bedeckte ein neckisches Hütchen, dieweil ein riesiger Koffer, den sie hinter sich herzog, im weißen Novembergras die dunkle Spur einer endgültigen Niederlage hinterließ.

Und käme sie auch nur für kurz, um sich mit mir auszusprechen, um mir nur einen zufälligen und unangemeldeten Besuch abzustatten, selbst dann wäre das eine hinreichend erschütternde Geschichte, dachte Kohoutek, auch dann wäre das eine Geschichte, die des Erzählens wert wäre.

Doch Kohouteks derzeitige Freundin kam nicht auf Besuch. Beidhändig zerrte sie an dem riesigen Koffer, während sie auf ihren schmächtigen Schultern einen bis zum Rand gefüllten Rucksack schleppte. Wenngleich Kohoutek sie gerade erst seit siebzehn Wochen kannte, wußte er doch bestens, was sich in dem Koffer und was sich in dem Rucksack befand. In dem Koffer waren Bücher, in dem Rucksack aber der ganze Rest dessen, was sie ihr eigen nannte. Kohoutek konnte mit geschlossenen Augen jeden Gegenstand genauestens benennen, konnte ohne Schwierigkeiten jedes Teil ihrer Garderobe aufzählen: sieben schwarze Unterhemden, zwei weiße Blusen, zwei karierte Männerhemden aus Flanell, ein grauer Trainingsanzug mit weißen, aufgesetzten Streifen, drei schwarze Miniröcke, ein Paar Jeans, zwei Paar Pumps mit flachen Absätzen, kniehohe Stiefel, die Kohouteks derzeitige Freundin von ihrer Mutter geerbt hatte, ein schwarzer Pulli aus Schafwolle, ein graues Männerjackett aus Tweed, in dem sie phantastisch aussah, Strumpfhosen und ein gutes Dutzend ausschließlich weißer Unterhöschen unterschiedlichen Schnitts. Ja, Kohouteks derzeitige Freundin hatte ihre ganze Habe eingepackt und war gekommen, um endlich, nach siebzehn qualvollen Wochen kurzdauernder Trennungen, auf immer mit Kohoutek zusammen zu wohnen.

Sie hatte ihre Schulden beglichen, das Zimmer geputzt, von dem Regal alle auf polnisch erschienenen Bücher Milan Kunderas, Brochs »Versucher«, Tatarkiewiczs »Geschichte der Philosophie«, Stanisław Barańczaks und Ryszard Krynickis Gedichtbände genommen. Mit perverser Fürsorglichkeit hatte sie auch die Gesammelten Werke des hervorragendsten lebenden polnischen Schriftstellers eingepackt, den sie sowohl platonisch als auch als Leserin verehrte und auf den Kohoutek alles andere als platonisch eifersüchtig war. Kohoutek war tierisch eifersüchtig und wußte wohl, warum: Der hervorragendste lebende polnische Schriftsteller gehörte zur unsterblichen Generation unermüdlicher Frauenjäger.

Mit einem Wort, Kohouteks derzeitige Freundin hatte alle ihre Sachen und Bücher gepackt, der Vermieterin die Schlüssel ausgehändigt, war zum Bahnhof gegangen, hatte einen Fahrschein gekauft und war in Kohouteks Heimatort gefahren. Nie war sie zuvor dort gewesen, doch aus den Erzählungen Kohouteks kannte sie diese einzig und allein von Lutheranern bewohnte Ansiedlung ausgezeichnet.

Kohoutek hatte die unerträglich sentimentale Angewohnheit, seinen jeweils derzeitigen Freundinnen vom Teschener Ländchen zu erzählen. Sie hängen dann mit ihren Blicken an ihm, versuchen, seiner Meinung nach vergeblich, ihre grenzenlose Begeisterung zu bändigen, während er Geschichten von Partecznik, Dziechcinka und Jurzyków erzählt, von dem Haus, das einst der Schwiegertochter von Pator Eman gehört hat, oder von dem Garten, der einst der Hof einer großen Schlachterei gewesen ist. Natürlich weiß Kohoutek, daß die Angewohnheit, seinen jeweils derzeitigen Freundinnen von seinem Heimatort zu erzählen, nicht nur eine unerträglich sentimentale Angewohnheit ist. Kohoutek weiß, daß diese Angewohnheit auch eine Verderben bringende Angewohnheit ist. Sei wie es sei, in dem jetzt eingetretenen Fall, denkt Kohoutek, während er seine derzeitige Freundin dabei beobachtet, wie sie durch den Garten geht, im Falle dieser unvorstellbaren Geschichte habe ich guten Grund zu denken, daß dies mein Verderben ist. Ich hätte ihr ganz entschieden nicht vom Teschener Ländchen erzählen, ihr kein Wörtchen über mich selbst sagen, ihr keine Adresse, keine Namen geben und mich auf nichts einlassen und mich nicht in ihrer verrückten Gesellschaft aufhalten sollen.

Wie vergeblich, wie rhetorisch hohl und von welch, zum Glück, kurzer Dauer war Kohouteks Klagen. Es war ein Fehler gewesen, in den Bus der Schnellinie A zu steigen. Ein Fehler, Tausende von Malen zwischen beiden Orten hin- und herzufahren. Ein Fehler, Fragen zu stellen, insbesondere die erste Frage. Verzeihen Sie bitte, was lesen Sie da? Es war ein Fehler gewesen, das zentrale Nervensystem durch eine Überdosis Welt zum Einstürzen zu bringen. Ein großer Fehler.

Kohoutek hörte, vielleicht auch flüsterte er die ersten Strophen eines großen Klagelieds. Die Erinnerung an das leviathanische Innere des Busses der Schnellinie A, in der er das Mädchen zum ersten Mal erblickt hatte, ging ihm durch den Kopf, nicht mehr. Für eine Fortsetzung des Klagelieds, und wäre es stilistisch noch so schön, war keine Zeit. Kohoutek betrachtete seine durch den Garten kommende derzeitige Freundin, sein Gehirn jedoch arbeitete mit mörderischer Präzision. Kohoutek überlegte, ob einer der Hausbewohner das Mädchen schon bemerkt haben mochte.

Kohouteks Mutter konnte Kohouteks derzeitige Freundin bemerkt haben. Es konnte sie Kohouteks Vater bemerkt haben. Es konnte sie die Frau des Pastors oder der Pastor bemerkt haben. Es konnte sie Pani Wanda oder die Mutter von Pani Wanda bemerkt haben. Es konnte sie der Besitzer der Schneiderwerkstatt bemerkt haben. Es konnte sie Ohma, Kohouteks Großmutter, bemerkt haben. Der Herr Vorsteher, Kohouteks Großvater, konnte, wenn er die Luft tief einsog, gleichzeitig die Gewißheit erlangt haben, daß jemand Kohoutek Nahestehendes im Garten sei. Auch Kohouteks Kind konnte Kohouteks derzeitige Freundin gesehen und es konnte sie Kohouteks Frau erblickt haben. Alle konnten sie bemerkt haben. Doch mit ein bißchen Glück, oder eher mit riesig viel Glück, konnte niemand sie bemerkt haben.

Seit dem Morgen, oder genauer, seit dem gestrigen Abend, war die Aufmerksamkeit der Hausbewohner durch ein von Ohma, Kohouteks Großmutter, irgendwo verstecktes Zweiliterglas mit Rindsknödeln in Anspruch genommen. Die Sache drängte, denn die Knödel hatten eine Haltbarkeit von nur acht Tagen. Seit dem Kauf waren bereits zwei Tage vergangen. Die Zeit lief unerbittlich auf endgültige Formulierungen zu: Ein Zweiliterglas mit Rindsknödeln, deren Verfallsdatum überschritten wird, bedeutet die in schwefeligen Flämmchen explodierende Ewigkeit.

Auf die Spur der sang- und klanglos verschwundenen Knödel hatte die Hausbewohner des Pastors Frau gebracht, als sie beim Nachtmahl gefragt hatte, was mit den Knödeln sei. »Mit welchen Knödeln?« hatte Kohouteks Mutter auf die Frage mit einer Frage geantwortet. Mit den Knödeln, die ich gestern gekauft habe, denn sie haben eine Haltbarkeit von nur acht Tagen, und zwei Tage sind schon verstrichen.

»Ohma«, Kohouteks Mutter saß neben Oma, Kohouteks Großmutter, und wiederholte, wegen Ohmas Taubheit, gewöhnlich alles nochmals laut und deutlich, was bei Tisch gesagt wurde. Kohoutek, den man schwerlich einen unvoreingenommenen Zeugen der Ereignisse nennen konnte, kam es denn auch immer vor, als herrsche unter den Hausbewohnern ein geheimnisvoller Brauch, Fragen von Mund zu Mund weiterzugeben.

»Ohma, was ist mit den Knödeln, die die Frau des Pastors gestern gekauft hat? Ich frage, weil sie eine Haltbarkeit von nur acht Tagen haben.«

»Die sind im Kühlschrank«, erwiderte Ohma.

Das war gestern, doch Kohoutek erinnert sich noch gut daran, so als hätte es sich heute zugetragen. Kohoutek sieht sich selbst: Ja, da ist er! Kohoutek steht vom Tisch auf, begibt sich zur Speisekammer, öffnet den Kühlschrank und schaut hinein. Unzählige Gerichte befinden sich auf den von polarem Schein erhellten Regalen, doch die Rindsknödel sind mit Gewißheit nicht darunter.

Als klar war, daß die Knödel sich auch nicht an anderen gewöhnlichen Sterblichen zugänglichen Stellen befanden, wurde für alle offensichtlich, was sie sowieso schon vermutet hatten. Die Knödel mußte das Schicksal der Frankfurter Würstchen, der Klopse, der Schnitzel, der geräucherten Hähnchen, des Bratens, der Kuddeln, der Wurst und vieler anderer Nahrungsmittel ereilt haben, die Großmutter rastlos und grundsätzlich unwiederbringlich versteckt hatte.

Die gestrigen Ereignisse gehen Kohoutek noch einmal durch den gegen die Scheibe gelehnten Kopf. Obgleich es gestern gewesen ist, kommt es Kohoutek jetzt so vor, als wäre es vor vielen Jahren passiert. Die Suche hatte den ganzen gestrigen Abend und den ganzen heutigen Vormittag angedauert. Je mehr Zeit jedoch verstrichen war, desto mehr hatte sich unter den durch die Erfolglosigkeit ihrer Tätigkeit ungeduldig gewordenen Suchern Demoralisierung breitgemacht. Gespenstische Anzeichen von Apathie, Unlust, ja Auflehnung gar, waren allmählich über den Köpfen der Hausdurchsucher aufgezogen.

Die Frau des Pastors hatte, um die Wahrheit zu sagen, überhaupt nicht an der Suchaktion teilgenommen. Gleich nach dem Essen, das aus Pilzsuppe mit Nudeln, Kalbsfrikadellen, Rohkost aus Blaukraut, Kartoffeln sowie Kirschkompott bestanden hatte, war die Frau des Pastors, gleich nachdem sie den letzten Bissen verschluckt und den Kern der letzten Kirsche elegant auf den Unterteller gespuckt hatte, aufgrund des ganzen Wirbels böse und ungeduldig geworden, aufgebrochen und zum Treffen des Frauenkreises ins Gemeindehaus gefahren. Der Pastor hatte erklärt, er würde nachschauen, ob das Einmachglas nicht etwa hinter den Büchern in seinem Arbeitszimmer versteckt sei. Mit etwas übertriebener Emsigkeit hatte er die weiß lackierte Tür hinter sich zugeschlagen, und augenblicklich war es dort grabesstill geworden, was untrüglich belegte, daß den Pastor wieder die Eingebung überkommen hatte, und er in ungewöhnlicher Hast, Buchstaben und Wörter verschluckend, eine seiner flammenden Predigten schrieb. Ohma, die die Knödel versteckt hatte, war irgendwo an einem unbekannten Ort, oder eigentlich an einem bekannten, vermutlich nämlich da, wo sie immer war. Kohouteks Frau lernte Fremdsprachen. Kohouteks Kind schaute sich Satellitenfernsehen an. Großvater schlief den gierigen Schlaf eines Blinden, dem es allein im Schlaf gegeben ist, das eine oder andere zu sehen.

Aus dem vom Besitzer der Schneiderwerkstatt gemieteten Zimmer drang das gleichmäßige Surren der Nähmaschine, Pani Wanda spielte auf dem Klavier, während Wandas Mutter ihr durch das Schlüsselloch nachspionierte, denn es kam vor, daß Pani Wanda statt zu üben einfache Stückchen aus dem Gedächtnis spielte und dabei einen auf dem Notenpult ausgebreiteten Liebesroman las – mit einem Wort, es war wie immer.

Einzig Kohouteks Eltern hatten die Suche nicht aufgegeben. Im Augenblick jedoch waren sie auf dem Dachboden. Von oben war das Rücken von Möbeln zu hören, das Quietschen von Schränken, die geöffnet oder von Schubladen, die aufgezogen wurden – unverwechselbare Laute, die mit dem Öffnen geheimster Verstecke einhergehen. Kohoutek kannte die Gründlichkeit seiner Alten und wußte gut, daß sie ihre Köpfe nicht so bald heben und durch das Fenster schauen würden.

Es war in der Tat keine Zeit mehr zu verlieren.

Kohouteks derzeitige Freundin kam durch den Garten, der einstmals der Hof einer großen Schlachterei gewesen war. Auf dem Rücken schleppte sie einen vollgepackten Rucksack, während sie hinter sich einen Koffer voller Bücher zog.

Kohoutek rannte ins Erdgeschoß und huschte lautlos durch den Flur, in der Wandverkleidung schob er ein Brett zur Seite und gelangte durch ein geheimes Schlupfloch, das er zum letzten Mal vor dreißig Jahren im Verlauf unzüchtiger Kinderspiele benutzt hatte, auf die Veranda. Der Duft der Äpfel hatte die Intensität eines Donnerschlags im Herbst. Kohoutek öffnete vorsichtig die orangefarben verglaste Verandatür, und seine Füße landeten auf dem kraftlosen Novembergras. Das Haus umrundend, strebte er wie von fremder Hand geleitet dem apokalyptischsten Rendezvous seines Lebens entgegen.

*Aus dem Polnischen von Albrecht Lempp*

Jerzy Łukosz

# Der Rattenfänger von Regensburg

»Morgen bringe ich Ihnen etwas zu essen.«

Aber am nächsten Tag war ich nicht mehr da. Eine amerikanische Patrouille hatte mich mitgenommen und in ein Lager für hiesige Kriegsopfer eingewiesen. Die Proteine der Alliierten ließen mich rasch wieder zu Kräften kommen. Ich gewann meine körperliche Wendigkeit zurück, und meine Glieder gehorchten wieder meinen Befehlen. Meine Nachtblindheit legte sich, und ich brauchte keine Brille mehr. Meine Ohren nahmen den größten Teil der Hochfrequenztöne wahr, während meine Stimme ohne größere Anstrengung imstande war, die ersten Töne der Rattenfängeroktave zu erklimmen.

Den Zeitpunkt des Einmarsches der Ratten in den Keller des St. Emmeram-Schlosses sah ich mit einer geringfügigen Abweichung von wenigen Stunden voraus. Sogar ohne mich in die Nähe des Schloßtores zu begeben, wußte ich ganz genau, daß dort durch die Kanäle die ganze graue Masse der geschwänzten Geschöpfe auf eine weder besonders anmutige noch diskrete Weise zusammenströmte. Das hatte ich aus der Richtung ihrer lebhaften Wanderbewegung gefolgert, die sich entlang der Rinnsteine in den Straßen vollzog. Wohlgemut beobachtete ich nun ihren Drang zu den fürstlichen Speichern, den einzigen in der Stadt, die noch gefüllt waren.

Mein Körper war leicht und behende, ich hatte das Gefühl, mit ihnen in diese unterirdischen Reichtümer eindringen zu können, wobei ich mir, ähnlich wie einige von ihnen, das flache Fundament unter den vier Windfängen zunutze machen würde, um einem Bad in den Fäkalien zu entgehen.

Ich wartete noch ein paar Tage ab, während derer ich vergeblich in den engen Straßen nach dir suchte und unter dem Tor des Hauses Nummer 38 nach dir Ausschau hielt. Zu diesem Zeitpunkt mußte im Schloß bereits Gewißheit über die Invasion bestanden haben.

Das konnte ich auch sogleich von den Gesichtern der Personen ablesen, denen ich mich an der Tür mit der beruhigenden Grimasse des Sachverständigen als Rattenfänger zu erkennen gab. Nach meinen Haynauer Erfahrungen wußte ich, daß sich auf den Gesichtern der von Nagern geplagten Menschen ein ungezügeltes, einfältiges Grinsen breitzumachen pflegt, ähnlich dem auf den Gesichtern von Kindern in Erwartung des heiligen Nikolaus, wenn dieser höchstpersönlich auf der Schwelle erscheint.

Ich hatte ein wunderbares Gefühl in dieser Oase des Wohlstands, in dieser vom Krieg unberührten Halle, inmitten der Spiegel, Statuen und alten Uhren, die eine andere Zeit anzuzeigen schienen. Ich war verwundert über dieses Schloßabenteuer: Schließlich waren die meisten Schlösser ja gerade in Rathäuser verwandelt worden. Ich war verwundert über dieses fürstliche Abenteuer: Schießlich hatten die Revolutionen ja den Fürsten ein Ende gesetzt. Das war der Anfang einer Lehre der Verwunderung, die ich durchmachte, und von da an hörte ich nicht mehr auf, mich zu wundern.

Die fürstliche Dienerschaft tischte mir zuerst auf, bis ich satt war, damit man mich bei meinem Gang in die Vorratskammern überhaupt aus den Augen lassen konnte. Ich verlangte nach detaillierten Plänen des Palastes, einer Aufstellung der bereits von den Ratten angerichteten Schäden sowie einer Anzahlung in Höhe von eintausend amerikanischer Dollar. Ich wußte nur zu gut, daß ich nach einem solchen »dictum« vor die Türe gesetzt würde. Während ich also vorgab, ruhig auf die Erfüllung meiner Bedingungen zu warten, beschäftigte ich mich in Gedanken schon mit der Frage, unter welcher Brücke ich die kommende Nacht verbringen sollte. Die Invasion mußte allerdings von noch größerem Ausmaß sein, als ich angenommen hatte, denn anstatt mich auf der Stelle durch die Küchentür hinauszuwerfen, begab sich der Verwalter hinauf in die Salons, um die fürstliche Entscheidung einzuholen. Er kam kurz darauf zurück und wies mir, wie ich es nicht anders erwartet hatte, die Tür. Zum Abschied ließ ich sie wissen, wo ich zu finden sei, sollte es sich erweisen, daß ich trotz allem gebraucht würde.

Eine Woche später hielt ein Automobil mit dem Löwen und der Krone des Geschlechts derer von Thurn und Taxis vor den Stufen, die zum Tor des Hauses Nummer 38 führten. Mit einer höflichen Geste forderte mich jemand auf einzusteigen. Ich dachte bei mir, daß eine solche Geste das Minimum an Höflichkeit sei, was der Familie Kiwus seitens derer von Thurn und Taxis zustehe. Just in dem Augenblick, als ich in der Limousine Platz nahm, deren Türen mit den Buchstaben TT geschmückt waren, tratest du aus dem Tor, blaß wie nach einer Krankheit und in ein Tuch gehüllt. Durch die Scheiben des Autos schenkte ich dir ein strahlendes Lächeln und winkte dir mit der Hand. Du erwidertest das Lächeln nicht, die Szene mußte dich allzusehr verwundert, meine Verwunderung mußte sich dir für einen Augenblick mitgeteilt haben. Du machtest nur mit der Hand ein unsicheres Zeichen, das eher einer Erwiderung meiner Verwunderung als einem Gegengruß auf mein Winken glich.

Im Schloß zeigte man mir einen Umschlag mit dem verlangten Geld und fragte mich, wie der Begriff »Anzahlung« zu verstehen sei, den ich beim vergangenen Mal zu benutzen geruht hatte.

»Wörtlich«, anwortete ich. Das eigentliche Honorar belaufe sich im Erfolgsfall auf fünftausend Dollar.

Nach einer kurzen Beratung in den oberen Räumen warf man mich ein zweites Mal hinaus. Dieses Mal war es Fürst Johannes persönlich, ein äußerst sympathischer und über eine vermeintliche Unverschämtheit sichtlich amüsierter junger Mann von etwa neunzehn Jahren, der mich vor die Tür setzte. Mit der Gelassenheit des Profis warnte ich ihn, daß ich mich unterdessen anderweitig verpflichten könnte, während für sie die Lage ohne mich in kurzer Zeit schwierig, übel, ja unerträglich werde. Es war für mich jetzt ganz deutlich zu hören, was sich nicht nur im Untergrund abspielte, sondern auch in Höhe des Paterre, wo man mich empfangen und von wo man mich nun zum zweiten Mal wieder hinausgebeten hatte. Ich hörte, wie das Höllengetrappel und -geraschel die Erde unter meinen Füßen zittern und dröhnen ließ. Die Zahl der blindgeborenen Nager schätzte ich bereits jetzt auf mehrere Hundert. Den Bewohnern des St. Emmeram-Schlosses sagte ich allerdings weder etwas über die außergewöhnliche Gier der Kriegssorte noch über ihre Fortpflanzungsfähigkeiten, die dazu führen würden, daß sich die Anzahl dieser hellrosaschwänzigen Exemplare in kurzer Zeit vervielfachen würde. Im Hinausgehen ließ ich nur dem Fürsten gegenüber kurz den Hinweis fallen, wo ich, trotz allem, zu finden sei, nicht ohne ihn gleichzeitig zu warnen, daß ich diesmal vielleicht nicht mehr dort sein würde.

Erst drei Wochen später konnte ich von der billigen Schlachterei gegenüber dem Tor des Hauses Nummer 38 beobachten, wie die Limousine mit Löwen, Krone und den Buchstaben TT auf den Türen vor dem leeren Treppenaufgang anhielt. Fürst Johannes persönlich stieg aus, schaute sich um, zündete sich eine Zigarette an. Ich hatte den Verdacht, daß man im St. Emmeram-Schloß inzwischen seine Erfahrungen mit einem billigen Rattenfänger gemacht hatte. Ein billiger Rattenfänger nämlich vergiftete einen Teil – und zwar den dümmsten – einer Gattung mit Arsen, woraufhin sich eine Variante entwickelte, die nicht nur immun gegen das glasige Pulver, sondern zudem klüger, zahlreicher und noch gefräßiger war. Ich konnte nicht einmal jemandem meinen Verdacht anvertrauen, denn du zeigtest dich weder an der Tür noch an einem der Fenster der Wohnung.

Also sann ich allein darüber nach, während ich einen widerwärtigen Kaffee aus meinem Blechbecher trank. Wenn es sich überdies erweisen sollte, daß die Ratten bis in die Ställe hinein ihre Verwüstungen angerichtet hatten, konnte ich endlich mit der Erfüllung meiner Bedingungen rechnen und mit einem besseren Kaffee als diesem hier: Angenagte Pferde und der Verlust eines im Verlauf einer Nacht aufgefressenen Fohlens pflegen auf die Besitzer einen größeren Eindruck zu machen, als es der schlimmste Kahlschlag im Getreidevorrat, akrobatische Rattenkünste auf goldenen Himmelbetten oder eine während des musikalischen Vortrags der Frau Fürstin aus dem Flügel aufgeschreckte Ratte vermögen.

Ich wartete eine Weile ab, bis sich der fürstliche Hochmut in dem vorsommerlichen Wind etwas zerstreut hatte. Dann trat ich hinaus, um den Fürsten zu begrüßen. Ich mochte diesen jungen Burschen gern, dem die Tatsache, daß er der reichste Erbe Europas war, offenbar nicht zu Kopfe stieg. Ich war es, der zuerst die Hand zum Gruß hinstreckte, so als wäre er ein alter Bekannter. Unsere Familien, die beide auf eine fünfhundertjährige Geschichte zurückblickten, mochten, auch ohne vom gleichen Stand zu sein, schon früher einmal befreundet gewesen sein. Wir sollten noch über viele folgende Jahre einen lebhaften Briefwechsel pflegen und uns von Zeit zu Zeit in Hilton-Hotels auf der ganzen Welt treffen. In dem Augenblick, in dem wir einander die Hand schüttelten, erschienst du auf dem Treppenaufgang.

»Guten Morgen, Helene«, sagte ich.

Auch der Fürst machte eine kleine Verbeugung in deine Richtung. »Guten Morgen, meine Dame.«

Du warst so tief beeindruckt, daß du unseren Gruß nicht einmal erwidertest. Leicht verblüfft beobachtest du, wie Fürst Johannes mir, dem alten Onkelchen aus der Gosse, etwas erklärte, während ich selbst mit unbewegter, ja sogar nachsichtiger Miene zuhörte. Schließlich machte er, speziell für dich, eine Geste, die den Eindruck erwecken sollte, daß ich ihn in das Automobil, in die fürstlichen Räumlichkeiten eingeladen hatte und nicht er mich.

»Also Fürst, fahren wir, fahren wir!«

Durch das Fenster des Rolls Royce warf ich dir ein gönnerhaftes Lächeln zu und winkte herrschaftlich mit der Hand.

Unterwegs bestätigte Fürst Johannes, daß die ersten Pferde in der Tat angefallen worden waren. Es galt sich zu beeilen; um ihm Erniedrigungen zu ersparen, warf ich die Frage, ob meine Bedingungen angenommen seien, nicht wieder auf. Ich wußte, daß sie akzeptiert waren.

Im Schloß wurde ich der fürstlichen Familie, den Bewohnern und Bediensteten vorgestellt, ganz so, als wäre ich zum ersten Mal hier. Mir wurden alle Befugnisse erteilt, von diesem Moment an hinderte mich nichts mehr daran, mich völlig frei in allen Bereichen des Schlosses zu bewegen, das ich für eine gewisse Zeit feierlich zum großen Jagdgebiet erklärte.

»Welche Gifte sollen wir Ihnen besorgen?« fragte Fürst Johannes höflich. »Arsensäure zeitigt keine Wirkung mehr. Die Alliierten haben uns einen Sack Rattenpulver geschickt.«

»Überhaupt kein Gift, Fürst«, erwiderte ich. »Ich töte keine Tiere mehr, seitdem ich eingesehen habe, daß das keinerlei Nutzen bringt. Ich darf nur um einen Vorrat an Aspirintabletten bitten.«

Das Aspirin war für meine eigenen Bedürfnisse bestimmt. Die Speicher, Keller und Verliese mußte ich barfuß durchforschen, was die Gefahr einer Grippe mit sich brachte. Mit nackten Füßen konnte ich erspüren, welche Bewegung sich unter der Erde abspielte, wo die blindgeborenen Nager ihre unterirdischen Gänge angelegt hatten und von wo aus sie ihre Angriffe starteten. Ich warf einen Blick in den Stall, wo die schönen Reitpferde nervös ihre Köpfe emporwarfen; einige Fohlen fehlten. Ich schaute in die Getreidemagazine, die von Tag zu Tag leerer wurden, während die Katzen faul und überfressen herumlagen.

In den Zimmern konnte ich mich von der außergewöhnlich unerschrockenen Vorgehensweise der Eindringlinge überzeugen.

Die Ratten trippelten von einer Ecke zur anderen über das Parkett, ihre feisten Körper wiegten sich im Trab. Die lauernden, unverhältnismäßig kleinen Köpfe hielten sie gesenkt, ihre Schwänze waren fast nackt. Ihr plumper Gang und ihre etwas schweineartigen Stimmchen wirkten beklemmend auf jeden, dem ihr Anblick ungewohnt war. Mit Stöcken bewaffnet, jagten die Kammerdiener sie unter hysterischem Geschrei. Die schweren männlichen Ratten ließen sich leicht erschlagen. Die wendigeren machten sich nichts aus dem Tod ihrer Stammesgenossen, der keinerlei Abschreckungseffekt auf sie hatte: Sie betrachteten ihn als ein Gesetz der Natur, gegen welches sich aufzulehnen müßig gewesen wäre. Ich beobachtete sie in ihren Ruhephasen, wenn sie, in die Vorhänge gekrallt, wie graubraune Broschen unmittelbar unter der Deckenwölbung hingen und ihren Rattenträumen von uns nachhingen. Ich schaute zu, wie sie, die spitzen Schnauzen nach oben gereckt, in den Brunnenbecken schwammen, wobei sie ihre Schwänze als Steuerruder benutzten. Vor jedem Kinderzimmer standen jeweils mehrere Kammerdiener mit Stöcken und Schmetterlingsnetzen: Die Ratten gelangten trotzdem hinein – durch die Kamine. Und wo keine Kamine waren, kamen sie offenbar durch die Wände. Die Bewohner des Schlosses gingen in Gummistiefeln, nicht selten stürzten sich die Nager mit wütendem Kreischen auf die Waden der Mitglieder der fürstlichen Familie sowie auf die der Bediensteten der im Schloß residierenden Gäste.

Auf der Schwelle traf ich zuweilen auf hochgestiefelte Bischöfe, die dann und wann dem unglückseligen Schloß einen Besuch abstatteten, um die dreihundert Säle und zweihundert übrigen Gemächer sowie die labyrinthartigen Unterkeller, in die allerdings nur noch die Diakone hinabstiegen, mit Weihwasser zu besprengen und mit Weihrauch zu erfüllen.

Es dauerte ein paar Tage, bis ich mir ein Bild von der Verteilung der Ratten gemacht hatte, bis ich herausgefunden hatte, welche Sippe wo saß, ihre Rangordnung kennengelernt und ihren Patriarchen meinen Gruß entboten hatte, bis ich ihren Ultradialekt erlernt, den Stand ihrer Aushungerung, die Fortpflanzungsgeschwindigkeit und ihren Aggressionskoeffizienten eingeschätzt hatte. Einer flüchtigen Analyse ihrer Ausscheidungen konnte ich entnehmen, daß ihre Körper Gegengifte für Arsensäure enthielten. Das stümperhaft mit Gift getränkte Brot lag überall herum, ohne daß die Ratten es anrührten.

Vor nicht allzu langer Zeit hatte ich entdeckt, daß es bei den Wanderratten Familientraditionen gab, die sich über mehrere Generationen bewahrten. Das vom Vater auf den Sohn vererbte Wissen betraf die Gefahren, die bestimmte Gifte darstellten.

Ich lag in den Kellern herum, die bedeutend weniger bequem waren als die fürstlichen Gemächer, und hatte Mühe, diese unterste Ebene der Verständigung mit den Nagern zu erreichen, die mir zumindest einen Schutz vor Bißwunden gewährte. Ich legte mir einen der beiden Gerüche zu, die mir zur Auswahl standen, und nahm die Verhaltensweise meiner neuen Familie an. Nach einiger Zeit begannen sie in bestimmten Teilen des Schlosses, mich als einen der ihren zu betrachten. Ich mußte nur bedingungslos die Grundregeln des Zusammenlebens beachten. Wenn ich eine einzige davon verletzt hätte, wäre ich innerhalb einer Viertelstunde in ihren kleinen Schnauzen verschwunden.

Fürst Johannes beobachtete mich dabei, wie ich um die Futterplätze strich. In eine bodenlange, schleppende Pelerine gehüllt und mit einer Handlaterne ausgestattet, folgte er mir über wenige einsame und gefährliche Routen in die unterirdischen Bereiche; im schrägen, unruhigen Strahl der Laterne nahm sein Gesicht mephistophelische Züge an. Ich sah den Schatten seiner geflügelten Gestalt, der lautlos durch die auf verschiedenen Ebenen gelegenen Keller streifte, über die feuchten, mit Moos überzogenen und von Pilzen bewachsenen Wände glitt.

Wir trafen uns an einer verborgenen Lagune, von deren Existenz der Fürst bisher nichts gewußt hatte. Es war ein unterirdischer schlummernder See, in dem es weder Pflanzen noch Fische gab. In seiner Mitte erhob sich ein kleines, felsiges Inselchen. Der Fürst stellte die Handlaterne auf einem Felsvorsprung in seiner Höhe ab und nahm schweigend neben mir Platz. Das Licht der Laterne, das über das Wasser hinweg auf das schieferartige, unregelmäßig geneigte Gewölbe fiel, spiegelte sich vielfältig im Wasser wider, wie Brechungen von den einstürzenden Wänden eines Spiegelsaales.

»Wie kommt die Arbeit voran?« fragte er.

»Ich brauche noch etwas Zeit«, erwiderte ich.

Er nickte verständnisvoll. Dann nahm er eine Schachtel Zigaretten aus der Tasche und bot mir eine an.

»Ich bitte um Verzeihung, Fürst, aber ich darf meinen unmenschlichen Geruch nicht aufs Spiel setzen. Sonst werde ich die Ratten nicht vertreiben können.«

Er steckte die Schachtel wieder weg und verzichtete selbst darauf zu rauchen. Er verschränkte die Hände über seinen hochgezogenen Knien. Ich spürte, daß ihm die Entdeckung der Lagune Freude bereitete. Vielleicht sann er jetzt schweigend über einen Namen für sie nach.

»Es ist still hier«, ließ er sich nach einer Weile vernehmen.

»Nur deshalb, Fürst, weil die Ratten hier ruhiger sind«, erinnerte ich ihn. »Hier ist ihr Zuhause.«

»Das stimmt nicht«, empörte er sich. »Hier ist mein Zuhause. Sowohl dort oben als auch hier unten bei der Lagune.«

Darauf erwiderte ich nichts. Ich stellte mir vor, der Fürst sei eine Fledermaus. Er erhob sich mit seiner schwarzen Pelerine wie auf Flügeln, streifte tief über das Wasser der Lagune, um dann wieder auf den Stein an meiner Seite herabzustoßen. Jetzt erhob ich mich auf Fledermausflügeln über ihn. Er betrachtete mich dabei mit jenem Blick, mit dem Fürsten gewöhnlich Menschen niederen Standes bedenken, die etwas verroht und zu Absonderlichkeiten geneigt sind. Der fürstliche Kopf hob sich, sein Gesicht fing den schrägen Widerschein der Laterne auf, der von dem Schieferstein fiel. Das Licht- und Schattenspiel ließ seine Wangenknochen stark hervortreten und verzerrte die Augenwinkel bis in die Schläfen hinein. Wieder erschien er mir einen Augenblick lang als Mephisto in seinem unterirdischen Reich, wobei ungewiß war, ob dieses Reich uneingeschränkt sein Besitz war.

»Möchten Sie mir vielleicht bei einem bestimmten Experiment Gesellschaft leisten?« fragte ich.

Der Fürst stimmte ohne Zögern zu. Das Experiment erforderte keine größeren Vorbereitungen. Ich mußte mich nur in den gegenüberliegenden Brokatflügel des Schlosses bemühen, um ein dort ansässiges, fremdstämmiges Rattenexemplar in die Lagune zu verpflanzen.

»Bitte treten Sie dort auf diese erhöhte Terrasse, Fürst.« Ich wies ihm den am besten geeigneten Beobachtungsplatz. Als ich nach einer Viertelstunde mit einer kräftigen männlichen Ratte zurückkehrte, beugte sich der Fürst schon von dem hochgelegenen Felsvorsprung wie aus einer Opernloge herab.

Ich stieg ins Wasser, das mir bis zur Brust reichte, und watete mit dem Rattenmännchen, das Schläfrigkeit vortäuschte, zu der felsigen Erhebung in der Mitte. Ich setzte es auf der wenige Zoll großen Fläche ab, deren Ränder es sogleich wachsam abschnüffelte, um sie dann durch mehrfaches Pinkeln an verschiedenen Stellen in Besitz zu nehmen. Ich kehrte zum Fürsten aufs Festland zurück, schnappte ohne Schwierigkeiten eine hiesige, kleinere Ratte und stieg mit dem zweiten Tier in der Hand wieder ins Wasser. Dieses zweite Exemplar, das einer anderen Sippe angehörte, setzte ich ebenfalls auf dem Inselchen ab und ergriff dann so schnell wie möglich die Flucht. Ich brauchte etwa eine Minute, um zu der fürstlichen Loge auf dem Felsvorsprung zurückzukehren, gerade so lange, wie die Stille vor dem Sturm andauerte.

»Jetzt können Sie in Ruhe rauchen«, sagte ich. Selbst schüttete ich mir ein paar Aspirintabletten auf die Hand und schluckte sie. Der Fürst hatte seine Zigarettenspitze noch nicht in den Mund gesteckt, als das kräftige, fremdstämmige Rattenmännchen, das ich eben aus dem Brokatflügel herbeigeschafft hatte, mit ohrenzerreißendem Kriegsgeschrei das hier ansässige, nicht allzu kräftige Exemplar angriff. Ich bemerkte, daß der Fürst leicht erschauerte. Um ihn etwas zu erheitern, stieß ich unmittelbar an seinem Ohr einen ebensolchen rättischen Angriffsschrei aus und brach dann in lautes Lachen aus. Die Lagune antwortete mit einem zum Stöhnen verzerrten Echo und, verborgen in der Finsternis, einer Vielzahl von vorwurfsvollen Blicken.

Der ortsfremde Kraftprotz versetzte zuerst dem hiesigen Schwächling ein paar Tritte mit den Hinterpfoten. Jedesmal raffte sich der Hiesige in unterwürfigem Schweigen von seinem Sturz wieder auf und verharrte in gespannter Reglosigkeit. Nach einer Weile allerdings hielt der fremde Kraftprotz die Zeit für gekommen, mit seinem Gegner entschlossener zu verfahren. Er rannte auf ihn zu und schlug seine Zähne erbarmungslos tief in dessen feuchtes, gesträubtes Fell. Nach diesem Biß sprang der Schwächling zum entgegengesetzten Ende des Inselchens und stieß ein durchdringendes Quieken aus, in dem sich Klage und Zorn mischten.

Im gleichen Moment ertönte dieses Quieken über der ganzen Lagune, drang aus den dunklen Buchten, den benachbarten Felsvorsprüngen, ja selbst aus den Winkeln unserer eigenen Loge an unsere Ohren. Der Fürst zündete sich die nächste Zigarette an, nachdem er die erste kaum zur Hälfte geraucht hatte, und blickte mich fragend an.

»Das ist die hiesige Sippe«, erklärte ich.

Der Widerschein des Lichts von der fürstlichen Laterne, der bisher ruhig auf dem Wasser gelegen hatte, geriet in Bewegung, noch bevor der Aufschrei der solidarischen Entrüstung ertönt war. Der Spiegel des unterirdischen Sees trübte sich und wimmelte im Nu von Rattenkörpern, die mit Hilfe ihrer fleischigen Schwänze das Inselchen ansteuerten. Die Insel verwandelte sich von einem Stückchen Festland zu einem beweglichen Gebilde; sie war jetzt ein Knäuel struppiger Körper, aus dem nur noch einsam die verzweifelte, ersterbende Stimme jenes ortsfremden Kraftprotzes drang, die der Fürst und ich vor nicht allzu langer Zeit im aggressiven Triumphgesang gehört hatten.

»Das ist eine alte holländische Methode gegen Ratten«, belehrte ich den Fürsten. »In Häusern, die kleiner sind als das Ihre, mußten die Brunnenschächte hohe, steile Wände haben, damit die Nager, die einem Stammesgenossen zu Hilfe eilten, nicht mehr aus dem Wasser herausgelangten und darin ertranken. Hier hingegen kehren alle, wie Sie sehen können, wieder dahin zurück, wo sie hergekommen sind, ohne Schaden zu nehmen.«

»Und diese Methode beabsichtigen Sie anzuwenden?« fragte der Fürst.

»In gewisser Weise ja«, antwortete ich. »Es gibt keine bessere Methode als ihren eigenen Zorn. Die beste Methode gegen sich haben sie selbst. Und sowohl mein Gewissen als auch meine Hände bleiben dabei rein.«

»Sprechen Sie weiter!« Der Fürst war schon ganz von meinem Köderspiel gefangengenommen, das ich für sein Geld mit den Ratten durchführte.

»Es verhält sich so, Fürst, daß Ihr Schloß zwei große Sippen beherbergt, deren Koexistenz auf längere Sicht unmöglich ist. Die eine, im Brokatflügel, den vorderen Sälen und den Schlafgemächern der älteren Damen, hat etwa zweihundert Säle sowie einhundertundfünfzig Küchen-, Speicher- und Stallräume besetzt. Die anderen hingegen hausen im Azurflügel, auf den drei Etagen des weißgoldenen Flügels mit Ausnahme der Bibliothek, sowie in etwa einhundert Garderoben und Gasträumen, einer Reihe von Jägerstuben und fünfzig Kabinetten und Damenzimmern sowie allen Souterrain- und Kellergeschossen einschließlich unserer Lagune. Natürlich kennen die Mitglieder dieser beiden zahlreichen Sippen nicht jeden ihrer Vettersvettern, sie spüren nur seinen Geruch. Auf den Geruch einer anderen Sippe reagieren sie mit blutrünstiger Aggression. Ich möchte nun eine Schlacht zwischen diesen beiden Sisppen anzetteln, um mich nach dem Sieg des Stärkeren nur noch mit den einigen hundert Überlebenden befassen zu müssen. Diese lassen sich dann mit einem üblen Geruch vertreiben. Ich werde mit ihnen so verfahren, wie sie vielleicht in einer nicht mehr fernen Zeit mit uns verfahren werden. Haben Sie, Fürst, gestern die Zeitungen gelesen? Angeblich haben in Japan nur die Ratten die Bombe der Amerikaner überlebt. Wie gefällt Ihnen meine Idee, Fürst?«

*Aus dem Polnischen von Esther Kinsky*

Iwona Mickiewicz

# Ihr trinkt gierig den Wein …

Ihr trinkt gierig den Wein aus meinem Schoß
Der Geruch meines Fleisches reizt eure Augen
Mein Hundeatem hat immer zur Lüge gezwungen
Meine grellen nackten Brüste zum Verrat
Orpheus jammerte Tag und Nacht an meiner Tür
Ergrauende Herren mit Kinnbärten wie reife
Wassermelonen
Gaben die letzten Mandate ab
Um den Fleck auf meinem Laken zu sehen
Die Cäsaren sprachen mich frei
auf daß sie das Feuer unter den Bäuchen verschlinge
Größer größer als ihr Cäsarentum
Es genügt schon ein Stückchen entblößter Schenkel
Ein Stückchen Zunge flink wie ein Salamander
Und die langwährende Ruhe braust auf
Und immerfort fällt Troja
Und Unschuldige kommen um

*Aus dem Polnischen von Bettina Eberspächer*

Janusz Rudnicki

# Meine Abenteuer mit Menschen oder wie ich als Statist und Rezensent tätig war

## Brief aus Hamburg

Den sechsten Brief diktiere ich einer Krankenschwester, Schwester Joanna, deren goldenes Herz, Opferbereitschaft und Barmherzigkeit sie dazu veranlassen, abends zu mir zu kommen, Stift und Papier in die Hand zu nehmen und dann zum Zeichen, daß sie schon bereit ist, zustimmend zu nicken.

### Was passiert ist

Ihrem Korrespondenten wurden drei Rippen gebrochen. Vor dem Kino *»Abaton«*. In Hamburg. Meine Sätze sind kurz. Ich bin ein Mann. Ich darf nicht jammern. Ich schreibe mit zusammengebissenen Zähnen. Nicht allen. Denn wenn Sie fragen, ob das alles ist, antworte ich, nein. Das ist nicht alles.

Ich erklärte es sofort; Platzwunde linke Augenbraue, Brillenhämatom, Fraktur des Nasenbeins, Blutung aus linkem Ohr und Oberlippe, Pupillendifferenz, Parese der rechten Hand, spontaner Stuhl-/Urinabgang, oben links der erste und oben rechts der zweite ausgeschlagen.

### Wie es passiert ist

Steine. Steinigen wollten sie mich. Dann bekam ich eine Faust ins Gesicht. Dann gingen sie über mich weg.

### Warum

Eben. Wie kam es dazu, daß ich, ein passionierter Statist, aufgrund von Verunstaltungen, die mit bloßem Auge erkennbar sind, von meinem Beruf Abschied nehmen muß?

Gehen wir alle, samt Schwester Joanna, viele Jahre in die Vergangenheit zurück, als im Morgengrauen auf dem Bahnhof in Kędzierzyn ein Grüppchen junger Leute erschien. Sie alle kauften eine Fahrkarte zu derselben Station, und alle stiegen bald darauf in Auschwitz aus, denn alle hofften auf ein großes Abenteuer beim Film. Schon oft hatten wir, denn auch ich war unter ihnen, gehört, daß dort fast jeden Tag immer wieder neue Filmteams auftauchen, das heißt, fast jeden Tag werden dort Filme gedreht. Echte, mit Schauspielern und Statisten.

Ach, niemand von uns träumte von einer Karriere als Schauspieler, allein schon Statist zu werden, bedeutete für uns, auf Gottes Knien zu reiten.

## Zwei Stufen

Ich werde Sie nicht mit Einzelheiten langweilen, es genügt, daß es nur mir gelang, dem magersten aus der ganzen Gruppe, und Grzesiek Hnaupek, wegen seiner langen Arme. Er mußte sich nach einer Schubkarre überhaupt nicht bükken. Vor der Kamera sah er mit ihr aus, als ob sie es wäre, die ihm die Arme in die Länge zieht, das heißt, als kennten sie sich nicht erst seit heute, worum es dem Regisseur wahrscheinlich ging.

Sie rasierten mir also den Kopf, ich bekam Häftlingskleidung, und so begann mein Leben als Statist.

Die Arbeit als Statist ist relativ einfach, man muß sich nur ein paar Regeln merken, genauer gesagt, eine – guck nicht in die Kamera. Das ist die erste Stufe der Einweihung in die Geheimnisse des Statistendaseins. Die zweite ist – kombiniere selbst. Auch wenn der Regisseur dir keinerlei Anleitung gibt, nur sagt, ›geh von dem Zimmer in das‹ oder ›setz dich an den Tisch an der Wand‹, versuch immer, deiner Rolle irgendeinen Farbtupfer zu geben. (...)

## Der Hammer

Als Sternstunde meiner Arbeit betrachte ich das Fallenlassen eines Hammers. Ich mache eine Nachmittagsserie, schon in Hamburg, der Regisseur sagt zu uns, ›o-kej, da habt ihr eine Leiter, einen Hammer und Nägel, einer nagelt Kreppapier an, der Rest dekoriert die Tür. Und daß es mir dabei laut zugeht, ausgelassen, mit Witzen, eben wie bei Malochern, wenn die Schicht zu Ende geht. Dann kommt euer Chef rein, und ihr haltet den Mund‹. Kamera, Klappe, die und die Szene, ›*Bitte!*‹, und wir legen los. Witzeleien, Gelächter, ich stehe auf der Leiter und hämmere, der Chef kommt herein. Er macht den Mund auf, will etwas fragen, und ich rums den Hammer auf den Boden! Rrrums! Der Schauspieler war ein Profi, er schielte zu mir herüber und sagte seinen Text auf, die Statisten auch, sie taten so, als müßten sie sich das Lachen verbeißen, nur der Toningenieur bekam einen Schreck, aber der Regisseur ließ weiterdrehen. Die Szene war im Kasten, Stille. Der Regisseur kommt auf mich zu und drückt mir vor allen die Hand. Die anderen klopfen mir auf die Schulter, ich sage, sie sollten nicht übertreiben, aber bin stolz, und es tut mir nur leid, daß meine Kinder das nie sehen werden, wie auch? Privat wird ein Statist nicht gefilmt.

### Bei uns am Drehort

Um auf Auschwitz zurückzukommen: Die Arbeit dort war nicht leicht. Das Schubkarrenschieben war nur halb so schlimm, am ärgsten waren die Appelle. Eine endlose Steherei. Selbst wenn nicht gedreht wurde, mußte man strammstehen, weil der Regisseur sich mit den Fingern einen Bildausschnitt machte und brüllte, wenn jemand zu sehr zappelte.

Mit uns, den Statisten, war es so: Es gab die, die in der Nähe wohnten, in Auschwitz oder Umgebung, und die waren schon seit Jahren dabei. Alte Hasen, die der Regisseur mit Namen anredete und die jedem Neuen wertvolle Tips gaben, zum Beispiel, wie man marschiert, welches Gesicht man beim Kessel macht, oder wie sich Wachmänner zu bewegen haben. Das waren Experten, jeder von ihnen hatte seinen eigenen Spind, seine eigene Häftlingskluft, und sie liefen ständig kahlrasiert herum, weil so viele Filme gedreht wurden, daß sie gar nicht dazu kamen, sich die Haare nachwachsen zu lassen. Mich, den Neuzugang, schauten sie nicht mal an, sie schlenderten mit wiegenden Hüften über den Drehort und nannten sich stolz *»Filmhunde«*. Sie waren die Stars meiner Jugend, mein Hollywood, wie viele Stunden habe ich vor dem Spiegel dafür vergeudet, um mich genauso in den Hüften zu wiegen wie sie. Und als ich es schließlich gelernt hatte, sagte man in Kędzierzyn, oh, guckt mal, da geht John Wayne. Die *»Filmhunde«* verehrten wiederum die *»Edelpilze«,* das heißt jene Authentischen, die sich selbst spielten. Die Hierarchie bei uns war wie in der Kirche. Wenn wir eine Koproduktion machten, das heißt, die Deutschen zahlten, wurden die *»Edelpilze«* nach *»Kanada«* eingeladen. Zum ersten Mal im Leben sah ich jene bunten Wunderdinge aus Deutschland, solche Verpackungen, daß ich so etwas nie im Leben aufgemacht, gegessen oder getrunken hätte, wäre es mir angeboten worden. Aber mir bot niemand etwas an, und ich bedauerte, so spät geboren zu sein und nicht dieser ganzen tragischen Generation anzugehören.

## Karriere

(...)

Kaum waren ein paare Jahre vergangen, arbeitete ich schon als Statist im Westen. Ob das wirklich eine Karriere ist, müssen Sie selbst beurteilen. Ich habe schon graue Haare, die Kinder sind herangewachsen, aber ich habe hier hinter so manchen großen Namen gestanden.

Mein Ältester, Michaś, will auch Statist werden. In die Fußstapfen seines Vaters treten. *Tato,* hat er gesagt, das ist der schönste Beruf, so im Hintergrund zu bleiben und im Leben überhaupt nichts zu gelten.

Nun, es war nicht immer so, daß ich nichts galt. Manchmal galt ich auch etwas.

## Ich galt etwas

Im Hamburger Zoo, der von derselben Familie geführt wird, über die wir die Fernsehserie machten, nun denn, bekam ich eine Uniform, Epauletten und eine Mütze, ich war wer, ein Ordnungshüter *par excellence.*

Sie stellten mich neben einen Käfig mit irgendeinem Viech, und da stand ich dann, bis der Regisseur eine zehnminütige Pause anordnete, ich dachte, ich springe schnell zum Kiosk und trinke etwas, denn zum Drehort war noch nichts gebracht worden, aber der Zoo ist groß, verwinkelt, und ich fand einfach nicht zurück, in meinem ganzen Leben ist es mir noch nicht passiert, daß ich mich zum Drehort verspätetet hätte!

Ich renne um diese stinkenden Raubtiere herum und nichts, nun denn, ich beiße die Zähne zusammen, könnte heulen, und da ruft mich irgendein Weibsstück mit Kindern, ich wundere mich, aber nur kurz, sofort fällt mir die Uniform wieder ein, das kann auch nur mir passieren, sie möchte, daß ich ihr sage, was sie sehen wird, wenn sie den und den Weg lang geht, einen Dreck werde ich!

Einen Dreck werden Sie sehen, sagte ich, um mich abzureagieren, hier gibt es nichts zu sehen, gehen Sie nach Hause! Wenn man so widerliche Gören hat, die jeder Evolution hohnsprechen, dann treibt man sich nicht im Zoo herum!

Ich ließ sie in der Pose von Lots Frau stehen und ging weg, ich ging, ständig vergeblich auf der Suche, es gab niemanden, den man hätte fragen können, woher sollte ich wissen, wie dieses Viech heißt, ich gehe und gehe, oh, irgendein Arbeiter macht einen Käfig sauber und nölt und trödelt, aber wie er mich gesehen hat, legt er sofort einen Zahn zu, ah, hab' ich dich, Freundchen.

Ich komme langsam näher, mit Bedacht, bleibe vor dem Käfig stehen, er richtet sich auf, *guten Tag,* stößt er hervor, und ich nicke mit dem Kopf, aber

Leicht, gaaanz leicht,

damit der Deutsche nicht vertraulich wird, hab' ich dich, Freundchen, du wirst dich mir jetzt für den Krieg verantworten, du Mistkerl. Ich stehe da und gebe keinen Ton von mir, und der rackert und rackert, was auch sonst, racker du nur vor dem Herren-Polen für das unglückselige Los meines Landes! Racker du nur für den Toten in jeder Familie, verflixter Teufel! Er ächzte, der Schweiß lief ihm den Rücken hinunter, und ich, in Uniform über ihm stehend und nicht in zerlumpter Häftlingskleidung vor ihm, dosierte die historische Gerechtigkeit.

Du siehst also, mein Junge, was man als Statist kann. Man kann die Geschichte anhalten und ihren Lauf umkehren.

Viel Zeit ging mir für dieses Dosieren drauf, er wäre tot umgefallen vor mir, wenn ich mich nicht an den Film erinnert hätte, ich fragte ihn, wo hier der Film gedreht wird, denn ich sei Statist und hätte mich verlaufen. Mit Mühe richtete er sich auf und wies mir mit dem Arm die Richtung, ich ging weg und ließ ihn in der Pose von Lots Frau zurück.

Im Grunde beeilte ich mich nicht sonderlich, ich war unten durch, so oder so.

Natürlich, alle vollzählig da, ich sah sie schon von weitem. Das Weib mit den Gören, jemand von der Direktion und zwei solche wie ich. Schwer zu sagen, ob echte oder nicht. Weiß man's denn?

Ich gebe ab, was nicht mir gehört. Ich knöpfte die Jacke auf, zwei Bewegungen und sie glitt mir die Arme hinunter. Da, das Hemd ist auch von euch. Ich riß es auf wie Rejtan. Und die Ho..., und die Ho... wollte nicht über die Schuhe gehen, ich schüttelte sie ab und jetzt erst – die Hose ist auch von euch!

Abteilung kehrt und vorwärts marsch, hier hast du nichts mehr zu suchen.

(...)

Und zu Hause ein Brief von Kędzierzyn. Von demselben Grzegorz Hnaupek, mit dem ich so manche Nacht und so manchen Tag bei Appellen stehend zugebracht habe. (...)

Was hat mir Grzegorz Hnaupek noch geschrieben? Daß ich mir unbedingt einen bestimmten Film ansehen solle, er nennt den Titel, auf polnisch heißt er soviel wie *»Waleriana Wróbla tęsknota za domem«*. Ich würde ihn beim Kessel erkennen, er sei der viertgrößte, also dreht er wieder. Ein deutscher Produzent und ein deutscher Regisseur, das bedeutet *»kanadische«* Gagen. Ich solle bei der Szene am Kessel aufpassen, denn er zwinkere mir ganz leicht zu. Ich solle unbedingt hingehen. Und eine Rezension schreiben, weil ich gut sei. Ich ging hin, und nicht lange nach der Vorstellung lag ich im Krankenhaus. Aber zuerst die Rezension.

*Das Heimweh des Walerian Wróbel,* Regie: Rolf Schueber, Darsteller: Artur Pontek, Michael Gwizdek, Peter Strebeck. BRD 1990.

Das Kino *»Abaton«* in Hamburg platzte aus allen Nähten. Zur Premiere war eine solche Menschenmenge gekommen, daß man einen zweiten Saal öffnen und den Film dort gleichzeitig vorführen mußte. Einer der Leiter des Kinos begrüßte das Publikum und sagte, es handele sich quasi um zwei Premieren gleichzeitig, noch nie in der Geschichte dieses Kinos habe man zwei Säle zur Vorführung desselben Films öffnen müssen, von dem man zum Glück zwei Kopien besitze.

Bevor die Lichter ausgingen, dachte ich an Agnieszka Holland, die in Polen einen hysterischen Anfall bekommen hat und mit ihrem *»Hitlerjungen Salomon«* die Deutschen unter Druck setzt, weil sie ihren Film nicht für den *»Oskar«* vorgeschlagen haben. Holland, doch eine gescheite Frau, zupft an der abgegriffenen Saite, der nämlich, daß sie vergangenheitsscheue Rüpel sind. Aber vielleicht ist es ihnen einfach peinlich, einen Film für die höchste Auszeichnung vorzuschlagen, der immerhin, hm..., nicht wahr? Schließlich wäre das so, als ob mein Vater die polnische Bande in Kielce angeführt und Juden gesteinigt hätte, und ich als Produzent eines Filmes über ihn, das ist in Ordnung, diesen Film bei einem renommierten Festival anmelden und nach einem eventuellen Preis eine Woche lang vor Glück und Stolz darauf trinken würde, daß ich so eine gute Nase für die Konjunktur habe.

Die Lichter gingen also aus, und der Vorspann war noch nicht zu Ende, als auf dem Gesicht meiner Nachbarin zur Linken schon Tränen glänzten. Nach ein paar Minuten war auch mein Nachbar zur Rechten soweit. Und je weiter im Film, desto mehr zerfließen sie in Tränen, und mir wird immer unbehaglicher und unbehaglicher. Denn: Die authentische Geschichte von Walerian Wróbel verhielt sich so, daß er 1941 als Sechzehnjähriger zur Zwangsarbeit nach Deutschland verschleppt wurde.

Er kommt in ein Dorf bei Bremen, arbeitet hart und hat Heimweh. Um nach Polen zurückzukommen, heckt er einen

Plan aus. Und das ist seine *»Strategie«:* So viele *»Streiche«* zu vollführen, daß seine Bauern von ihm genug bekommen und ihn zur Strafe zurück nach Hause schicken.

Der Streich von Walerian, der in seiner kindlichen Naivität meint, sich in irgendeinem merkwürdigen Ferienlager zu befinden, besteht darin, daß er Heuballen in der Scheune anzündet. Ein Streich, weil kein Brand ausbricht und die kleine Flamme sich rasch löschen läßt, wobei der *»Stratege«* selber eifrig hilft.

Walerian Wróbels Plan geht natürlich zur Hälfte in Erfüllung; er verläßt das Dorf bei Bremen, nur anstatt nach Hause gelangt er in ein Konzentrationslager bei Hamburg.

Neun Monate braucht das Bremer Gericht, um den Prozeß vorzubereiten. Statt – wie Walerian Wróbel immer noch meint – endlich nach Hause, gelangt er auf die Anklagebank. Über die juristische Begründung des Urteils muß man sich nicht weiter auslassen, der Angeklagte hat versucht, die Wehrkraft des deutschen Volkes zu zersetzen, und wurde zum Tode verurteilt.

Zusatz: Die Richter des Jungen bekleideten noch lange nach dem Krieg leitende Positionen, einer von ihnen saß sogar im Bremer Senat. Das Urteil selbst wurde erst 1988 aufgehoben.

Und die Filmerzählung über Walerian Wróbel geht so: Kommt her, ich will euch ein Märchen erzählen, und es ist ein langes Märchen. Es war einmal ein Walerian, und der hatte ein wunderschönes Häuschen. Mit kugelrunden Zwiebeln an der Tür und Blumen im Fenster. Er hatte liebevolle Eltern, einen Bruder, ein Schwesterchen und eine Kuh, die er auf der Wiese hütete, und die Wiese wiegte ihn in den Schlaf, wenn er so auf ihr lag und in den Himmel schaute. Eines Tages entführten Walerian die Gehilfen der bösen Hexe. In einem Zug, aus dem Dampf hervorquoll, und die Räder füllten die ganze Leinwand aus, fuhren sie ihn hinter die Sieben Berge, und dort fiel er direkt in die Hände anderer Gehilfen der bösen Hexe, die genauso wie die Hunde sprachen, die sie an der Leine hielten. Die böse Hexe sah wie eine böse Hexe aus und ihr Haus wie ein Hexenhaus – groß und kalt und von allen gemieden, von Walerians Häuschen ganz verschieden.

Da saß der kleine Walerian nun im Käfig, und die böse Hexe befahl ihm, zu arbeiten und Deutsch zu lernen, daß heißt, sie mästete ihn. Bis es Walerian vor Heimweh nicht mehr aushält, und so weiter, und so weiter, bis das Fünkchen aus ist.

Und was nun, Rezensent? Was tun, wenn im Saal ein Freund von Wróbel aus dem Lager sitzt und ihm vor Rührung die Hände zittern? Wenn du weißt, daß es so gewesen ist, das Urteil vollstreckt wurde, und Walerian Wróbel unter der Guillotine gestorben ist? Was nun, Klugscheißer?

Nun finde ich mich damit ab, daß ich mir ein Bilderbuch anschaue, eine Schullektüre, lasse mich ein auf diese Welt in Kinderaugen und versuche, nicht an das Pressegespräch mit dem Regisseur zu denken, dem der Sinn überhaupt nicht nach märchenhaften Tönen stand. Er wollte das Böse entdämonisieren, das, was im Krieg das schlimmste ist, zeigen – Richter und Wachmänner wie gewöhnliche Kowalskis. Eine seit Jahren modische Schablone, doch jeder Regisseur glaubt, er sei bahnbrechend. Der Richter spricht das Urteil, und abends zu Hause gießt er die Blumen. Der Henker vollstreckt, und dann fängt er mit seinen Kindern Schmetterlinge auf der Wiese, also nichts anderes als Hannah Arendt und ihre Banalität des Bösen.

Ich schaue mir den Film also weiter an, Seite für Seite, und mir wird unbehaglich, als er meinen Kopf verläßt und unter die Gürtellinie wandert, das heißt dorthin, wo wir alle hilflos auf dem Rücken liegen und mit allen vieren in der Luft strampeln. Walerian streicht Photos von seiner Familie glatt und betet laut: Lieber Gott, mach, daß ich mein Schwesterchen wiedersehe. Und das Schwesterchen ist schön wie ein Engel, und gemeinsam mit Walerian *»betet«* die Musik. Ich habe mich an den Pleonasmus schon gewöhnt, er ist einer der Hauptsünden nicht nur des Kinos, mich stört dieses Übersüßen des Tees weniger als der Umstand, daß ich mich dann geniere. Und bin wütend auf mich selbst, weil ich mich geniere, denn weshalb eigentlich? Und ärgere mich, daß ich mich geniere, und ahne sofort, daß ich mich für die Autoren geniere, schließlich bewegen sie sich in demselben Porzellanladen wie ich. Und ich geniere mich für das Publikum, weil sich das überhaupt nicht geniert, ganz im Gegenteil, ich bin also mit meinem Genieren allein, und das ärgert mich noch mehr. Und ich schüttle ratlos den Kopf, weil ich mich daran erinnere, daß Cocteau einmal geschrieben hat, Kino sei ein kollektiver Traum.

Doch es kommt der Moment, in dem ich nach Luft schnappe und einen Augenblick lang mit den anderen zusammen bin; Walerian bekommt nach der ganztägigen Arbeit im Lager einen Blechnapf mit Wassersuppe, probiert und sagt zu seinem Freund: Diese Deutschen können nicht kochen. Noch ein Beleg für die Banalität, daß nichts die Tragik so betont wie ein komischer Effekt.

Aber weiter geht es wieder wie oben, Tränen auf der Leinwand, Tränen vor der Leinwand, und mir wird wieder immer unbehaglicher. Und gleich rebelliert etwas in mir, Ärger überfällt mich, obwohl ich weiß, daß es ja so gewesen sein kann, mit wem sollte der Junge auch reden, zum Teufel, wenn nicht mit dem, zu dem er betete! Aber trotzdem. Denn ich habe ja das Alibi des Rezensenten, die Wahrheit der Zeit ist eines, die Wahrheit der Leinwand etwas anderes. Doch gleich entdecke ich, daß mir gar nicht der Film so zusetzt, sondern die Tränen vor der Leinwand, die auf mich tropfen und mir ein Loch in den Bauch bohren. Ein immer größeres, je länger ich mich umblicke, ich, schließlich und endlich – ein Pole, dritte Reihe, fünfter von links in einem deutschen Tränenmeer, das immer gereiztere Gefühle in mir hervorruft, denn

## Epilog

zu schnell überkam sie diese Rührung, zu freiwillig, zu sehr im Chor, zu herdenweise ließen sie sich in einen Zustand emotionaler Schwerelosigkeit versetzen. Also begann ich, was Sie mir kaum glauben werden, so zu tun, als langweilte ich mich ostentativ. Mal gähnte ich weit, mal blickte ich auf die Uhr, wobei ich mir mit dem Feuerzeug leuchtete, mal rückte ich mir die Schnürsenkel zurecht, mal zog ich das Jackett aus und wieder an. Ich verhielt mich also gegenläufig. Ich profanierte scheinbar, weil *das Sacrum* scheinbar war. Bald waren alle vor Erregung funkelnden Augen, über jedem

Paar von ihnen eine angriffsbereit umwölkte Stirn, auf mich gerichtet. Ich verbeugte mich leicht und wies ihnen die Richtung der Leinwand. Die Portiere teilte sich, und ein Ordner eilte herbei. Den Saal müsse ich verlassen, wenn ich nicht Ruhe gäbe. Ich sitze also still, aber der Gedanke an diese Augen läßt mir keine Ruhe. Sie waren ebenso haßerfüllt gewesen wie zuvor liebevoll, als sie auf die Leinwand sahen. Gerade im Namen ihrer engelhaften Güte, Anteilnahme und Barmherzigkeit hätten sie mich am liebsten kaltgemacht. Als ich dies festgestellt hatte, stand ich auf, drehte mich um und kniete nieder, mit dem Rücken zur Leinwand, mit dem Gesicht zu meinen Nächsten. Das Leben eines Rezensenten ist auch nicht leicht, ähnlich wie das eines Statisten. Wenn man konsequent sein und jeder Herausforderung die Stirn bieten will. Ich hatte nicht geahnt, daß eine solche Position, mit dem Gesicht zu den Nächsten, soviel Selbstüberwindung erfordert. Aber sie gaben sich geschlagen, der Film ging zu Ende, der Junge wartete in der Zelle auf das Urteil, folglich ignorierten sie mich. So schien es mir. Nur ein Augenpaar starrte mich unverwandt an. Ich erkannte es erst nach einer Weile, das war der Deutsche aus dem Zoo, der Arbeiter, mein Opfer, das ich zwecks Sublimierung historischer Ungerechtigkeiten schikaniert hatte.

Aussage des Geschädigten:

Ich erinnere mich daran, daß sofort nach dem Ende der Vorstellung die meisten Zuschauer irgendwie eigenartig schnell dem Ausgang zuströmten. Das deckte sich nicht mit meinen früheren Beobachtungen, nämlich, daß das Publikum nach Beendigung eines Films um so länger sitzenbleibt, je ergreifender er war. Wenn ich diese Tatsache interpretieren müßte, dann folgendermaßen: Die Leute verspüren das innere Bedürfnis, sich gegenseitig, das heißt äußerlich, an der eigenen emotionalen Bewegung zu wärmen. Aber das gehört hier nicht zur Sache. Ich wandte mich also auch zum Ausgang. Ich erinnere mich, daß ich mir vor dem Kino, direkt unter dem Filmplakat, eine Zigarette ansteckte. Plötzlich war ich von einer Menschentraube umringt, die ich als Publikum identifizierte. In dem Moment spürte ich den ersten Schlag eines Steins, mitten auf der Stirn. Der Schlag war so heftig, daß die nächsten mir keinen so großen Schmerz mehr bereiteten. Instinktiv duckte ich mich, um mein Gesicht zu schützen. Ich sackte zu Boden und verlor das Bewußtsein. *Hamburg, 28. 2. 1992.*

Ich habe nicht alles zu Protokoll gegeben, was gehen die schließlich die inneren Angelegenheiten unseres Staates an. Das Bewußtsein verlor ich nicht sofort. Als sie endlich aufhörten, mich zu steinigen, als sie in ihre Autos stiegen und einer nach dem anderen abfuhren, hörte ich seine Schritte. Mit einer Hand zog er mich am Revers hoch, mit der anderen wischte er mir die blutverschmierten Augen aus. Er kam mit dem Gesicht ganz nah an meines und redete mich an. Oh, Ironie des Schicksals! Ich versuchte, irgendein Wort hervorzubringen, aber höllische Rippenschmerzen nahmen mir den Atem. Und er sagte:

– Heh, erkennst du mich? Ich hab' dir die Augen ausgewischt, damit du mich erkennst. Du gefickter Statist, du! Du blöder Schwabe, wolltest mich im Zoo fertigmachen, wie? Du denkst wohl, mit uns Polen kann man alles machen, wie?! Was blinzelst du so, ich weiß, daß du kein Polnisch verstehst, aber das wirst du verstehen!

Und seine riesige Faust landete auf meiner Nase und meinen Zähnen. Einen hat er mir wohl ausgeschlagen, denn etwas würgte mich, Blut gurgelte in meiner Kehle.

– Das war für den Zoo, du Nazibrut! Gelangweilt hast du dich im Film, wie? Dann werde ich dir jetzt ein kleines Nürnberg bereiten! Jetzt bekommst du dein Teil für diesen Jungen, für den Wróbel, den ihr kaltgemacht habt! Und für meinen Großvater! Und für alle unsere Leute! Bete, wenn du kannst, abgebrochener Pimmel!! Schwäbische Laus!

Er spuckte mir ins Gesicht und schlug noch mal zu. Ich hatte das Gefühl, als ginge seine Faust durch mein Gesicht hindurch und machte erst irgendwo im Hinterkopf halt. Ich verlor das Bewußtsein.

Ich träumte, daß ich klein bin und Mama mich in der Wiege wiegt. Es war so süß, als nuckelte ich an einem in Zukker getauchten Schnuller.

Als ich zu mir kam, zitterte über mir ein Tropf. Der Krankenwagen fuhr mit Blaulicht, im Mund spürte ich den Geschmack von Blut. Tatsächlich, Lachen ist das einzige Mittel, das uns ertragen läßt, was über unsere Kräfte geht. Also begann ich zu lachen, innerlich, im stillen, sonst hätten mir die Rippen das Herz durchbohrt. Doch als ich mich an ein gewisses Sprichwort erinnerte, hielt ich es nicht mehr aus und lachte los. Ein Schmerz durchfuhr mich, und ich wurde wieder ohnmächtig, diesmal aber mit Genugtuung. Denn wer zuletzt lacht, lacht am besten.

Hamburg, März 92

*Aus dem Polnischen von Silke Lent*

Wisława Szymborska

# Möglichkeiten

Mir ist das Kino lieber.
Mir sind die Katzen lieber.
Mir sind die Eichen an der Warthe lieber.
Mir ist Dickens lieber als Dostojewskij.
Ich bin mir lieber als Menschenfreund,
denn als Freund der Menschheit.
Nadel und Zwirn bei der Hand sind mir lieber.
Das Grün ist mir lieber.
Lieber behaupte ich nicht,
an allem schuld sei der Verstand.
Mir sind die Ausnahmen lieber.
Mir ist es lieber, früher wegzugehen.
Mit Ärzten rede ich lieber über etwas anderes.
Mir sind die alten, gestrichelten Illustrationen lieber.
Mir ist die Lächerlichkeit, Gedichte zu schreiben, lieber
als die Lächerlichkeit, keine zu schreiben.
Mir ist es lieber, in der Liebe die ungeraden Jahrestage
täglich zu feiern.
Ich mag lieber die Moralisten,
die mir nichts versprechen.
Mir ist die schlaue Güte lieber als die allzu
vertrauensselige.
Ich mag die Erde lieber in Zivil.
Die eroberten Länder sind mir lieber als die erobernden.
Vorbehalte sind mir lieber.
Die Hölle des Chaos ist mir lieber als die Hölle der
Ordnung
Mir sind die Märchen der Brüder Grimm lieber als
die Leitartikel.
Mir sind die Blätter ohne Blüten lieber als die Blüten
ohne Blätter.
Mir sind die Hunde mit nicht gestutzten Schwänzen lieber.
Ich mag lieber helle Augen, weil meine dunkel sind.
Mir sind Schubfächer lieber.
Mir sind viele Dinge, die ich hier nicht aufgezählt habe,

lieber als die vielen hier ebenfalls nicht aufgezählten.
Ich mag die Nullen lieber lose
als zur Zahl formiert.
Ich mag lieber die Zeit der Insekten als die der Sterne.
Mir ist es lieber, wenn nichts schiefgeht.
Ich frage lieber nicht, wie lange noch und wann.
Lieber ziehe ich selbst diese Möglichkeit in Betracht,
daß das Sein seinen Sinn hat.

1986

*Aus dem Polnischen von Karl Dedecius*

# Biographische Notizen und Quellennachweis

Wir danken an dieser Stelle den Verlagen, Autoren und Übersetzern für die freundliche Genehmigung zum Abdruck der Texte. – Falls nicht ausdrücklich anders vermerkt, liegen die Rechte bei den in den Quellenangaben genannten Verlagen.

*Henryk Bereska,* geboren 1926 in Kattowitz (Katowice), Verwaltungslehre, Werftarbeit bei Bremen, 1948 Abitur in Berlin, 1948 bis 1952 Studium der Germanistik und Slawistik an der Humboldt-Universität Berlin, 1953 bis 1955 Lektor im Aufbau-Verlag Berlin, seitdem freiberuflicher Übersetzer (fast ausschließlich aus dem Polnischen) und Autor. Lebt in Berlin.
Übersetzer, Nachdichter, Herausgeber, Lyriker.
»Mein Großvater«. in: Individualität, 9. Jahrgang/Heft 26/ Juni 1990, Zürich. – »Warschau«. Erstveröffentlichung. Rechte an beiden Gedichten beim Autor.

*Volker Braun,* geboren 1939 in Dresden, Abitur, Druckerei-, Tiefbauarbeiter und Maschinist im Tagebau, 1960 bis 1964 Studium der Philosophie in Leipzig, 1965/66 Dramaturg am Berliner Ensemble, seit 1972 langjährig Mitarbeiter des Deutschen Theaters Berlin. Lebt in Berlin.
Lyriker, Dramatiker, Prosaautor, Nachdichter.
»Gdańsk«. In: Volker Braun, Gegen die symmetrische Welt, Gedichte, Mitteldeutscher Verlag GmbH, Halle/Saale 1974.

*Marzena Broda,* geboren 1966 in Kraków. Lebt zur Zeit in den USA.
Lyrikerin.
»Dunkles Zimmer« (Ciemny pokój). Poln. in: Zeszyty literakkie (Literarische Hefte), Zs., Paris 1991. Deutsche Erstveröffentlichung. Rechte bei der Autorin und bei Karl Dedecius (Übersetzung).

*Günter de Bruyn,* geboren 1926 in Berlin, 1943 als Abiturient Luftwaffenhelfer, Soldat, kurze Gefangenschaft, Landarbeiter, Neulehrer, 1949 bis 1953 Bibliothekarschule und tätig als Bibliothekar, 1953 bis 1961 wissenschaftlicher Mitarbeiter am Zentralinstitut für Bibliothekswesen in Berlin, seit 1961 freischaffend. Lebt in Berlin.
Romancier, Erzähler, Essayist, Herausgeber, Hörspielautor.
»Herr Müller, diesseits und jenseits der Oder«. In: Günter de Bruyn, Babylon, Erzählungen, S. Fischer Verlag, Frankfurt am Main 1992.

*Krzysztof Ćwikliński,* geboren 1960 in Ciechocinek, Studium der Polonistik an der Nikolaus-Kopernikus-Universität Toruń, dort wissenschaftlicher Assisent für die polnische Literatur der Jahrhundertwende (Młoda Polska/Junges Polen) und zwischen den beiden Weltkriegen. Lebt in Toruń.
Lyriker, Prosaautor, Essayist, Herausgeber.
»Fortinbras an Hamlet« (Fortynbras do Hamleta). Poln. in: Krzysztof Ćwikliński, Miejsce po odejściu (Der Ort nach dem Abgang), Toruńskie Towarzystwo Kultury, Toruń, 1983. – »Der alte Baudelaire« (Stary Baudelaire). Poln. in: Krzysztof Ćwikliński, Sztuka ucieczki (Die Kunst der Flucht), ebenda, 1993. Deutsche Erstveröffentlichungen. Rechte an der Übersetzung bei Karl Dedecius.

*Harald Gerlach,* geboren 1940 in Bunzlau (Bolesławiec)/Niederschlesien, 1945 Aussiedlung ins südthüringische Grabfeld, 1958 Abitur, Schriftsetzerlehre, Steinbrucharbeiter, 1960 illegales Verlassen der DDR, Wanderung durch Italien, Frankreich und die Schweiz, 1961 Rückkehr in die DDR, Kiesgrubenarbeiter, Totengräber, Bühnentechniker, Theatermeister, 1970 bis 1984 Hausautor am Erfurter Theater, seitdem freischaffend. Lebt in Leimen.
Lyriker, Dramatiker, Erzähler.
»Tomisław oder anderswo«. In: Harald Gerlach, Vermutungen um einen Landstreicher, Geschichten, Aufbau-Verlag GmbH, Berlin 1978.

*Janusz Głowacki,* geboren 1938 in Poznań, Studium der Polonistik in Warszawa, in den sechziger Jahren Mitarbeiter der

literarischen Wochenzeitung »Kultura«. Lebt seit 1981 in New York.
Erzähler, Feuilletonist, Publizist.
»Vor dem Gewitter« (Przed burzą). Poln.: Manuskript des Autors; dt. in: Deutsch-polnische Ansichten zur Literatur und Kultur, Jahrbuch 1992, Deutsches Polen-Institut Darmstadt, 1993. Rechte beim Autor und bei Karl Dedecius (Übersetzung).

*Günter Grass,* geboren 1927 in Danzig, nach dem Krieg Arbeit auf dem Land und im Kalibergbau, 1947 Lehre als Steinmetz und Steinbildhauer in Düsseldorf, 1948 bis 1952 Studium an der Düsseldorfer Kunstakademie bei Mages und Pankok und 1963 bis 1956 an der Hochschule für Bildende Künste bei Karl Hartung, seit 1956 freischaffend. Lebt in Berlin.
Romancier, Erzähler, Lyriker, Dramatiker, Essayist; Grafiker und Bildhauer.
»Alexander und Alexandra« ist das für diese Publikation in sich gekürzte erste Kapitel von »Unkenrufe. Eine Erzählung«, Steidl Verlag Göttingen, 1992.

*Werner Heiduczek,* geboren 1926 in Hindenburg O.S. (Zabrze), als Oberschüler Soldat, kurze Gefangenschaft, Land- und Streckenarbeiter, 1946 Neulehrer in Herzberg/Elster, 1946 bis 1949 Pädagogikstudium in Halle/Saale, leitende Funktionen im Schuldienst, 1953/54 Erweiterungsstudium an der Pädagogischen Hochschule Potsdam, Lehrer an einer Kinder- und Jugendsportschule, 1961 bis 1964 Lehrer am Fremdsprachen-Gymnasium Burgas (Bulgarien), 1964/65 Dozent am Herder-Institut Leipzig, seit 1965 freischaffend. Lebt in Leipzig.
Romancier, Erzähler, Kinderbuch- und Hörspielautor, Essayist, auch Dramatiker.
»Zabrze« ist ein Auszug aus dem gleichnamigen Essay. In: Werner Heiduczek, Im gewöhnlichen Stalinismus. Meine unerlaubten Texte, Gustav Kiepenheuer Verlag GmbH, Leipzig 1991.

*Stephan Hermlin*, geboren 1915 in Chemnitz, schloß sich als sechzehnjähriger Gymnasiast dem Kommunistischen Jugendverband an, 1933 bis 1936 illegale Arbeit in Berlin, 1936 Emigration (Ägypten, Palästina, England, Spanien, Frankreich), 1937 Spanienkrieg, 1939 Hilfstruppe der französischen Armee, nach der Besetzung Frankreichs interniert, Flucht in die Schweiz, abermalige Internierung, 1945 Rückkehr nach Deutschland, Arbeit am Rundfunk in Frankfurt am Main, 1947 Übersiedlung in die damalige sowjetische Besatzungszone. Lebt in Berlin.
Lyriker, Erzähler, Essayist, Funkautor, Nachdichter, Herausgeber.
»Die Zeit der Gemeinsamkeit« ist der Anfang der 1949 in Warschau und Berlin geschriebenen gleichnamigen Erzählung. In: Stephan Hermlin, Erzählende Prosa, Aufbau-Verlag, Berlin und Weimar 1990. Rechte beim Verlag Klaus Wagenbach GmbH, Berlin.

*Paweł Huelle*, geboren 1957 in Gdańsk, dort Studium der Literaturwissenschaft, 1980/81 Journalist in der Pressestelle der Solidarność, Lehrer für Polnisch und Geschichte an Schulen in Gdańsk, seit 1994 Direktor des Senders Gdańsk des TVP SA (Polnisches Fernsehen AG). Lebt in Gdańsk.
Lyriker, Erzähler, Publizist.
»Der Umzug« (Przeprowadzka). Poln. in: Paweł Huelle, Opowiadania na czas przeprowadzki (Erzählungen für die Zeit des Umzugs), Wydawnictwo Puls, London 1991; dt. in: Paweł Huelle, Schnecken, Pfützen, Regen und andere Geschichten aus Gdańsk, Luchterhand Literaturverlag, München 1992.

*Aleksander Jurewicz*, geboren 1952 in Lida (1939 der Weißrussischen SSR angegliedert), kam 1957 als einer der letzten Repatrianten nach Polen, Studium der Polonistik in Gdańsk und Studium an der Filmhochschule Łódź. Lebt in Gdańsk.
Lyriker, Romancier.
»Morgen, *zautra*« ist ein für diese Publikation in sich gekürzter Auszug aus dem Roman »Lida«. Poln.: Aleksander Jurewicz, Lida, Wydawnictwo VERSUS, Białystok, 1990; dt. (als das Kapitel »Wildgänse«) in: Deutsch-polnische Ansichten

zur Literatur und Kultur, Jahrbuch 1994, Deutsches Polen-Institut Darmstadt, 1995. Rechte an der Übersetzung bei Renate Schmidgall.

*Krzysztof Koehler,* geboren 1963 in Częstochówa (Tschenstochau), Studium der Philologie und Philosophie in Kraków, Dr. phil., Abteilungsleiter an der Universitätsbibliothek Warszawa. Lebt in Kraków.
Lyriker, Kritiker, Herausgeber.
»Der Wind kam zurück...« (Wiatr wrócił...). Poln.: Manuskript des Autors. Deutsche Erstveröffentlichung. Rechte beim Autor und bei Karl Dedecius (Übersetzung).

*Julian Kornhauser,* geboren 1946 in Gliwice (Gleiwitz), Professor für Slawistik an der Jagiellonen-Universität Kraków, war von 1968 bis 1975 Mitglied der Dichtergruppe »Teraz« (Jetzt). Lebt in Kraków.
Lyriker, Erzähler, Essayist, Kritiker.
»Das Haus in der Rybnicka-Straße« (Dom na Rybnickiej) ist ein Auszug aus dem in Arbeit befindlichen Roman »Dom, sen i gry dziecięce« (Das Zuhause, der Traum und Kinderspiele). Rechte beim Autor und bei Albrecht Lempp (Übersetzung).

*Hanna Krall,* geboren 1937 in Warszawa, Studium der Publizistik, Mitarbeiterin der Zeitung »Zycie Warszawy« (Warschauer Leben), 1966 bis 1969 in Moskau, 1966 bis zum Austritt während des Kriegsrechts 1981 Redaktionsmitglied der »Polityka«. Lebt in Warszawa.
Erzählerin, Roman- und Drehbuchautorin, Journalistin.
»Phantomschmerz« (Fantom bólu). Poln. in: Hanna Krall, Taniec na cudzym weselu, BGW, Warszawa, 1993; dt. in: Hanna Krall, Tanz auf fremder Hochzeit, Verlag Neue Kritik, Frankfurt am Main 1993.

*Ryszard Krynicki,* geboren 1943 in St. Valentin/Österreich (wohin seine Eltern zwangsverpflichtet waren), Kindheit in Gorzów (Landsberg), Studium der Polonistik in Poznań, 1973 Entlassung aus der Zeitschrift »Student«, langjähriges Publi-

kationsverbot wegen Engagements in der Bürgerbewegung, betreibt einen Kleinstverlag. Lebt in Poznań.
Lyriker, Nachdichter (u. a. Bobrowski, Brecht, Celan, Goll, Hölderlin, Huchel, Trakl), Herausgeber.
»Um niemanden zu verletzen« (Żeby nikogo nie zranić), »Hoch hinauf« (Wysoko zaszełtes), »Niemanselegie« (Elegia niczyja). Poln. in: Ryszard Krynicki, Niepodlegli nocości (Nicht untertan dem Nichts), Wydawnictwo Znak, Kraków, 1989; dt. in: Ryszard Krynicki, Wunde der Wahrheit, Gedichte, hrsg., aus dem Polnischen übertragen und mit einem Nachwort versehen von Karl Dedecius, Suhrkamp Verlag, Frankfurt am Main 1991.

*Erich Loest,* geboren 1926 in Mittweida/Sachsen, Oberschule, 1944/45 Soldat, Arbeit in der Landwirtschaft und in den Leuna-Werken, 1947 bis 1950 Volontär und Redakteur bei der »Leipziger Volkszeitung«, seit 1950 freischaffend, 1955/56 Besuch des Literaturinstituts Leipzig, 1957 bis 1964 Zuchthaus Bautzen, 1981 Ausreise aus der DDR in die Bundesrepublik, 1984 bis 1986 stellvertretender Vorsitzender des Verbandes deutscher Schriftsteller (VS), seit 1994 Vorsitzender des VS. Lebt in Leipzig und Bonn.
Romancier, Erzähler, Essayist, Film-, Funk- und Fernsehautor, Publizist.
»Geburtstag in Górny Śląsk« ist die für diese Publikation gekürzte gleichnamige Erzählung. In: Erich Loest, Bauchschüsse, Erzählungen, Linden-Verlag, Leipzig 1990.

*Bolesław Lubosz,* geboren 1928 in Tarnowskie Góry (Tarnowitz), Studium der Polonistik und Germanistik in Kraków, Mitarbeiter an verschiedenen Theatern und literarischen Zeitschriften und Zeitungen, 1973 bis 1980 Cheflektor des Verlages ŚLĄSK in Katowice. Lebt in Katowice.
Lyriker, Erzähler, Romancier, Übersetzter (Schiller, Grass u.v.a.).
»Heiliger Franziskus von der Kohle« (Święty Frańciszek od węgla). Poln. in: Bolesław Lubosz, Gniazdo (Das Nest), Wydawnictwo ŚLĄSK, Katowice, 1983; dt. in: Wilhelm Szewczyk/Bolesław Lubosz, Im Sommerlauf gefangen, Edition

Polmartia, MDV Merziger Druckerei und Verlag, Merzig 1986. Rechte beim Autor und bei Henryk Bereska (Übersetzung).

*Jerzy Łukosz,* geboren 1958 in Wrocław (Breslau), dort Studium der Germanistik, promovierte 1987 mit einer Arbeit über Thomas Manns Schweizer Exil, 1989/90 Cheflektor des Wydawnictwo Dolnośląskie (Niederschlesischer Verlag) und seit 1992 Redakteur der Theaterzeitschrift »Notatnik Teatralny«. Lebt in Wrocław.
Romancier, Erzähler, Essayist, Übersetzer.
»Der Rattenfänger von Regensburg« ist ein Auszug aus dem unter dem Pseudonym Johann David Keevus erschienenen Roman »Czarna kolia. Dzieje klatwy (Das schwarze Kolier. Geschichte eines Fluchs), SAWW, Poznań, 1992; dt. in: Deutsch-polnische Ansichten zur Literatur und Kultur, Jahrbuch 1992, Deutsches Polen-Institut Darmstadt, 1993. Rechte an der Übersetzung bei Esther Kinsky.

*Bronisław Maj,* geboren 1953 in Łódź, Redakteur von Literaturzeitschriften im Untergrund, Begründer der gesprochenen Vierteljahreszeitschrift »NaGłos« (LautGesagt), lehrt zeitgenössische Literatur an der Jagiellonen-Universität Kraków. Lebt in Kraków.
Lyriker, Literaturwissenschaftler, Publizist.
»Hinter dem Fenster Regen ... (Za oknem deszcz ...), »Das Blatt, eines der letzten ... « (Liść, jeden z ostatnich. ..). Poln. in: Bronisław Maj, Zaglada Swietego Miasta (Der Untergang der Heiligen Stadt), Wydawnictwo Puls, London, 1986; dt. in: Akzente 2/1987, Carl Hanser Verlag, München.

*Iwona Mickiewicz,* geboren 1963 in Leszno, 1986 Abschluß des Studiums der Sonderpädagogik in Leningrad, danach kurze Zeit Erzieherin in Góra Śląska, Arbeit in einer Desinfektions- und Rattenvertilgungsfirma, parallel 1986 bis 1988 Studium der Polnischen Philologie in Warszawa, zur Zeit Studium des Szenischen Schreibens an der Hochschule der Künste Berlin und stellv. Chefredakteurin der literarischen Zeitschrift »Wir«.

»Ihr trinkt gierig den Wein ...« (Spijacie łapczywie wino ...). Poln. und dt. in: Iwona Mickiewicz, Puppenmuseum, Gedichte, Oberbaum Verlag, Berlin 1992.

*Czesław Miłosz,* geboren 1911 in Šetemai (Litauen), 1946 bis 1950 polnischer Kulturattaché in Washington und Paris, 1951 Exil in Frankreich, seit 1980 in den USA, Professor für Slawistik an der Kalifornischen Universität Berkeley, 1980 Nobelpreis für Literatur. Lebt in Berkeley.
Lyriker, Romancier, Essayist, Übersetzer.
»Der du Unrecht getan« (Który skrzywdziłeś). Poln. in: Czesław Miłosz, Dzieła zbiorowe, T. 2, Paris 1981; dt. in: Lyrisches Quintett, Fünf Themen der polnischen Dichtung, hrsg. von Karl Dedecius, Polnische Bibliothek Suhrkamp, Suhrkamp Verlag, Frankfurt am Main 1992.

*Armin Müller,* geboren 1928 in Schweidnitz (Swidnica), sechzehnjährig zum Volkssturm, kam 1945 nach Weimar, zunächst publizistisch tätig, 1957 bis 1962 Redakteur am Sender Weimar, seit 1962 freischaffend. Lebt in Weimar.
Lyriker, Erzähler, Fernseh- und Hörspielautor, Nachdichter, auch Dramatiker; Maler.
»Die Totenselma«. In: Der Palmenbaum, Zeitschrift der literarhistorischen Gesellschaft Jena, 3/1993. Rechte beim Autor.

*Olav Münzberg,* geboren 1938 in Gleiwitz (Gliwice), Flucht, nach dem Krieg aufgewachsen in Unterfranken, Studium (Jura, Kunstgeschichte und Literaturwissenschaft) in München, Würzburg und Berlin, 1972 Dr. phil., seit 1991 Honorarprofessor an der Hochschule der Künste Berlin. Lebt in Berlin.
Essayist, Lyriker, Prosaautor, Herausgeber.
»Das gesuchte Haus – Eine Rückkehr 1968«. In: Olav Münzberg, Ich schließe die Tür und fange zu leben an. Acht Reisen in verschiedene Länder, Ästhetik und Kommunikation Verlags-GmbH, Berlin 1983. Rechte beim Autor.

*Marek Nowakowski,* geboren 1935 in Warszawa, Vorstandsmitglied des während des Kriegsrechts zwangsaufgelösten polni-

schen Schriftstellerverbandes, seit 1979 lange Zeit Schreibverbot. Lebt in Warszawa.
Prosaist, Feuilletonist, Hörspielautor.
»Bonjour« (Bonjour). Poln. in: Marek Nowakowski, Wilki podchodza ze wszystkich stron (Wölfe nähern sich von allen Seiten), Wydawnictwo Polonia, London 1985 und Wydawnictwo Czytelnik, Warszawa, 1990; dt. in: Deutsch-polnische Ansichten zur Literatur und Kultur, Jahrbuch 1991, Deutsches Polen-Institut Darmstadt, 1992. Rechte an der Übersetzung bei Jutta Wierczimok.

*Maria Nurowska,* geboren 1944 in Warszawa, dort Studium der Polonistik, danach freischaffend. Lebt in Warszawa.
Romanautorin, Erzählerin, Drehbuchautorin.
»Postscriptum für Anna und Miriam« (Postscriptum) ist ein Auszug aus dem gleichnamigen Roman, Wydawnictwo Literackie (Literaturverlag), Kraków, 1989; dt.: Maria Nurowska, Postscriptum für Anna und Miriam, S. Fischer Verlag, Frankfurt am Main 1991.

*Richard Pietraß,* geboren 1946 in Lichtenstein/Sachsen, Abitur, Hilfspfleger, Wehrdienst, 1968 bis 1975 Studium der Klinischen Psychologie und Forschungsstudent an der Humboldt-Universität Berlin, 1975 bis 1979 Lyriklektor im Verlag Neues Leben Berlin (verantwortlich für die Fortführung der von Bernd Jentzsch bis 1976 betreute Reihe »Poesiealbum«) sowie bei der Literaturzeitschrift »Temperamente«, 1979 unfreiwilliges Ausscheiden aus dem Verlag, seitdem freischaffend. Lebt in Berlin.
Lyriker, Nachdichter, Herausgeber.
»Nike nachts«. In: Richard Pietraß, Freiheitsmuseum, Gedichte, Aufbau-Verlag GmbH, Berlin 1982. – »Die vereiste Oder«. In: Richard Pietraß, Weltkind, Gedichte, Verlag Philipp Reclam jun., Leipzig 1990. Rechte an diesem Gedicht beim Autor.

*Jerzy Pilch,* geboren 1952 in Wisła, 1971 bis 1976 Studium der Polonistik an der Jagiellonen-Universität Kraków, anschließend dort bis 1986 Assistent, 1978 bis 1981 Mitarbeit an der

Zweiwochenschrift »Student«, während des Kriegsrechts in Kraków Mitbegründer der gesprochenen Zeitschrift »NaGłos« (LautGesagt), schreibt regelmäßig Feuilletons für »Tygodnik Powszechny« (Allgemeine Wochenzeitung) in Kraków und die Tageszeitung »Gazeta Wyborcza« (Wahl-Zeitung) in Warszawa. Lebt in Kraków.
Erzähler, Romancier, Feuilletonist, Publizist.
»Die Rindsknödel« ist ein Auszug aus dem unveröffentlichten Roman »Inne rozkosze« (Die Lust jedes Menschen). Poln. in: Tygodnik Powszechny 1/1994, Kraków. Deutsche Erstveröffentlichung. Rechte beim Autor und bei Albrecht Lempp (Übersetzung).

*Aleksander Rozenfeld,* geboren 1941 in Tambow, Sowjetunion (wohin der Vater 1939 aus dem belagerten Warszawa geflohen war), nach dem Krieg Rückkehr der Familie nach Polen, 1972 bis 1975 Studium der Polnischen Philologie an der Katholischen Universität Lublin, 1968 Auswanderung der Eltern nach Israel, ging selbst 1982 während des Kriegsrechts nach Israel, dort Straßenkehrer, Journalist und tätig an der Hebräischen Universität Jerusalem, Aufenthalt in Italien (Stipendium des Vatikans) und Deutschland, 1987 Rückkehr nach Polen, 1989 Mitarbeiter der Wochenzeitschrift »Wprost« (Direkt) in Poznań, 1990/91 tätig bei Radio Warszawa, seit 1992 stellv. Chefredakteur der Zeitschrift »Donosiciel« (Zuträger), Poznań. Lebt in Złotów.
Lyriker, Prosaautor.
»Du bist mir, Polen, ein ständiger Zahnschmerz« (Jesteś mi Polsko). Poln. in: Aleksander Rozenfeld, »Wiersze z tamtego swiata« (Gedichte aus jener Welt), Wydawnictwo Poznańskie, Poznań, 1989. Deutsche Erstveröffentlichung. Rechte an der Übersetzung bei Dieter Kalka.

*Tadeusz Różewicz,* geboren 1921 in Radomsko, 1943/44 Partisan der AK (Armia Krajowa/Heimatarmee), Studium der Kunstgeschichte und Polonistik in Kraków. Lebt in Wrocław (Breslau).
Lyriker, Dramatiker, Prosa- und Drehbuchautor, Essayist.
»Denkmal aus der Besatzungszeit« (Pomniki), »Wie gut ...«

(Jak dobrze …). Poln. in: Tadeusz Różewicz, Poezje zebrane, Ossolineum-Verlag, Wrocław/Warszawa/Kraków/Gdańsk, 1976; dt. in: Tadeusz Różewicz, Gesichter und Masken, Verlag Volk und Welt, Berlin 1969 (Rechte für die deutsche Übersetzung). – »poesie hat nicht immer…« (poezja nie zawsze…). Poln. in: Tadeusz Różewicz, Plakorzeźba (Flachrelief), Wydawnictwo Dolnośląskie (Niederschlesischer Verlag), Wrocław, 1991; dt. in: Akzente 2/1990, Carl Hanser Verlag, München.

*Janusz Rudnicki,* geboren 1956 in Koźle (Cosel), 1977 bis 1980 Studium der Theaterwissenschaften in Opole, 1980/81 Journalist der damals verbotenen Gewerkschaft Solidarność, Dezember 1981 bis Oktober 1982 während des Kriegsrechts Internierungshaft, 1983 Übersiedlung nach Braunschweig, 1988 bis 1992 Studium der Slawistik und Germanistik in Hamburg. Lebt in Hamburg.
Erzähler, Publizist, Essayist.
»Meine Abenteuer mit Menschen oder Wie ich als Statist und Rezensent tätig war« (Moje przygody z ludźmi, czyli jak statystowałem i recenzowałem). Dabei handelt es sich um einen der Briefe, die Rudnicki regelmäßig für die Warschauer Zeitschrift »Twórczość« (Das Schaffen) schreibt. Poln. in: »Twórczość« 6/1992; dt. in: DIALOG, Magazin für Deutsch-polnische Verständigung, Heft 2/September 1993, Hamburg (Rechte an der Übersetzung).

*Rolf Schneider,* geboren 1932 in Chemnitz, aufgewachsen in Wernigerode, Abitur, 1951 bis 1955 Studium der Germanistik in Halle/Saale, danach Redakteur bei der kulturpolitischen Zeitschrift »Aufbau« in Berlin, seit 1958 freischaffend, dazwischen von 1979 bis 1988 dramaturgischer Mitarbeiter an westdeutschen Theatern. Lebt in Schöneiche bei Berlin.
Romancier, Erzähler, Essayist, Hörspiel- und Fernsehautor, auch Dramatiker, Nachdichter und Lyriker.
»Anmerkungen zu einem Aufstand«, 1994. Rechte beim Autor.

*Andrzej Szczypiorski,* geboren 1924 in Warszawa, 1944 Teilnahme am Aufstand gegen die deutsche Besatzung, Konzentrationslager, nach dem Krieg Schriftsteller und Publizist, 1981/82 während des Kriegsrechts interniert, Vorstandsmitglied des polnischen P.E.N. und des Polnischen Schriftstellerverbandes (SPP), seit 1989 Senator im polnischen Parlament. Lebt in Warszawa.
Romancier, Erzähler, Essayist, Publizist.
»Nacht, Tag und Nacht« (Noc, dzień i noc) ist das fünfte Kapitel aus dem gleichnamigen Roman, SAWW, Poznań, 1991; dt.: Andrzej Szczypiorski, Nacht, Tag und Nacht, Diogenes Verlag AG, Zürich 1991.

*Wisława Szymborska,* geboren 1923 in Kórnik bei Poznán, Studium der Polonistik und Soziologie in Kraków, seit 1952 viele Jahre Redakteurin der Zeitschrift »Życie literacki« (Literarisches Leben). Lebt in Kraków.
Lyrikerin, Feuilletonistin, Kritikerin.
»Möglichkeiten« (Możliwości). Poln. in: Wisława Szymborska, Ludzie na moście (Menschen auf der Brücke), Wydawnictwo Czytelnik, Warszawa, 1986; dt. in: Wisława Szymborska, Auf Wiedersehen. Bis morgen, Gedichte, Suhrkamp Verlag, Frankfurt am Main 1995.

*Joachim Walther,* geboren 1943 in Chemnitz, 1962 Abitur mit Facharbeiterbrief, danach Bühnenarbeiter und Maschinenschlosser, 1963 bis 1967 Studium der Literaturwissenschaft und Kunstgeschichte an der Humboldt-Universität Berlin, ein Jahr Lehrer, anschließend bis zur erzwungenen Kündigung 1983 Lektor im Buchverlag Der Morgen, Berlin, bis zur Entlassung der gesamten Redaktion 1978 Redakteur der Lieraturzeitschrift »Temperamente«, seit 1983 freischaffend, 1990 stellvertretender Vorsitzender des erneuerten DDR-Schriftstellerverbandes, seit 1993 Forschungsprojekt »DDR-Literatur und Staatssicherheit«. Lebt in Grünheide bei Berlin.
Romancier, Erzähler, Hörspielautor, Herausgeber, Publizist.
»Zwei polnische Miniaturen«. In: Joachim Walther, Stadtlandschaft mit Freunden. Geschichten und Miniaturen, Verlag Neues Leben, Berlin 1978. Rechte beim Autor.

*Liz Wieskerstrauch,* geboren 1955 in Nürnberg, 1977 bis 1979 Studium der Sozialpädagogik (fakultativ Literatur und Politik) in Bremen, 1980/81 Sozialarbeiterin, seit 1982 freischaffend. Lebt in Bremen.
Erzählerin, Roman-, Film-, Fernseh- und Funkautorin, Publizistin.
»Erfindet man solche Geschichten?« ist ein Auszug aus dem Roman »In den Mohnfeldern«, Langen Müller in der F.A. Herbig Verlagsbuchhandlung GmbH, München 1993.

*Christa Wolf,* geboren 1929 in Landsberg (Gorzów), Oberschulbesuch, 1945 Umsiedlung nach Mecklenburg, Abitur in Bad Frankenhausen (Kyffhäuser), 1949 bis 1953 Studium der Germanistik in Jena und Leipzig, 1953 bis 1959 in Berlin wissenschaftliche Mitarbeiterin des Deutschen Schriftstellerverbandes, Lektorin, Redakteurin der Zeitschrift »Neue deutsche Literatur«, kurzzeitig Cheflektorin des Verlages Neues Leben, 1959 bis 1962 Lektorin des Mitteldeutschen Verlages Halle/Saale, danach freischaffend. Lebt in Berlin.
Erzählerin, Essayistin, Kritikerin, Herausgeberin, Filmszenaristin.
»Juli 1971 – Ein Besuch in G.« (unterwegs sind die Erzählerin, vormals das Mädchen Nelly Jordan, ihre Tochter Lenka, ihr Mann H. und ihr Bruder Lutz) ist das 13. Kapitel aus »Kindheitsmuster«, Aufbau-Verlag, Berlin und Weimar 1976. Rechte beim Luchterhand Literaturverlag, München.

*Wiktor Woroszylski,* geboren 1927 in Grodno (1939 der Weißrussischen SSR angegliedert), Studium der Slawistik in Łódź und Warszawa, Dr. Phil., Absolvent des Moskauer Literaturinstituts, in den fünfziger Jahren Redakteur und Chefredakteur der Zeitschrift »Now kultura« (Neue Kultur), 1981/82 zehnmonatige Internierung während des Kriegsrechts, Vorstandsmitglied des polnischen P.E.N.
Lyriker, Essayist, Romancier, Erzähler, Kinderbuchautor, Nachdichter (Puschkin, Majakowski, Jessenin u. a.).
»Vierzig Jahre später« (Czterdzieśźi lat późniel), »Berichtigung« (Sprostowanie), »Frau in der Kantine« (Kobieta w stołówce). Poln. in: Wiktor Woroszylski, Zpodróży, ze snu, z

umierania (Von unterwegs, aus dem Traum, aus dem Sterben), Wydawnictwo a 5, Poznań, 1992; dt. in: Sinn und Form, Beiträge zur Literatur, hrsg. von der Akademie der Künste Berlin, 46. Jahr/1994/1. Heft, Aufbau-Verlag, Berlin. Rechte beim Autor und bei Henryk Bereska (Übersetzung).

*Adam Zagajewski,* geboren 1945 in Lwow (Lwów, Lemberg, 1939 der Ukrainischen SSR angegliedert). Lebt seit 1983 in Paris.
Lyriker, Essayist, Erzähler.
»Der Verrat« (Zdrada) ist ein Auszug aus der gleichnamigen Erzählung. Poln. in: Adam Zagajewski, Dzikie czereśnie (Wildkirschen), Wydawnictwo Znak, Kraków, 1992; dt. in: Akzente 1/1990, Carl Hanser Verlag, München.

*Michael Zeller,* geboren 1944 in Breslau (Wrocław), Flucht der Familie nach Westdeutschland, 1965 bis 1974 Studium der Literatur an den Universitäten Marburg und Bonn, promovierte mit »Väter und Söhne bei Thomas Mann«, 1974 bis 1982 Literaturkritiker für die »Frankfurter Allgemeine Zeitung«, 1975 bis 1982 Dozent für Literatur an der Universität Erlangen, Habilitation, seit 1982 freischaffend. Lebt in Nürnberg.
Romancier, Erzähler, Essayist, Publizist, auch Lyriker und Dramatiker.
»Zäuberlingchen« ist ein Auszug aus dem Roman »Café Europa«, ars vivendi Verlag, Norbert Treuheit, Cadolzburg, 1994.

P.E.N.

**Autorenlexikon**

420 Seiten, stb 65, Originalausgabe
DM 24,00/öS 187,–/sFr 24,00

*

Dieses Nachschlagewerk enthält ein Verzeichnis der mehr als 500 Mitglieder des »P.E.N.-Zentrums Bundesrepublik Deutschland« mit Adressenangaben, Biographien, Bibliographien sowie aller Zentren des Internationalen P.E.N. Der Typograph Klaus Detjen hat das Schriftbild für dieses Autorenlexikon konzipiert. So ist es zugleich ein Musterbeispiel dafür, wie man auch ein Lexikon ästhetisch anspruchsvoll gestalten kann.